BELLEVUE

BELLEVUE

Vom königlichen Lustschloß zum Amtssitz des Bundespräsidenten

von Ernst A. Busche

Koehler & Amelang

Inhalt

Von allen Gebäuden, die Parlament, Regierung und Bundesverwaltung in Berlin bezogen haben, ist Schloß Bellevue das älteste. Seine Geschichte ist – wie diejenige anderer Berliner Gebäude – wechselhaft und bewegt.

Ich freue mich, daß man diese Geschichte jetzt nachlesen kann – sehr detailliert und genau erforscht von Ernst A. Busche. Längst nicht nur Staatsgäste – auch viele Bürgerinnen und Bürger haben als Gäste der Bundespräsidenten zu den verschiedensten Gelegenheiten das Schloß Bellevue und seinen Garten erlebt – und viele haben seit langem den Wunsch geäußert, mehr über seine Geschichte zu erfahren. Das ist ab jetzt möglich und wird viele freuen.

Daß der Bundespräsident als republikanisches Staatsoberhaupt in einem Schloß aus monarchischen Zeiten Preußens residiert, ist im Laufe der Zeit selbstverständlich geworden und hat dem demokratischen Selbstverständnis unserer Republik nie geschadet.

Das Schloß Bellevue ist ohne Zweifel ein Stück Preußen und es verkörpert, wenn man so will, dessen beste Seiten. Es ist von klaren Formen geprägt; der Klassizismus erinnert an das große Erbe der Antike mit ihrem Humanismus und dem immer wieder neu zu lernenden menschlichen Maß. Es ist übrigens auch – vergleicht man es mit den Sitzen anderer Staatsoberhäupter Europas – von bescheidener Größe und es öffnet sich einladend zum Spreeweg und damit der Öffentlichkeit.

Mit der Wiedereröffnung im Januar 2006 kann das Schloß Bellevue nach umfangreichen Renovierungen wieder genutzt werden. Ich freue mich auf viele Begegnungen mit Bürgerinnen und Bürgern, mit Wissenschaftlern, Künstlern und Politikern, mit Menschen aus allen Bereichen des öffentlichen Lebens und des gesellschaftlichen Engagements. Das Schloß Bellevue als Amtssitz des Bundespräsidenten soll ein Ort der offenen Begegnung sein, eine Werkstatt der Ideen und ein Raum für Kultur und geistige Auseinandersetzung.

Horst Köhler

Bundespräsident Horst Köhler

1   Carl Benjamin Schwarz: Bellevue von der Spree her gesehen.
Aquatinta-Radierung, koloriert. 1797

Doppelseite 8 und 9:
Schloß Bellevue und
Bundespräsidialamt.
Luftaufnahme

Es ist ein Tag im späten Frühling, die wärmenden Sonnenstrahlen entschädigen ein wenig für den vergangenen, sehr strengen Winter. Die Prinzenfamilie hat sich vollständig auf dem Baugrundstück versammelt, um an der feierlichen Zeremonie der Grundsteinlegung ihres künftigen Landsitzes teilzunehmen. Anwesend sind Prinz Ferdinand und seine Gemahlin, Prinzessin Luise, ihre fünfzehnjährige Tochter Luise sowie die drei Söhne Heinrich, Louis Ferdinand und August, dreizehn, zwölf und fünf Jahre alt, außerdem die Schwester Ferdinands, Prinzessin Amalie, Äbtissin zu Quedlinburg. Der Bauherr feiert bald seinen 55. Geburtstag, und er mag sich fragen, wie lange er sich an dem neuen Schloß »Bellevue« wohl wird erfreuen können – gewiß nicht die vollen vier Jahrzehnte, die sein Bruder Friedrich, der große König, bereits sein »Sanssouci« genießt, oben auf dem Weinberg in Potsdam.

Inzwischen hat sich der Architekt, der Oberbaurat Boumann, vor den königlichen Herrschaften postiert, und mit wohlgesetzten, von allerlei Zierat umrankten Worten dankt er untertänigst für die erwiesene Huld. Ein »lebhaftes Vergnügen« habe der Prinz dabei gehabt, »treue Diener und Bauleute« zu verpflichten, »die Höchst Dero Hause gänzlich ergeben sind.« Die »zum Wonnegefühl geschaffenen Seelen« der Bauleute seien von den erwarteten »edlen schönen Tathandlungen« bereits »gänzlich bemeistert«. Boumann fährt fort, die höchste Instanz anrufend: »Der öberste Baumeister alle Welten beschütze diesen nunmehr angefangenen Bau, vorzüglich ruhe sein Wohlthun über dem erhabenen Stifter desselben, Sr. Königlichen Hoheit dem Printzen von Preußen und Ihrer König-

2 Antoine Pesne: Prinz Ferdinand. Öl auf Leinwand, um 1750

lichen Hoheit Dero theuren Gemahlin, sowie über Ew. Königlichen Hoheiten und Ihro Königliche Hoheit der Prinzeß Louise als Erlauchte Zweige dieses Königlichen Hauses. Gott lasse sie insgesamt in dieses Gebäude bis ins späteste Alter beglückt und in einer fortdauernden Gesundheit mit dem Bau der Welt zufrieden leben.« Boumann pausiert kurz, blickt zu seinen Bauleuten hinüber und nimmt den Faden wieder auf: »Dies sind unsere Wünsche, die ehrfurchtsvollsten Wünsche unserer Hertzen, die Ew. Königliche Hoheit mit der Gnade anzunehmen geruhen wollen, welche der Hohen Königlich Ferdinandschen Familie ganz eigen und angebohren ist.«

Schließlich bittet Boumann die drei Prinzen mit aller devoten Höflichkeit um den feierlichen Akt: »Ew. Königlichen Hoheiten wollen geruhen, diese Schürzen, Hämmer und Kellen aus meinen Händen anzunehmen, welche zu dem Vorhaben nötig, das wir unter Ew. Königlichen Hoheiten hohen Anführung vorzunehmen befehligt sind. Mit von Ehrfurcht und Bewunderung beseelten Empfindungen durchdrungen, sagen wir alle Ew. Königlichen Hoheiten den unterthänigsten Dank für die übernommene gnädige Anführung bei Legung dieses Grund Steins.« Der Baumeister überreicht Schurzfell, Hammer

und Kelle, und die drei Brüder vollziehen die feierliche Zeremonie. Zum Schluß legen sie in eine Öffnung des Grundsteins die aktuellen Geldmünzen. Herbeieilende Helfer verschließen den Stein mit einer Inschriftplatte aus Zinn, die das Datum dieses stolzen Tages trägt: Es ist der 30. April 1785.[1] Dreieinhalb Monate später kommt die Gesellschaft erneut zusammen, um das Richtfest zu feiern.

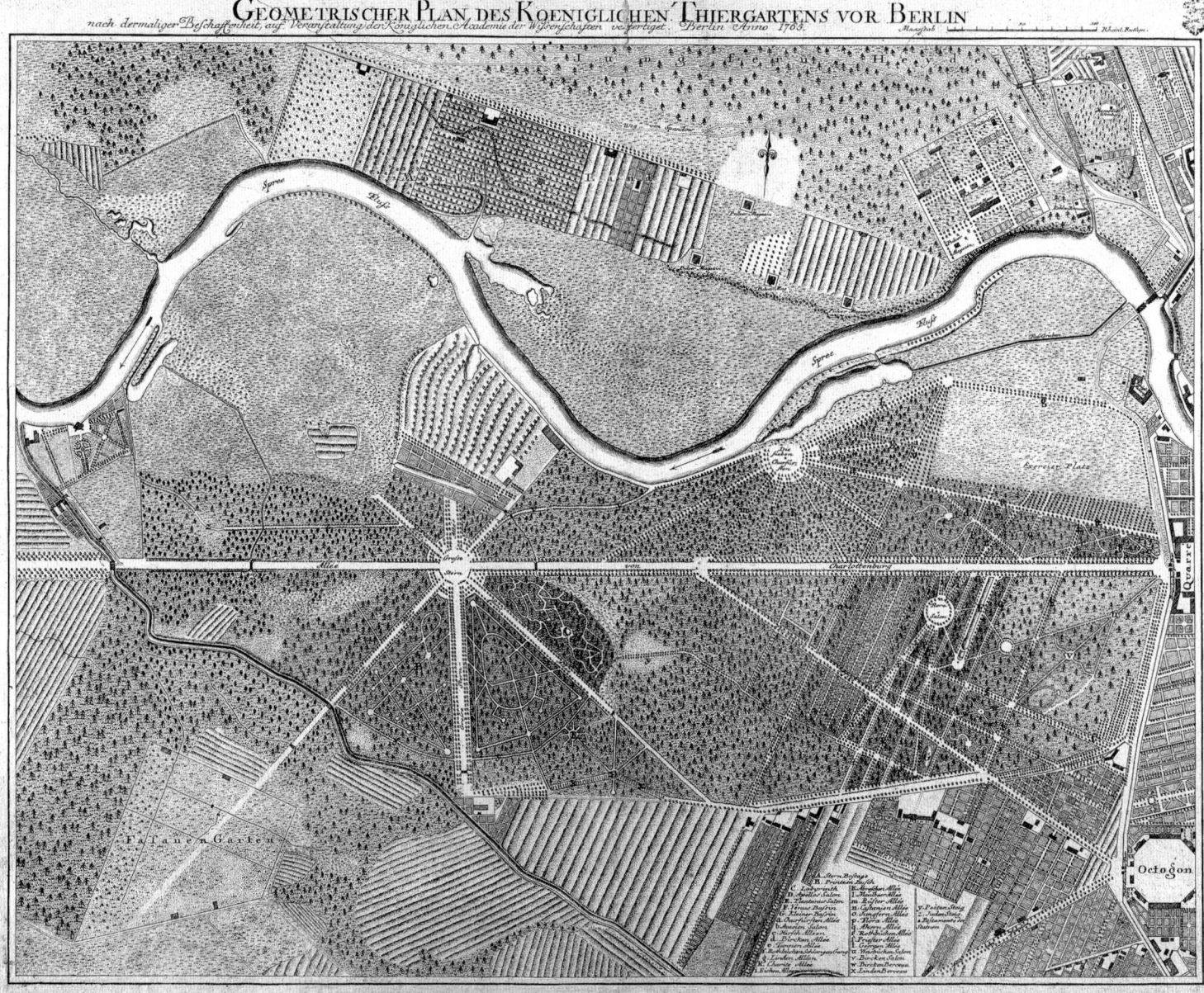

3 Geometrischer Plan des Königlichen Tiergartens, 1765.
An der Spree erstreckt sich das Fabrikgebäude, links daneben liegen die Scheune und Ställe
der Meierei. Das separat stehende Gebäude, zu dem eine kurze Allee hinführt,
ist Knobelsdorffs Gartenhaus. Dies ist im wesentlichen der Zustand,
in dem Prinz Ferdinand das Gelände erwirbt. Deutlich ist die Unterscheidung
zwischen der Plantage, in die die Spreebucht hineinragt, und dem Obst- und Küchengarten,
durch den der Abflußkanal aus dem Tiergarten führt. Das Wasser wird nicht in die Spree
geleitet, sondern versickert auf den nordwestlich anschließenden Wiesen.

Die Entstehung des Schlosses
unter Prinz Ferdinand

Die Vorgeschichte

Die Vorgeschichte des Schloßbaus beginnt exakt ein Jahrhundert vor der Grundsteinlegung.[2] Als Ludwig XIV. mit der Aufhebung des Edikts von Nantes die reformierte Kirche in Frankreich verbietet und die Hugenotten damit noch schärferer Verfolgung aussetzt, öffnet ihnen der Große Kurfürst bereits wenige Tage darauf, am 29. Oktober 1685, mit dem Edikt von Potsdam einen sicheren Zufluchtshafen. Doch es ist nicht nur religiöses Mitgefühl, das den Brandenburger Herrscher bewegt, auf einen Schlag 20.000 Emigranten in sein Land zu holen; ihn leiten auch wirtschaftliche Überlegungen. Denn Brandenburg, das immer noch unter den Verwüstungen des Dreißigjährigen Krieges leidet, ist dringend auf die Zuwanderung gut ausgebildeter und arbeitswilliger Untertanen angewiesen. Zudem will er sein Land wirtschaftlich unabhängig machen; einer der Industriezweige, die er großzügig fördert, ist die Seidenherstellung. Seine Nachfolger setzen diese Politik fort, und der Enkel des Großen Kurfürsten, der »Soldatenkönig« Friedrich Wilhelm I., der sich in Königs Wusterhausen selbst an der Seidenraupenzucht versucht, weist den Hugenotten mit Erlassen von 1714 und 1716 Gelände für die Anlage von Maulbeerplantagen zu, zunächst vor dem Köpenicker Tor und an der Panke, dann am Rande des Tiergartens.

Das dicht bewaldete Gebiet zwischen der westlichen Berliner Stadtgrenze und Charlottenburg ist zu dieser Zeit in erster Linie Jagdrevier des preußischen Königs, in das Friedrich I. als Verlängerung der Straße Unter den Linden und schnurgerade in Richtung Westen die Allee nach Charlottenburg hineinschlagen läßt. Die Mitte der Chausseestrecke vom Brandenburger Tor bis zum heutigen Ernst-Reuter-Platz, wo die Straße nach Charlottenburg hin abknickt, ist schon durch eine kreisrunde Baumsetzung, den Großen Stern, markiert; auch die später strahlenförmig von hier ausgehenden Straßen sind bereits mit Pflanzungen angelegt. Nördlich dieses Rondells öffnet sich das waldige Gelände in noch unkultiviertes Terrain, das bis an die Spree reicht und im Westen von Wiesen begrenzt wird. Dieses Gebiet überläßt der König durch Kabinettsordre dem »allhie etablierten Refugié« Jean Bechier Fayé, Kommissar der Spiegel-Manufaktur, zunächst auf zehn Jahre ohne Pachtabgabe; zu den anfänglichen elf Morgen und 200 Quadratruten kommen bald weitere sechs Morgen und neun Quadratruten hinzu. Mit dem Kontrakt vom 24. März 1718 wird so die Urzelle des

Bellevue-Geländes und seines großen Parks geschaffen. Einziger Wermutstropfen: Es gelingt Bechier nicht, einen Streifen südlich der Plantage zu erwerben, der sich bis zum Großen Stern erstreckt und den direkten Anschluß an die Charlottenburger Chaussee ermöglichen würde; auf dem Terrain weidet der Pächter der Königlichen Meierei seine Herde. Diese dreieckförmige Partie wird später noch eine gewisse Rolle spielen. Bechiers Vorhaben, die auf dem Gelände stehenden Fichten zu fällen und zur Errichtung eines Zauns zu nutzen, stößt zunächst auf Widerstand: Die Bäume sind wertvolles Baumaterial, das der König nicht so leicht aus der Hand gibt, und so empfiehlt er die Anlage einer Hecke. Erst nach einigem Zögern stimmt er Bechiers Plänen zu. Besondere Schwierigkeiten bereitet dem Hugenotten die Melioration der gerodeten sechs Morgen entlang der Spree, die immer wieder versanden – die »Streusandbüchse Brandenburg« macht ihrem Namen alle Ehre. Am Ende erfüllen sich Bechiers Hoffnungen nicht. Die klimatischen Bedingungen der Mark und die Beschaffenheit des Bodens, der eben doch zu sandig, an anderen Stellen zu sumpfig ist, treiben die Kultivierungskosten so sehr in die Höhe, daß Bechier noch vor Ablauf der Zehnjahresfrist aufgibt und die Plantage 1726 verkauft.

Das Grundstück wechselt nun schnell mehrfach den Besitzer. Ein erster, unbekannter Eigentümer veräußert es sogleich an den Generalleutnant Jean Jacques du Pres, der es im selben Jahr 1726 an den Seidenwarenfabrikanten Jacques Bunel für 100 Taler weiterverkauft. Die nächsten Eigentümer, das Schlächterehepaar Pierre Sarre, veräußern das Gelände an den Gärtner Jacques Martin, von dem es 1730 der Landmann und Gärtner Pierre Antoine Meunier und seine Frau erwerben. Die beiden scheinen dort eine Meierei angelegt und ein Haus besessen zu haben. Dieser Meunier ist bei einer Witwe Ziegler verschuldet, und als er seinen Zahlungsverpflichtungen nicht nachkommt, verlangt die Gläubigerin die Zwangsversteigerung. Die Domänenkammer empfiehlt dem König, der mittlerweile Friedrich II. heißt, das Plantagengelände zur königlichen Domäne zu machen, doch Friedrich lehnt die Übernahme ab. Hier kommt nun des Königs Freund und Baumeister, der Surintendant der preußischen Schlösser und Gärten Georg Wenceslaus von Knobelsdorff ins Spiel, der durch seine Tätigkeit mit den Verhältnissen im Tiergarten bestens vertraut ist. Er erwirbt die Plantage bei der Versteigerung am 1. April 1746 für 1.305 Taler, um sich dort ein Landhaus, ein »Tusculum« einzurichten. Mit dem Erwerb ist

4 Friedrich August Calau: Die sogenannten Puppen in der Mitte der großen durch den Thiergarten nach Charlottenburg gehenden Chaussee. Radierung, 1796. In der Mitte der Radierung ist der am Rand des Bellevue-Parks auf einem Hügel errichtete Parasol zu erkennen.

allerdings die Auflage verbunden, daß die Plantage als solche erhalten bleibt und das Haus »zu keinem Bierschank gebrauchet, sondern nur zu Wohnungen verwendet werden soll.« Das »Bierschank«-Verbot weist darauf hin, daß diese Gegend vor dem Brandenburger Tor ein beliebtes Ausflugsziel der Berliner ist, wir kommen noch darauf zurück.

Seit 1741 ist Knobelsdorff im Auftrag Friedrichs II. mit der Verwandlung des Jagd- und Nutzwaldes vor den Toren Berlins in einen Lustgarten befaßt; als »Parc de Berlin« wird er zum großen Erholungsgebiet, ein Park für jedermann.[3] Bezeichnend für die Veränderungen ist das nun geltende Verbot, Vieh in den Tiergarten zu treiben. Ganz im Sinne Friedrichs, dem vor allem an breiten Alleen gelegen ist, läßt Knobelsdorff eine Reihe von Schneisen durch den Wald schlagen. Sein Hauptinteresse gilt dabei der Charlottenburger Chaussee und dem Rondell des Großen Sterns. Von dort gehen breite Alleen aus, je drei nach Süden und nach Norden; sie sind im wesentlichen erhalten. Nordwestlich und nordöstlich verlaufen Kleistens Allee, heute Altonaer Straße, und die Fasanenallee, heute Spreeweg; ihre südlichen Pendants bilden breite Parkalleen. Die Große Sternallee, die heute heftig befahrene Hofjägerallee, führt von Süden auf das Rondell zu. Ihre nördliche Fortsetzung zur Spree hin ist zwar angelegt, jedoch nur ein kurzes Stück weit ausgeführt; auch dieser Stummel ist heute mit der Wiese, auf der sich das Bismarck-Denkmal erhebt, weiterhin erkennbar. Zwischen diesen Alleen legt der Landschaftsarchitekt mehrere der damals so beliebten Labyrinthe an, Baum- und Strauchpartien mit Irrwegen, von denen eines, das kleinste, Knobelsdorffs Namen trägt. »Es ist nicht möglich«, schreibt Friedrich Nicolai in seinem Berlin-Führer von 1786, »die ungemein große

Anzahl von einigen hundert Alleen, die sich auf mannigfaltige Art durchkreutzen und durchschlängeln, anzuzeigen. Noch weniger ist es möglich, die großen Schönheiten dieses vortrefflichen Gartens und seiner mannigfaltigen Anlagen und die glückliche Vermischung von verschiedenen Bäumen und Stauden zu beschreiben. Es sind darin Alleen und Salone von Linden, Kastanien, Ulmen, Buchen, Birken, Fichten, Tannen, alten und jungen Eichen, Akazien, Abreschen, Lerchenbäumen, Eibenbäumen, Pappeln, Erlen, Eschen, Platanus und Ahorn, und andern Bäumen so mannigfaltig und so glücklich vermischt, daß die Kunst beständig Natur zu sein scheint. Man kann in demselben gewiß einige Wochen lang spazieren, ohne daß man alle Gänge desselben, und alle einzelne angenehme Partien wird aufgefunden haben.«[4] Tatsächlich sind zu diesem Zeitpunkt nur noch Rudimente von Knobeldorffs Tiergarten-Umgestaltung zu erkennen. Das strenge Achsensystem bleibt zwar erhalten, doch überall schlängeln sich neue Wege durch den Wald, und im westlichen Teil werden bald drei Labyrinthe der aufkommenden Mode des englischen Landschaftsgartens geopfert. Auch die Skulpturen, mit denen Knobelsdorff im barocken Park Akzente setzte, darunter die »Puppen« am Großen Stern, sind bald verschwunden. Geblieben ist nur die Tatsache, daß Knobelsdorff mit der Umgestaltung des Tiergartens erstmals einen von Anfang an öffentlich zugänglichen Park in Deutschland erschaffen hat.[5]

Knobelsdorffs »Tusculum« ist ein schlichtes, einstöckiges Landhaus mit ausgebautem Mansarddach. Links und rechts eines durchgehenden Flures liegen jeweils zwei Zimmer, die sich mit je zwei Fenstern öffnen (Abb. 118). Zwei der Räume sind reich mit Wandmalereien ausgeschmückt, die traditionell dem Antoine Pesne, Knobelsdorffs Lehrer in der Malerei, zugeschrieben werden. Das eine Zimmer, in dem ein geschmückter Kamin den Aufenthalt auch an kühleren Tagen ermöglicht, enthält eine Deckenmalerei mit blumenstreuenden, pausbäckigen Putten, die vor leicht gewölbtem, blauem Himmel spielen. Seine Wände sind mit Szenen aus der griechischen Göttersage geschmückt: Perseus mit Andromeda und Diana mit zwei Windspielen. Das zweite Zimmer ist als Rokokolaube mit Weinranken ausgestattet, vermutlich sind auch gemalte Supraporten vorhanden. Im Dachgeschoß liegen weitere helle, geräumige Zimmer. Ob Knobelsdorff ein bestehendes Gebäude umbaut oder einen Neubau nach eigenen Plänen erstellt, ist nicht dokumentiert. Immerhin weist das Haus mit seinen feinen Proportionen Parallelen zu den beiden Gärtnerhäusern im Park von Sanssouci auf, die 1752 nach Knobelsdorffs Plänen entstehen.[6]

Knobelsdorff, der jeden Sommer auf dem idyllisch gelegenen Landsitz außerhalb der Stadt wohnt, betrachtet den Garten als ein Stück märkische Landschaft, das es zu gestalten gilt: So setzt er, um den Blick nach Charlottenburg zu leiten, eine Hecke außerhalb des Grundstücks auf einen Sandhügel. Auf diese Weise wächst der Garten nach und nach in die umgebende Landschaft hinein. Das außerhalb seines Grundstücks liegende

Gelände, das er nicht ankaufen kann oder will, wird durch bloßes »Heckensetzen« erworben – und nach seinem Tod großzügigerweise legalisiert. Aber die Meierei dient nicht nur der *villegiatura*, sie wird auch weiterhin landwirtschaftlich genutzt. Wie der Feldmarschall von Kleist, der eine Meierei, oder wie der Flötenlehrer Quantz, der eine Maulbeerplantage unterhält, so ist auch der Architekt und Landschaftsgestalter an einem zusätzlichen Einkommen interessiert. In der Verkaufs-Anzeige des nachfolgenden Besitzers heißt es dazu: »In der ehemaligen Knobelsdorffschen Meyerey in Thier-Garten gelegen, sind einige starcke Baum-Schulen von süsse und saure Kirschstämme; auch Birn-, Apfel und Pflaumen-Bäume; die Liebhaber können solche daselbst in Augenschein nehmen ...«[7]

Nach Knobelsdorffs Tod 1753 wird das Grundstück versteigert, und der nächste Besitzer erwirbt es für 6.600 Taler, erheblich unter der gerichtlichen Taxe. Der Kaufmann und Weinhändler Pompérac will das Grund-

◂ 5 Georg Wenceslaus von Knobelsdorff. Kopie eines Gemäldes von Antoine Pesne. Porzellanmalerei, 1738

▾ 6 Knobelsdorffs Landhaus. Ansicht von Westen, Foto um 1910. Die beiden linken Fenster und die offenen Gauben gehören bereits zur späteren Erweiterung, die das Gartenhaus mit dem Stallgebäude verbindet.

7 und 8 Antoine Pesne: Deckenmalerei in Knobelsdorffs Landhaus
▾ ▾

9 Plan des Tiergartens. Kolorierte Zeichnung, 1747.
Die schnurgeraden Achsen barocker Gartenkunst durchziehen das gesamte Gelände.

stück jedoch nicht in erster Linie für die Sommerfrische nutzen, sondern vor allem Geld damit verdienen. So verpachtet er es an einen gewissen List, der dort seine Gärtnerei einrichtet. Pompéracs Erben verkaufen das Gut 1758 für 6.000 Taler an den Gastwirt Esaias Dortu und dessen Gemahlin Louise, geb. Chambeau. Auf der Meierei wird nun intensiv Landwirtschaft betrieben, von Ställen, Remisen und Scheunen ist die Rede, von Wiesen und Ackerland, von Pferden, Hornvieh und Hühnern. Dortu ist in dieser Gegend bereits etabliert: Ganz in der Nähe, am sogenannten Zirkel, betreibt er zusammen mit dem Kollegen Thomassin seit 1745 eine Sommerwirtschaft, es

ist jene Art von »Bierschank«, die Knobelsdorff ausdrücklich untersagt wurde. Der an der Spree (und nahe dem heutigen Haus der Kulturen der Welt) gelegene Zirkel – oder auch Kurfürstenplatz – ist ein in die Bewaldung geschlagener, runder Platz, von dem aus neun Alleen in den Tiergarten führen. Am Zirkel ist es den beiden Entrepreneurs zunächst nur gestattet, Leinwandzelte aufzuschlagen, was zur Bezeichnung »Die Zelte« führt, ein Begriff, der bald – »In den Zelten« – für die gesamte Straße gilt. 1786 wird den Gastwirten die Überwinterung in festen Bauten gestattet, so daß nun ein Ganzjahresbetrieb möglich ist.

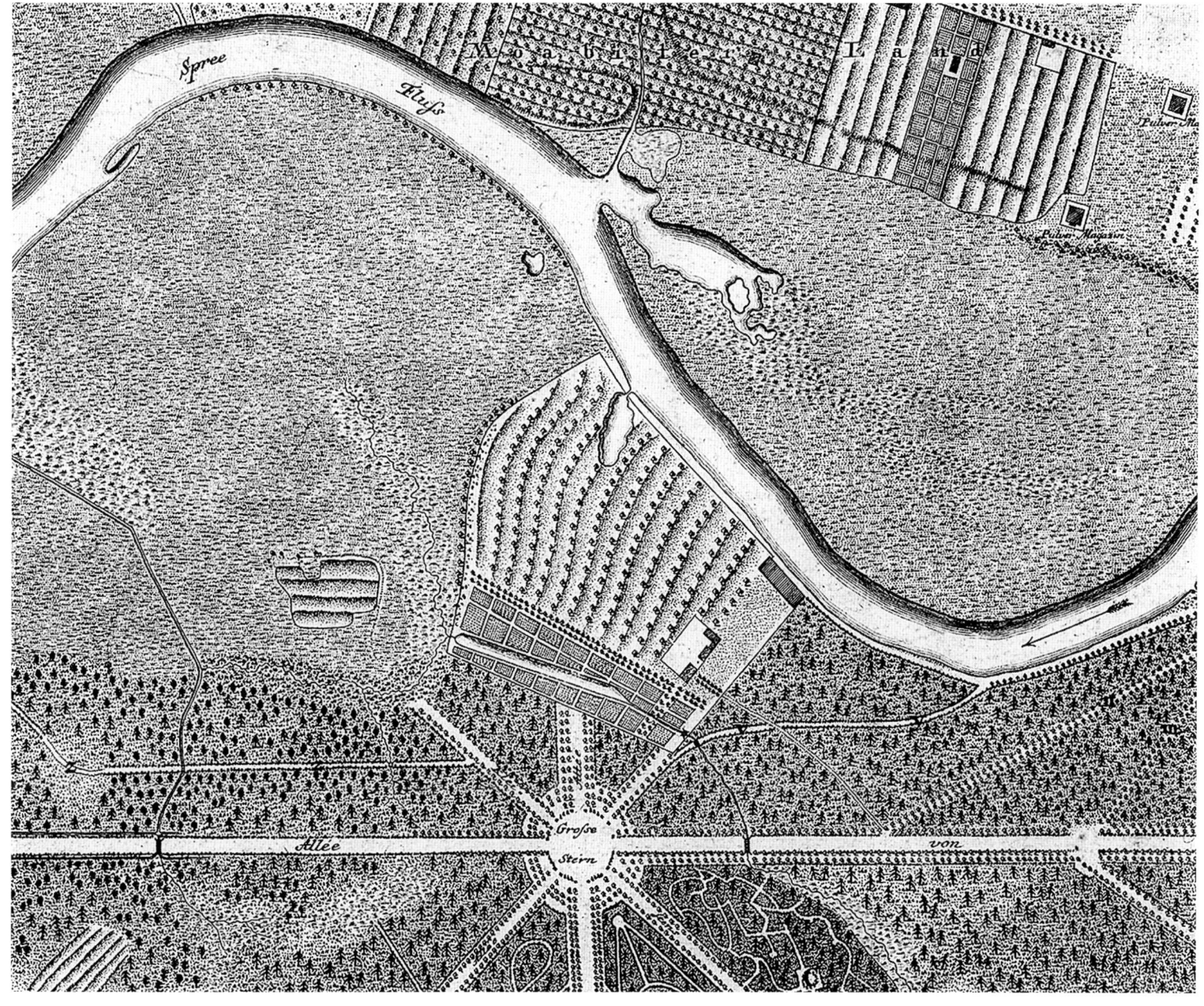

10 Geometrischer Plan des Königlichen Tiergartens, 1765. Detail

Das Etablissement von Dortu und Thomassin ist ein populärer Treffpunkt von »tout Berlin«. »Auf der Seite nach der Spree ist den ganzen Sommer durch, eine Anzahl Zelte und Hütten aufgeschlagen«, beschreibt Nicolai die Situation, »woselbst allerhand Erfrischungen verkauft werden. Der gegenüberliegende Zirkel ist mit einer doppelten Allee von sehr hohen Eichen und Ulmen eingefasset, und ist der Hauptsammelplatz aller Spatzierenden, welche theils unter den Alleen hin und her wandern, theils auf den Bänken ausruhen. An schönen Sommernachmittagen, sonderlich des Sonntags und Feyertags gegen 6 Uhr, pflegen hier einige tausend Spazierende

zu Fuße, zu Pferde, und in Wagen, zusammen zu kommen.«[8] Nicht zuletzt sind die Zelten auch Ausgangspunkt der beliebten Gondelfahrten, die hinüber nach Moabit, aber auch bis nach Charlottenburg und Spandau führen. Unter die Promenierenden gesellen sich auch Mitglieder des Hofes und der königlichen Familie; häufig spielen Musikkorps verschiedener Regimenter. Einer der königlichen Besucher ist der Erbauer von Schloß Bellevue: Prinz Ferdinand arrangiert dort am 25. Juli 1776 für eine große Festgemeinde ein opulentes Frühstück und läßt dafür auf einem freigeschlagenen Areal fünf Zelte errichten. Anlaß ist die Heirat des Großfürsten

11 Daniel Chodowiecki:
Die Zelten.
Öl auf Leinwand, um 1770

Paul von Rußland mit der Prinzessin Sophie Luise von Württemberg. Vielleicht faßt der Prinz bereits bei dieser Gelegenheit eine im verborgenen weiterwirkende Vorliebe für die schöne Gegend.

In den wenigen Jahren, in denen Dortu die Meierei besitzt, kann er ihren Verkehrswert beinahe verdoppeln: Der nächste Besitzer, der Kommerzienrat Schneider, ersteigert das Areal 1764 von der Witwe für 14.100 Taler. Eine bald darauf durch den Gärtner Sello erstellte Bestandsliste der vorhandenen Pflanzen und Bäume umfaßt u.a. Kirschbäume, Kastanien, Johannisbeeren, Pflaumen, Äpfel, »hochstämmige Apricosen Bäume« usw.[9] Schneider geht nun ganz neue Wege, er nutzt das Grundstück nicht mehr nur landwirtschaftlich, sondern zieht ein industrielles Unternehmen auf: Er produziert feines Juchten- und Maroquinleder und läßt dafür an der Spree ein langgestrecktes Fabrikgebäude errichten. Damit folgt Schneider den Wünschen seines Königs, der – wie schon seine Vorgänger – sehr am Aufbau einer heimischen Industrie interessiert ist und solche Unternehmungen aus der Staatskasse unterstützt. Sei es, daß die Subventionen nicht ausreichen, sei es, daß Schneider zu wenig Eigenkapital besitzt oder einfach glücklos agiert: Die Fabrik kann sich nur wenige Jahre halten und geht in Konkurs. Einer von Schneiders Gläubigern, der Kammerrat Karl Hubert, übernimmt das Areal im Oktober 1771.

Noch im selben Monat verkauft er den Besitz für 7.000 Taler an den Steuerminister und Freund Friedrichs des Großen, den Wirklichen Geheimen Etats-, Kriegs- und dirigierenden Minister von der Horst, der das Objekt für denselben Betrag nur vier Monate später an den Hof- und Postrat Bertram abgibt. In diesen vier Monaten wird das Fabrikgebäude entlang der Spree etwas ausgebaut, insbesondere in Richtung Osten verlängert, und es erhält die Gestalt, in der Prinz Ferdinand es später übernimmt. Es ist ein weitgehend schmuckloser, zweistöckiger Bau, der, wie Knobelsdorffs Landhaus, mit einem Mansarddach nach französischem Vorbild gedeckt ist. Es fällt auf, daß der östliche Gebäudeabschluß mit seinen fünf Fensterachsen nach beiden Seiten als schmaler Wandvorsprung ausgebildet ist (siehe auch Abb. 102, 124). Was ist der Sinn dieses Risalits? Möglicherweise plant der Minister, das Gebäude weiter in Richtung Osten zu verlängern und die Vorlage als Mittelrisalit auszubauen. Auf diese Weise würde die ehemalige Fabrik ein schönes, großes Landhaus mit Blick auf die Spree abgeben. Auf eine weitergehende Planung deutet auch die Betonung der mittleren Fensterachse des Risalits hin. Der Abstand zu den benachbarten Fenstern ist breiter als die übrigen Zwischenräume, vielleicht wird dieser Platz freigehalten, um dort einen ornamentalen Wandschmuck – etwa eine schmale Pilasterordnung – anzubringen.

Der neue Besitzer Bertram behält das Grundstück für die außergewöhnlich lange Dauer von zwölf Jahren. 1784 schließlich veräußert er es für 20.000 Taler an den Prinzen Ferdinand von Preußen.[10] Damit schließt sich ein Kreis: Es sind beinahe sieben Jahrzehnte vergangen, seit Friedrich Wilhelm I. das Gelände für die Seidenraupenzucht auswies, und sein jüngster Sohn erwirbt jetzt das Terrain, um darauf ein Palais für den sommerlichen Landhaufenthalt zu errichten. Vor Ferdinand hatte das Grundstück nicht weniger als sechzehn verschiedene Besitzer oder Nutzer, und die Mehrzahl von ihnen stimmt mit dem ersten in einem entscheidenden Punkt überein: Sie gehören zu den französischen Glaubensflüchtlingen, es sind Hugenotten. – Die auf dem Grundstück vorhandenen Baulichkeiten werden vom Prinzen mit übernommen: Neben Knobelsdorffs Landhaus stehen dort ein Wirtschaftsgebäude, das sich in einer Scheune fortsetzt, sowie die bereits umgebaute und vergrößerte Fabrik an der Spree. Diese Bauten wurden von mehreren Besitzern zu unterschiedlichen Zeiten so errichtet, daß sie entweder parallel oder im rechten Winkel zueinander liegen, und mit dieser Disposition werden sie Gestalt und Ausrichtung des königlichen Lustschlosses entscheidend prägen.

Bauherr und Architekt

Der neue Besitzer der »Bertramschen Meyerey« kommt am 25. Mai 1730 im Berliner Stadtschloß zur Welt. Prinz August Ferdinand ist das jüngste Kind des Soldatenkönigs Friedrich Wilhelm I. und seiner Gemahlin, der Königin Sophie Dorothea. Der Altersunterschied zu den älteren Geschwistern ist erheblich: Die spätere Markgräfin Wilhelmine von Bayreuth ist 21 Jahre älter, der Kronprinz Friedrich 18 Jahre. Es ist diese Position als Jüngster in der Hohenzollern-Hierarchie, mit einem Bruder-König, der beinahe sein Vater sein könnte, die Ferdinands Leben weitgehend bestimmt. Die Distanz zu den älteren Geschwistern führt dazu, daß der junge Prinz sich mehr seinen Brüdern August Wilhelm (geb. 1722) und Heinrich (geb. 1726) zuwendet. Graf Ernst Ahasverus Heinrich Lehndorff, Kammerherr der Königin Elisabeth Christine und ein genauer Beobachter des Hoflebens, notiert dazu in seinen privaten Aufzeichnungen: »Es ist ein Vergnügen, diese drei Brüder zusammen zu sehen, es gibt keine Freundschaft, keine Zärtlichkeit, die sie sich nicht bezeugen, und alles das so natürlich, daß selbst Zuschauer davon entzückt sind.«[11]

Als Hohenzollernprinz bereits in die Armee hineingeboren, nimmt Ferdinand dieses Schicksal durchaus an: Militärische Neigungen, sogar Erfolge sind tatsächlich vorhanden. Schon der Achtjährige wird vom Vater zur Berliner Revue als Musketier eingekleidet, unter die Rekruten des Regiments Kronprinz eingereiht und zum Fähnrich ernannt. Als Friedrich den Thron besteigt, befördert er den zehnjährigen Bruder zum Obersten und zum Chef der Armee des nach ihm benannten Regiments in Neu-Ruppin.

Graf Lehndorff nennt Herzlichkeit und Güte als Ferdinands Haupteigenschaften. Über den jungen Erwachsenen berichtet der Graf, der selbst nur drei Jahre älter ist: »Sein Benehmen ist fein und macht den Eindruck der Aufrichtigkeit, der bei den Großen so selten ist. [...] Prinz Ferdinand wird täglich liebenswürdiger und erwirbt sich immer mehr Verdienst. Er besitzt viel Talent, ist leutselig und bieder, und es ist merkwürdig, daß er, während er am wenigsten religiös erzogen ist, von seiner Familie wohl am meisten Religion besitzt.«

Sehr viel schärfer urteilen zwei der französischen Gesandten in Berlin. Der Botschafter Tyrconde sagt über den 21-Jährigen, er habe sich weder für einen bestimmten Geschmack entscheiden können noch einen Charakter entwickelt, und es sehe nicht so aus, als ob sich das ändern könne. Tyrcondes Nachfolger Latouche meint: »Der Prinz hat in keiner Weise einen Charakter, und seine Güte liegt nur in einem sehr beschränkten Geist begründet. Er ist so geizig wie der Prinz Heinrich großzügig und freigebig ist; er findet an nichts Gefallen und beschäftigt sich nur mit Frivolitäten und dem Mechanismus des militärischen Exerzierens.«[12]

Die Unterordnung unter den königlichen Bruder fällt Ferdinand offensichtlich leichter als den eher kritisch eingestellten Prinzen August Wilhelm

12 Carlo Francesco Rusca:
Kronprinz Friedrich (II.) und seine Brüder August Wilhelm, Heinrich und Ferdinand.
Öl auf Leinwand, 1737

13 Prinz Ferdinand
als Herrenmeister
des Johanniter-Ordens

Am 27. September 1755 heiratet Ferdinand die Prinzessin Anna Elisabeth Luise, die Tochter des Markgrafen Friedrich Wilhelm von Brandenburg-Schwedt; wegen der vielen Luisens in der Familie wird sie in der Regel als Prinzessin Ferdinand bezeichnet. Da Ferdinand erheblich jünger ist als seine ältesten Geschwister, heiratet er in eine andere Generation hinein: Der 25-jährige Bräutigam ist zugleich der Onkel seiner 17-jährigen Braut, denn deren Mutter, Sophie Dorothea Marie, ist Ferdinands Schwester (und diese wiederum hat einen Neffen ihres Vaters, also ihren Cousin geheiratet). »C'est un mariage à la juive, qui reste dans la famille«, kommentiert Friedrich der Große denn auch diese Brautwahl. Das Paar hat sieben Kinder, von denen vier die frühe Kindheit überleben. Der Stammhalter Prinz Heinrich kommt 1771 zur Welt, 1772 folgt Louis Ferdinand und 1779 der jüngste Sohn August, der spätere Besitzer von Bellevue; eine Tochter, Prinzessin Luise, geht den Brüdern 1770 voran. Diese jüngere Luise heiratet später den Prinzen Anton Radziwill, Statthalter des Großherzogtums Posen, und zur besseren Unterscheidung nennt man sie dann Luise Radziwill.

Die Prinzessin Ferdinand sei charmant und zeige in ihrem Verhalten viel Noblesse, notiert Graf Lehndorff, »es ist ein äußerst pikantes Gesicht, das selbst das Alter wieder verjüngen würde, wenn zu dieser Schönheit mehr Gewandtheit und mehr Unterhaltungsgabe hinzukäme. Denn, wiewohl sie tatsächlich viel Geist besitzt, fehlt es ihr doch an jener geistigen Routine und jenem leichten Plauderton, die anziehender wirken als Schönheit.« Graf Henckel von Donnersmarck ist direkter. Es sei besser, meint er, wenn man recht wenig von der Prinzessin sage; sie sei weder wählerisch, noch gesetzt, noch auf Geistiges angelegt und nur an Äußerlichem interessiert, nur darauf bedacht, sich zu putzen, ihrem Gatten zu gefallen, sich zu zerstreuen und Soupers zu arrangieren. Außerdem habe sie eine schlechte Aussprache des Französischen. Anerkennung findet ihre Sorge und ihr Bemühen um die Erziehung ihrer Kinder, sie weckt und fördert deren reiche musikalische Anlagen; so meistert Prinz August schon mit neun Jahren das Violoncello. Und sie zeigt sich dem Fortschritt der Wissenschaft gegenüber durchaus aufgeschlossen: Als eine der ersten in Preußen läßt sie ihre Kinder impfen.

Ferdinand liebt und verehrt seine hübsche Frau, es sei eine Freude, meint Lehndorff, dem charmanten Paar zuzusehen, »ihr Glück ist außerordentlich und ihre Verbindung bewunderungswürdig.« Aber Ferdinand läßt es auch zu, daß seine Frau ihn – wenigstens in den späteren Jahren – allzusehr dominiert. Der alte Arzt Henis, der sich von der Prinzessin Ferdinand ständig gedemütigt sieht, hält nach einem Essen mit dem Prinzen in seinem Tagebuch fest: »Den Prinzen Ferdinand habe ich wegen der wenigen Achtung, die man ihm von seiner Familie erweist, bedauert.«[13] Außerdem ist Ferdinand eifersüchtig, der ehelichen Treue seiner Frau ist er wohl nie gewiß – wie zu vermuten steht, völlig zu Recht. Die pikanten Details sind ständiger Gesprächsstoff am Hof und im internationalen Hochadel: So sollen die Prinzen Louis Ferdinand und August einer Liaison zwischen

und Heinrich. Zu einem Zerwürfnis kommt es im Siebenjährigen Krieg, als die drei jüngeren Brüder die Niederlage bei Kolin dem König zur Last legen, während jener den Prinzen von Preußen und designierten Thronfolger für ein militärisches Versagen so sehr demütigt, daß – so geht die Legende – August Wilhelm vor Erbitterung stirbt. Prinz Ferdinand, der sich in den Feldzügen dieses Krieges einige Verdienste erwirbt, nimmt bald darauf eine hartnäckige Brustfellentzündung zum Anlaß, bereits mit 28 Jahren den aktiven Dienst zu quittieren und den Rest seines Lebens das Dasein eines Pensionärs zu führen. Eine ebenso ehrenvolle wie einträgliche Aufgabe allerdings wartet noch auf ihn. 1762 ernennt Friedrich II. seinen Bruder zum Herrenmeister des Johanniterordens, was mit jährlichen Einnahmen von 30.000 Talern verbunden ist. Ferdinand ist sehr um den Orden bemüht, und er gilt als strenger Herrenmeister: Alle Ritter, die nicht nach den Regeln leben, werden kurzerhand aus der Ordensliste gestrichen. Wenn Ferdinand die Würde einer Mitgliedschaft vergibt, so einer der Ordensritter, dann führe er sich auf, als verschenke er hundert Königreiche. Mit dem Amt geht auch das Palais des Herrenmeisters am Wilhelmplatz an Ferdinand über, der bisher über keinen eigenen standesgemäßen Wohnsitz verfügte. Eine weitere Einkommensquelle erschließt sich dem Prinzen, als der nachfolgende König Friedrich Wilhelm II. seinen Onkel 1788 zum Domprobst von Halberstadt ernennt.

14 Johann Georg Rosenberg: Palais des Herrenmeisters des Johanniter-Ordens am Wilhelmplatz. Kolorierte Radierung, um 1785

der Prinzessin Ferdinand und dem General Friedrich Graf von Schmettau entstammen, während die Prinzessin Luise Radziwill die Frucht einer Verbindung zwischen Schmettau und der Schwester der Prinzessin Ferdinand, der Prinzessin Philippine Auguste Amalie sein soll, die ihrerseits mit dem Landgrafen von Hessen und Kassel, Friedrich II., verheiratet ist. Wie es heißt, »haßt« die Prinzessin Ferdinand Luise Radziwill, während sie Louis Ferdinand und August abgöttisch liebt.

Herzlich, liebenswürdig, leutselig und bieder: Diese Worte Lehndorffs treffen den Charakter des Prinzen Ferdinand wohl am genauesten – ein origineller Kopf mit einem ausgeprägten, eigenständigen Charakter ist er eher nicht. Begabungen hat er, aber es mangelt ihm an Ehrgeiz, sie auszubilden. Ferdinand gilt als charmanter Gastgeber und führt ein großes Haus, er zeigt an vielem Interesse, hat auch Talent zur Feinsinnigkeit, doch einen großen Geist wird man ihn kaum nennen können. Auch gibt ihm die strenge Einbindung in die höfisch-hierarchische Struktur der Hohenzollernfamilie wenig Möglichkeiten eigener Entfaltung, alles muß am König gemessen und ausgerichtet sein. Am Ende gilt das auf Marie-Antoinette geprägte Wort Stefan Zweigs auch für Ferdinand: Er ist ein »mittlerer Charakter«. Aber wie die französische Königin im Park von Versailles am Petit Trianon einen der raffiniertesten Landschaftsgärten Frankreichs inszenieren läßt, so gelingt es dem Prinzen Ferdinand, mit Schloß und Park Belle-

vue ein bedeutendes Werk der Kunst- und Kulturgeschichte Preußens zu erschaffen.

Die Wahl des Architekten für sein ländliches Lustschloß ist bezeichnend für den ebenso pragmatischen wie sparsamen Prinzen. Ferdinand greift auf keinen der am Hof etablierten Baumeister zurück, wie Karl Gontard (1731–1791), Georg Christian Unger (1743–1799) oder David Gilly (1748–1808), und er beauftragt auch nicht den Freiherrn von Erdmannsdorff, der in Wörlitz bereits für einiges Aufsehen sorgte, wir kommen noch darauf zurück. Erdmannsdorff wird erst ein wenig später von Friedrich Wilhelm II. nach Berlin geholt und für den Umbau des Stadtschlosses engagiert. Auch der aus Amsterdam eingewanderte Oberbaudirektor Johann Boumann (1706–1776), der für Potsdam das Holländische Viertel und das Rathaus am Alten Markt, für Berlin den Dom am Lustgarten und das Palais des Prinzen Heinrich entwarf sowie am Akademiegebäude und an der Hedwigskathedrale mitwirkte, ist eine mögliche Wahl. Doch der Prinz wendet sich an Boumanns wenig profilierten jüngsten Sohn.

Der 1747 in Potsdam geborene Michael Philipp Boumann[14] ist zunächst als »Conductor« des Architekten Bartholomé Robert Bourdet tätig, ab 1770 wirkt er als Gehilfe seines Vaters und macht dann in der Verwaltung Karriere: erst als Bauinspektor, anschließend, in der Bellevue-Zeit, als Geheimer Oberhofbaurat, Intendant und Baudirektor. Später wird er noch zum Oberfinanzrat berufen, und er ist Mitglied der Gründungskommission der Bauakademie. Boumann stirbt 1803 in Berlin. Als Ferdinand den 37-Jährigen für das Schloß Bellevue requiriert, hat er nichts Eigenes gebaut, aber auch die späteren Aktivitäten zeigen ihn eher als Ausführenden denn als Planenden: Nach Entwürfen von Carl Gotthard Langhans errichtet er den Theaterbau am Charlottenburger Schloß (1788–1791) und in Potsdam das Palais für die Gräfin Lichtenau (1796). Kleinere Arbeiten sind der Obelisk im Park von Rheinsberg zur Würdigung der Verdienste preußischer Heerführer im Siebenjährigen Krieg (1791) und der neogotische Saal in der Meierei auf der Pfaueninsel (1795). Neben einem Schauspielerwohnhaus in Potsdam (1796) sind die eingeschossigen Seitenflügel am Marmorpalais (1797) im Potsdamer Neuen Garten das neben Bellevue gewichtigste eigenständige Werk, das allerdings erst lange nach seinem Tod von Persius, Stüler und Hesse vollendet wird. Ein 1793 für Friedrich Wilhelm II. entworfenes Turm-Schloß auf dem Potsdamer Pfingstberg kommt über den Entwurf nicht hinaus.[15] Offenbar sucht Prinz Ferdinand weniger einen originellen Kopf als einen erprobten Organisator und Handwerker.

Die Planung

Die Entstehung von Schloß und Park Bellevue fällt in eine Zeit des Übergangs, es ist die Phase zwischen Rokoko und Romantik, die Epoche der Empfindsamkeit. Die lange, höfisch geprägte Ära des Barock löst sich endgültig auf, mit dem Tod Friedrichs des Großen im Jahr 1786 geht auch in Preußen das Ancien Régime zu Ende; nur drei Jahre später erschüttert die große französische Revolution ganz Europa. Die neuen bürgerlichen Tugenden der Bescheidenheit und Natürlichkeit lösen die aristokratischen Frivolitäten ab, die Eskapaden verführerischer Sinnlichkeit mutieren zum keuschen Überschwang der Herzensergießung, Gefühl und Innerlichkeit verlangen ihr Recht gegenüber aufklärerischer Rationalität. »Zurück zur Natur« lautet das von Jean-Jacques Rousseau geprägte Motto dieser Zeit; nur in der freien Natur, fern der höfischen Etikette und gesellschaftlichen Zwänge könne der Mensch zu sich selbst kommen. Kennzeichnender Ausdruck dieser neuen Weltsicht ist der in England bereits seit Beginn des Jahrhunderts entwickelte, natürlich anmutende, gleichwohl sehr kunstvoll gestaltete Landschaftsgarten mit weichen, fließenden Formen und einem lebendigen Spiel von Licht und Schatten, der bald auch auf dem Kontinent die strengen, klaren Konturen des Barockgartens ablöst. Auch der Typus des feudalen Landhauses verändert sich, Vorbild sind nicht mehr die zeremoniellen französischen Palais und Hôtels particuliers mit zentralem Corps de logis, Seitenflügeln und Cour d'honneur, sondern die eher schlichten, doch eleganten Villen des italienischen Renaissance-Baumeisters Andrea Palladio. Wer in England up-to-date sein will, läßt sein Landhaus im aktu-

ellen, an der Antike orientierten Palladiogeschmack errichten. Eine Vielzahl von Publikationen trägt die Gedanken der avancierten Park- und Baugestaltung in alle Welt und offeriert den neuerungswilligen Bauherren vielerlei Vorbilder und Anregungen.[16] Doch wer es sich leisten kann, segelt zur genaueren Betrachtung selbst hinüber zu den britischen Inseln.

Einer dieser Englandreisenden ist Fürst Leopold III. Friedrich Franz von Anhalt-Dessau. Kaum von einer solchen Tour zurückgekehrt, beginnt er 1764 in den Wörlitzer Elbauen mit der Anlage eines Landschaftsgartens nach englischem Muster. Das zugehörige, von Friedrich Wilhelm von Erdmannsdorff entworfene, klassizistische »Landhaus« ist 1773 vollendet. Etwa gleichzeitig beginnt im Park – nach einer Hochwasserkatastrophe – eine zweite Gestaltungsphase. Park und Schloß sind Pionierbauten: Sie führen die jüngsten Entwicklungen in Gartenbau und Architektur auf dem europäischen Kontinent ein. Zwei weitere Anlagen mit englischen Parks und klassizistischen Bauten entstehen bald darauf am Rande des nahegelegenen Dessau. Die kleinere Anlage, das Luisium, benannt nach der Ehefrau des Fürsten Franz, Prinzessin Luise Wilhelmine, erhält ihr Knobelsdorff-Schlößchen 1778. Der Park und das Knobelsdorff-Schloß der größeren Anlage, nach dem jüngeren Bruder des Fürsten Franz, Prinz Johann Georg, Georgium genannt, wird zwei Jahre später vollendet. Diese Entwicklungen hat Prinz Ferdinand offenbar aufmerksam verfolgt, nicht zuletzt bei seinen Besuchen an der Elbe, denn – unnötig zu sagen – zwischen den brandenburgisch-preußischen und den anhaltinischen Fürstenhäusern bestehen engste verwandtschaftliche Beziehungen: Die nach Dessau verheiratete Luise Wilhelmine von Brandenburg-Schwedt ist die Tante der Prinzessin Ferdinand; aber bereits der markgräfliche Urgroßvater der Prinzessin Ferdinand (der zugleich ein Großonkel ihres Gemahls ist) heiratete eine Prinzessin aus dem Hause Anhalt-Dessau.

Als Prinz Ferdinand die »Bertramsche Meyerey«, wie das Grundstück im offiziellen Verkehr noch längere Zeit heißt, übernimmt, ist er bereits im vorgerückten Alter; gleichwohl verspürt er Lust auf Veränderung. Neben dem Johanniter-Palais am Wilhelmplatz, ihrem Hauptwohnsitz, nutzt die Familie bislang im Sommer das ländliche Schloß Friedrichsfelde, das dem Prinzen, wie Graf Lehndorff anläßlich eines Besuches einige Jahre zuvor notierte, »sehr gefällt. Man führt dort ein recht angenehmes Leben. Ich war einen Tag dort und fand, daß sich alles recht behaglich fühlt. Um 1 Uhr wird diniert, um 5 Uhr versammelt sich alles bei der Prinzessin, man treibt Lektüre und Musik, geht spazieren und soupiert bei angeregter Unterhaltung.«[17] Aber das Schloß liegt weit außerhalb Berlins in Richtung Osten, und der Prinz will näher an die Stadt, das ist einfach bequemer. Zunächst spricht er Friedrich II. wegen des nahe am Berliner Stadtschloß gelegenen Lustschlosses Monbijou an, das bis zu ihrem Tod 1757 die Mutter der beiden, Königin Sophie Dorothea, bewohnte. Seitdem aber steht das von Knobelsdorff majestätisch umgebaute Palais leer, und so bittet Ferdinand den König kurzerhand, ihm Monbijou zu schenken. Doch Friedrich lehnt die Bitte ab, klärt seinen Bruder auf, daß er sich sehr wohl um Monbijou kümmere

15 Johann Heinrich Wilhelm Tischbein: Prinz Ferdinand mit Frau und Kindern. Öl auf Leinwand, um 1776

16 Das Schloß in Friedrichsfelde

und verweist auf Ferdinands Häuser in Friedrichsfelde und am Wilhelmplatz. Da kommt der Bertramsche Besitz auf den Markt, und Ferdinand greift zu: Er verkauft Friedrichsfelde für 16.000 Taler in Gold an den Herzog von Kurland und Sagan, Peter Reichsgraf von Biron, und erwirbt die Meierei im Tiergarten nebst allem Zubehör an Gebäuden, Äckern, Gärten und Wiesen für 20.000 Taler. Am 14. Oktober 1784 sind die Verhandlungen abgeschlossen und die Vereinbarungen paraphrasiert, einen Tag später setzt sich Ferdinand im Schloß Friedrichsfelde an seinen Schreibtisch und unterzeichnet den Kaufvertrag.[18]

Einiges spricht für den Erwerb dieses Grundstücks. Da ist die Schönheit der ländlichen Umgebung, eine Lage außerhalb der Stadt, die nahe genug ist, um vom Palais am Wilhelmplatz schnell erreichbar zu sein. Wie das Stadtschloß, Monbijou und Schloß Charlottenburg liegt der Besitz direkt an der Spree, hat also neben dem landschaftlichen Reiz auch den Vorteil, bequem mit dem Schiff erreichbar zu sein. Das Areal grenzt auf der einen Seite an die formalisierte Natur des Tiergartens, auf der anderen ist es umgeben von Äckern und Wiesen, die sich auf der gegenüberliegenden Spreeseite fortsetzen, läßt also genügend Raum für eigene Gestaltung. Doch ein anderes Charakteristikum des Geländes ist offenbar noch bedeutsamer. Bezeichnenderweise wird als erstes die Verlängerung der am Leipziger Platz beginnenden Potsdamer Allee - später Bellevue-Allee[19] - in Angriff genommen: Vermutlich ist diese Straße der Schlüssel für die gesamte Anlage, denn die vorhandene Bebauung und die verlängerte Allee fügen sich auf wundersame Weise zusammen.

Vom »Oktogon« gehen in einer typisch barocken Anlage zwei Wegstrahlen aus: Der eine führt nach Südwesten in Richtung Schöneberg und Wilmersdorf, der andere nach Nordwesten zur Charlottenburger Chaussee, wo er am Kleinen Stern endet. Wird diese zweite Achse nun über den Kleinen Stern hinaus bis zu Ferdinands neuem Besitz verlängert, so fügt es sich, daß alle dort vorhandenen Häuser, von Knobelsdorffs Gartenhaus über die danebenliegenden Wirtschaftsbauten bis zur Fabrik an der Spree, beinahe vollständig parallel - oder im rechten Winkel - zur verlängerten Allee liegen. Und mehr noch: Die Allee stößt - wiederum beinahe exakt - auf die Mitte des Leerraums zwischen Scheune und Fabrik: Ein Schloß, das man zwischen beiden Bauten einspannte, wäre also in seinem Zentrum Zielpunkt dieser Achse, ganz so, wie es die Stadt- und Schloßplanung seit der Renaissance, insbesondere im nun langsam ausgehenden Barock als Ideal vorgibt.

Der Bauherr muß wie elektrisiert gewesen sein, als er diese außergewöhnliche Situation erkannte, und die Aussicht, das zukünftige Schloß umstandslos in den großen Plan der Stadt einzubinden und ihm darin eine prominente Stellung zuzuweisen, gab vermutlich den Ausschlag für den Erwerb des Areals. Wie sehr das Denken in großräumlichen Zusammenhängen die Planung von Bellevue bestimmt, zeigt auch die Position eines Eiskellers, der sich als kleiner Hügel am nordwestlichen Ende des Gartens erhebt. Ein Vermessungsplan aus dem Frühjahr 1785[20], in dem der Park

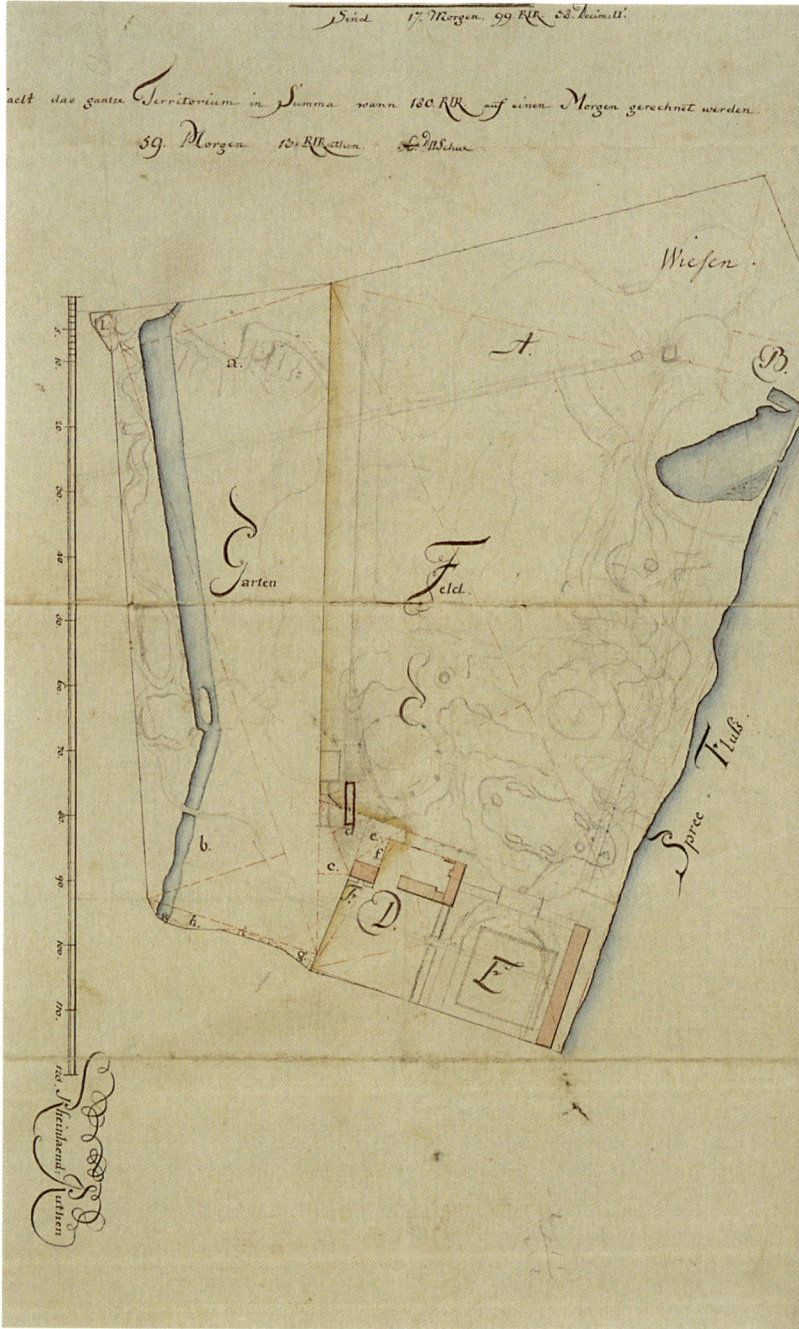

17 Lageplan der »Bertramschen Meyerey« mit erster Schloßskizze. 1785

18 P. Haas: Plan des Tiergartens bei Berlin, 1795.
In den Vignetten am oberen Rand sind Bauten aus dem Bellevue-Park dargestellt:
Links die Strohbrücke und das Otahitische Kabinett,
rechts die Maison champêtre und der Hangar.

bereits skizziert ist, verdeutlicht, daß dieser Eiskeller-Hügel nicht nur in der Achse der Bellevue-Allee, sondern an jenem Punkt angelegt ist, an dem die Verlängerung der Stern- (oder Hofjäger-)Allee auf diese Achse trifft.[21] Unmittelbar nach Unterzeichnung des Kaufvertrags bittet Ferdinand den Staatsminister von der Schulenburg, sich beim König für die Verlängerung der Bellevue-Allee einzusetzen, und sogleich nach Friedrichs Zusage wird mit der Anlage begonnen. Ferdinand läßt 90 alte Kiefernbäume niederhauen und den neuen Weg wechselweise mit Akazien und Platanen bepflanzen, es sind Baumarten, die es im Tiergarten bisher noch nicht gibt.

Parallel zur Verlängerung der Bellevue-Allee und noch bevor der eigentliche Schloßbau in Angriff genommen wird, beauftragt Ferdinand den Schloßgärtner Weil, der schon in Friedrichsfelde für ihn tätig war, mit der Bepflanzung des Gartens. Die nötigen Bäume, Sträucher und Büsche, heißt es in seiner Order vom 24. Oktober 1784, sollen so schnell wie möglich geliefert werden, »damit solche baldigst auf der Meyerey ankommen, bevor die Zeit der Baumsetzung verstreichet.«[22] Der Prinz kauft u.a. Strauchlinden und -birken, hochstämmige Linden, Weißbuchen, Zedern, Akazien, Kirsch- und Ahornbäume, Ebereschen, Lärchen und Tannen; später kommen Platanen, Robinien und Weiden hinzu. Das Pflanzgut wird sowohl von den prinzlichen als auch von anderen Gütern und Forsten geholt, wie dem Grimnitzer Forst, von den Bredows und den Ribbecks in Segefeld, den Kamekes in Prötzel und Bredikow, auch aus der Baumschule des Predigers Thilo zu Osterwiek bei Halberstadt, vom Hofgärtner Eichstädt in Malchow, vom Planteur Ulrich in Moabit, dem Planteur Wilhelm Sello in Sanssouci, aber auch aus dem Tiergarten.[23] Im November werden aus Rüdersdorf Kalksteine geliefert, und bereits im Dezember ist am Küchengarten ein Ananas-Treibhaus fertiggestellt.[24] Es gibt große Bedenken, die etwa 60 vor dem künftigen Schloß und längs des Gartens stehenden starken Bäume zu fällen, denn der König hat die ausdrückliche Weisung gegeben, im Tiergarten keinen leeren Platz zu schaffen, sondern alles dicht zu bepflanzen. Dennoch wird schließlich dem Wunsch des Prinzen entsprochen, da die hohen Bäume dem neuen Schloß nicht nur die Aussicht nehmen würden, sondern auch weil sie schwammig seien und den Neubau gefährdeten. Das Holz wird jedoch nicht dem Prinzen überlassen, sondern – wie das gesamte Holz aus dem Tiergarten – für öffentliche Bauten reserviert.[25]

Im Frühjahr 1785 beginnen schließlich die Vorbereitungen für den Schloßbau selbst, dessen von Boumann erstellter Kostenvoranschlag sich auf ca. 44.000 Taler beläuft. Am 14. März 1785 unterzeichnet Ferdinand

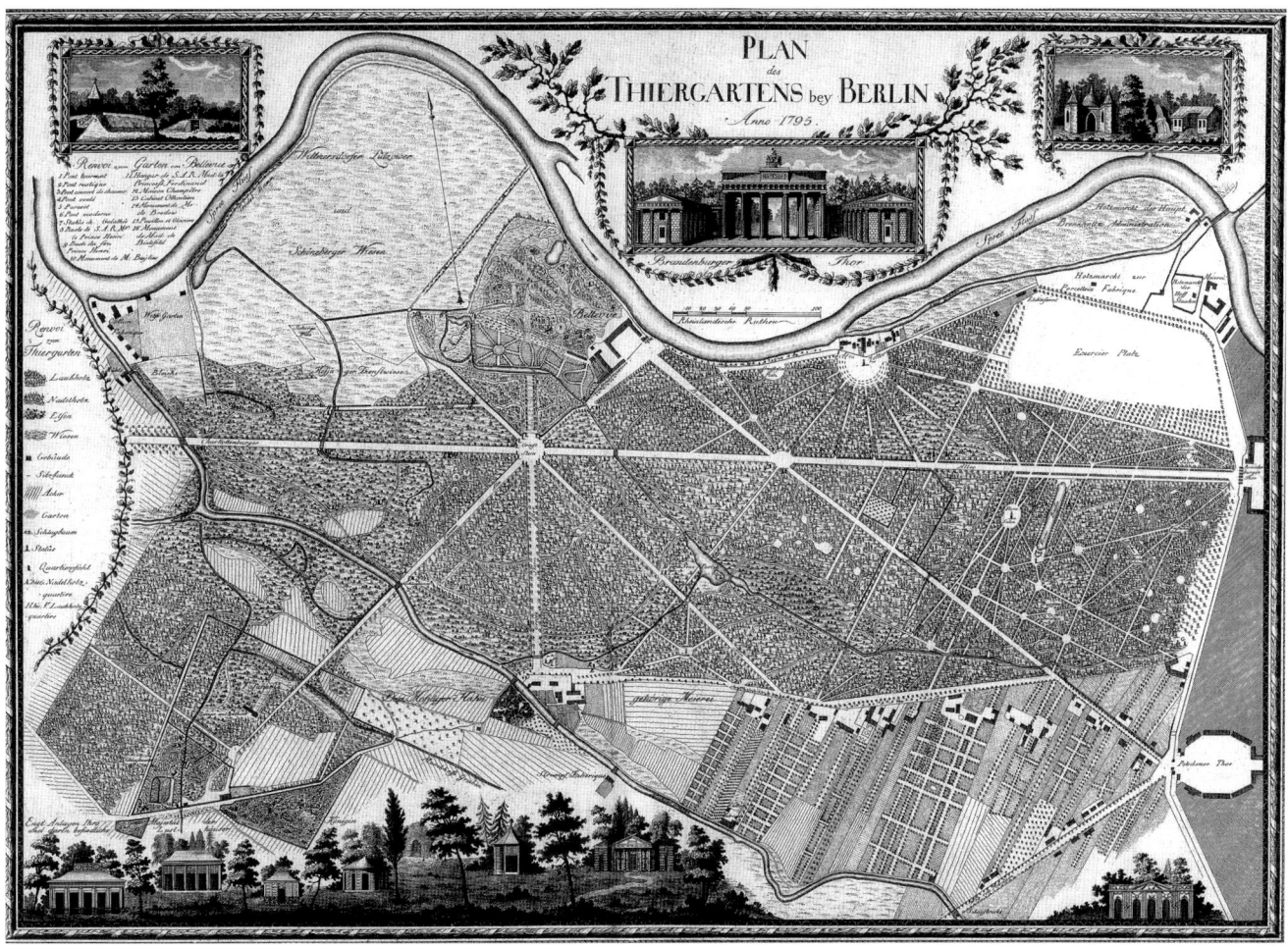

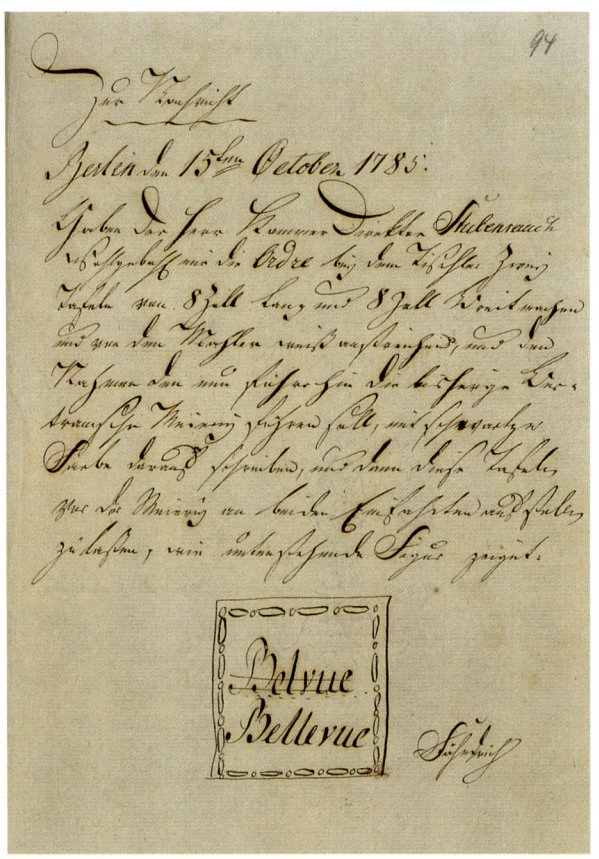

19 Auftrag an einen Tischler, die Tafel mit dem Schriftzug *Bellevue* zu fertigen. 1785

Pavillons, der durch schmale Flügel mit den vorhandenen Bauten verbunden ist, als den eines prinzlichen Lustschlosses, und sei es noch so sparsam gefaßt. Zu denken ist etwa an ein Orangeriegebäude, ähnlich der Großen Orangerie am Schloß Charlottenburg. Zwei schmale Bauteile verlängern die Scheune in Richtung Osten, zum späteren Spreeweg hin; sie lassen einen Durchgang frei, der einen zur Mitte der Fabrik führenden Weg einrahmt. Dieser Weg verläuft in gerader Linie nach Süden, in Richtung Charlottenburger Allee, endet aber am Abflußkanal des Küchengartens. Die Zeichnung legt die Vermutung nahe, daß eine Zeitlang mit einem gänzlich anderen als dem ausgeführten Plan gespielt wird: Möglicherweise gibt es die Überlegung, das Fabrikgebäude aufzuwerten, die schöne Lage am Fluß zu nutzen und das Zweckgebäude zum Landsitz mit Spreeblick auszubauen. Die Achse der bereits im Bau befindlichen Bellevue-Allee würde dann zu dem pavillonähnlichen Bau führen und im Point de vue der Eisgrube enden. Daß diesem »Pavillon« eine gewisse Bedeutung zugekommen wäre, zeigt die halbkreisförmige Auffahrt, die der später realisierten Lösung bereits ähnelt.

Für eine sehr späte Festlegung spricht im übrigen auch die Tatsache, daß Ferdinand seine Bauleute knapp sieben Wochen vor der Grundsteinlegung, am 15. März 1785, mit diesem Auftrag auf die Reise nach Wörlitz und Dessau schickt:

»1. In oder bey Anhalt ist das Jürgenhaus [Georgium] und Luisium zu besehen [...]

2. Daselbst werden sie genau auf die Treppen und deren Geländer, auf die Architrave der Thüren und auf die Fenster Acht geben, besonders auf die Sprossen in den Fenstern, welche von Eisen und mit Holz verkleidet sind.

3. In Wörlitz können sie sich an den H. Hofkammerrath von Raumer wenden.

4. Daselbst wird [der Schlosser-]Meister Becker besonders die Maschinen im Souterrain besehen, wodurch das Wasser bis in die oberste Etage geplumpt wird.

5. Die Thüren und Schlösser, welche, wenn sie aufgemacht werden, in der Wand einschlagen und nicht zu sehen sind.

6. sind die Maschinen zu besehen, wodurch in der Wand die Nachteymer u. Holz herauf und heruntergelassen werden.

7. werden sie sich alle commode und compendiose [...] Spinden und Verschläge bemerken.

8. müssen sie sich von allen merkwürdigen Stücken Models oder Zeichnungen von dortigen Ouvriers zu erhalten, oder wenn das nicht möglich ist, selbst Zeichnungen machen und mir solche bey Ihrer Rückkunft abliefern.«[29]

den Bauauftrag für Boumann[26], in den folgenden Wochen werden Verträge mit einzelnen Handwerkern abgeschlossen. Am 30. April findet die feierliche Grundsteinlegung statt. Die Arbeiten gehen sehr zügig voran, bereits dreieinhalb Monate später, am 13. August 1785, wird das Richtfest gefeiert. Am 15. Oktober ergeht der Auftrag, den Schriftzug »Bellevue« anzufertigen.[27] Ein so enger Zeitplan läßt auf eine stringent verfolgte, langfristige Planung schließen – doch die ist erstaunlicherweise nicht vorhanden, offenbar gibt es Unsicherheiten und neue Überlegungen. Erst wenige Wochen vor der Grundsteinlegung wird die Position des Schlosses endgültig festgelegt: In einer Notiz Ferdinands vom 19. März heißt es: »Es verbleibet bey dem Platz, den Ich zwischen dem Fabriquen-Gebäude und der Meyerey-Scheune gewählt habe, worauf also das Haus zu stehen kommt, und der Bau, sobald es die Witterung zulässet, anzufangen ist.«[28] Ein weiteres Indiz für eine Unentschiedenheit bis zur letzten Minute gibt der schon erwähnte Vermessungsplan von 1785. Der Park ist hier bereits skizzenhaft angelegt, einige Sichtachsen sind zu erkennen, auch der Eisgrubenhügel ist schon markiert. Aber das Schloß ist noch weit von seiner endgültigen Gestalt entfernt.

Der Bau erstreckt sich zwar, wie Ferdinand kurz zuvor bestimmte, zwischen der »Meyerey-Scheune« und dem »Fabriquen-Gebäude«, sein Mittelrisalit jedoch ist überproportioniert und, an der Gartenseite, beinahe doppelt so breit wie der restliche Bau. Das vermittelt eher den Eindruck eines

Es fällt auf, daß Ferdinand in erster Linie an Details, vor allem an solchen mit praktischem Nutzen, interessiert ist und nicht etwa an grundlegenden Plänen und Entwürfen, weder von den Häusern noch von den Gärten.[30]

Der Bau

Boumann entwirft das Schloß als freistehendes Gebäude; gleichwohl wird der Neubau den vorhandenen Baulichkeiten eingepaßt: Das neue Corps de logis erstreckt sich, den Vorgaben des Prinzen folgend, zwischen Fabrik und Scheune, und der Abstand zwischen beiden Bauten bestimmt die Länge des Neubaus und damit in gewisser Weise auch seine Breite. Offenbar ist dem sparsamen Prinzen sehr daran gelegen, keines der vorhandenen Gebäude dem Neubau zu opfern, er will sie vielmehr in die Schloßnutzung einbeziehen. So werden Form und Lage des neuen königlichen Lustschlosses zum einen durch die existierenden, nicht sehr repräsentativen Zweckbauten vorgegeben, zum anderen durch die Einbindung des Areals in die großräumigen Achsen des Tiergartens. Eine außergewöhnliche Mischung von bodenständigem Pragmatismus und genialischer Raumplanung gibt dem Schloß seine Grundgestalt. Dabei ist die Scheune für die Positionierung des Neubaus offenbar entscheidender als die Fabrik, denn der schmale Südgiebel des neuen Corps de logis scheint auf die Mitte der nördlichen Längswand der Scheune ausgerichtet zu sein, die im Plan von 1765 (Abb. 3) wie auch in der Parkskizze von 1785 (Abb. 17) klar und deutlich eingezeichnet ist. Diese Relation erklärt auch den leeren Winkel zwischen Corps de logis und Spreeflügel auf der anderen Schloßseite. Der Scheunenbezug hat zur Folge, daß der Neubau an der Spreeseite so unglücklich mit der Fabrik zusammenstößt, daß sich beide Bauten nur über wenige Meter, bis knapp zur Mitte der Schloßschmalseite, berühren. Diese unbefriedigende Disposition erzeugt einen sonderbaren offenen Winkel, der Anlaß gibt zu Kaschierungen und Provisorien und erst bei dem Umbau von 1938–1939 endgültig beseitigt wird.

Obwohl das Fabrikgebäude mit seinen niedrigen Stockwerken eine gänzlich andere Höhenentwicklung hat als der Schloßneubau, ist es schnell als dessen »Spreeflügel« in die Anlage integriert. Wie hätte die Scheune, an deren Erhalt dem Prinzen zunächst offenbar so sehr gelegen ist, in den Neubau einbezogen werden sollen? Diese Frage ist nicht mehr zu beantworten, denn schlußendlich wird diese Scheune doch abgerissen, und das sehr bald: An ihrer Stelle entsteht der Damen- oder Kastellanflügel, gelegentlich auch Stallhofflügel genannt, und zwar als spiegelbildliche, allerdings etwas schmalere Replik des Spreeflügels. Die unglückliche Art und Weise des Zusammentreffens von Corps de logis und Seitenflügel samt dem leeren Winkel wird dabei wiederholt und ist nun gänzlich unverständlich. Tatsächlich ist der Bau des zweiten Flügels zunächst gar nicht vorgesehen. Erst gegen Ende des ersten Baujahres, als das Corps de logis beinahe vollendet ist, faßt man ihn ins Auge: Am 29. November 1785 präsentiert Boumann einen Kostenanschlag für den Bedarf an Mauer- und Dachsteinen »zum Aufbau des linken Flügels nebst Pavillion neben das Palais Belle=Vue im Thier=Garten«.[31] Errichtet wird der neue Flügel dann im Frühjahr 1786. Schritt für Schritt ergibt sich also eine Anlage, die ursprünglich so nicht vorgesehen war: Mit dem zentralen Corps de logis und

20 Schloß Bellevue, Mittelrisalit. Foto um 1920

21 Schloß Bellevue, rechtes Seitenportal mit Lampenträgern. Foto um 1920

den beiden Seitenflügeln, die einen Ehrenhof umschließen, entspricht Bellevue schließlich dem traditionellen, klassischen Schloßgrundriß nach französischem Muster. – Um die Jahreswende 1786–1787 ist der Bau weitgehend fertiggestellt und im Februar gibt Ferdinand den Startschuß für das »Ameublement«.[32] Die Versicherungssumme der gesamten Anlage wird im Feuer-Societäts-Catastro mit 64.400 Thalern courante eingetragen.[33]

Wenden wir uns nun dem Bau zu, wie er 1785–1786 entsteht und sich im wesentlichen heute noch präsentiert. Die wenigen Veränderungen betreffen vor allem die Schmuckformen, etwa den unter dem Dach gelegenen oberen Fassadenabschluß, sowie die Organisation der Eingänge und die Bedachung der Seitenflügel. Drei Jahre nach der Fertigstellung wird ein direkter Gartenzugang geschaffen, Eingriffe im Detail erfolgen am Anfang und am Ende des 19. Jahrhunderts, sowie schließlich 1938–1939. Beim Wiederaufbau ab 1954 gibt es erneut kleine Veränderungen. Da Boumanns Grund- und Aufrisse im Zweiten Weltkrieg verloren gingen, bleiben uns für die Rekonstruktion der ursprünglichen Gestalt neben den Akten nur einige frühe Ansichten sowie die Beschreibungen der 1906 und 1915 noch vorhandenen Zeichnungen Boumanns durch Bogdan Krieger und Hans Hackmann. Ein Grundriß und zwei Ansichten von Boumanns Hand wurden 1935 anläßlich der Umgestaltung zum Museum für deutsche Volkskunde reproduziert.[34] Besonders wichtig ist uns der von Ferdinand abgezeichnete und zur Ausführung bestimmte Fassadenentwurf. Eine stimmungsvolle Ansicht der Gesamtanlage, einen Blick über die Spree, gibt die Aquatintaradierung von C. Benjamin Schwarz von 1797 (Abb. 1).

Das Corps de logis ist ein langgestreckter, zweigeschossiger Bau mit 19 Fensterachsen auf einer Ausdehnung von 74 x 16 Metern. Die Fassade ist mit einem gelben, leicht ins Rötliche gehenden Kalkputz versehen. Vom Hofstaat bewohnte Entresols liegen an den Seiten zwischen den beiden Hauptgeschossen; zwei weitere Geschosse im Keller sowie unter dem Dach

sind auch äußerlich durch Reihen kleiner Fenster zu erkennen.[35] Die Hof-Fassade wird an den Seiten und im Zentrum durch jeweils dreiachsige Risalite gegliedert. Die Fenster im Erdgeschoß werden von Dreiecksgiebeln, im Mittelrisalit von Segmentbogengiebeln geschmückt; im Obergeschoß sind die Fenster flach abgedeckt. Die Fensterverdachungen werden von Konsolen getragen, zwischen denen längsrechteckige, unterschiedlich verzierte Felder liegen. Im Obergeschoß liegt unter den Fensterbänken ein ornamentaler Apparat, den Boumann im Entwurf für alle Öffnungen vorsieht, aber nur im Mittelrisalit ausführt: Triglyphen und ein von rosettengeschmückten Platten flankiertes schmales Ornamentband rahmen eine leere Tafel. Außerhalb des Mittelrisalits verbleiben davon nur die beinahe quadratischen, konsolenartigen Platten, die im Erdgeschoß etwas länger sind als im Obergeschoß. Im Erdgeschoß des Mittelrisalits ist die Partie unter den Fenstern als Schein-Balkonbrüstung ausgebildet. Die kreisrunden, kleinen Mezzanin-Fenster unter dem Dach, die »Ochsenaugen«, werden von Laubgehängen gerahmt. Die ersten drei Fenster rechts des Mittelrisalits beleuchten den großen Festsaal, die anderen geben dem Dachboden Licht. Später werden diese Fenster durch einen Fries zur Hälfte verdeckt. Das Gebälk an den drei Risaliten ist über dem Architrav mit einem Fries aus kleinen Vierecken und Z-Haken geschmückt. Im Mittelrisalit trägt dieser Fries im Zentrum in vergoldeten Gipsbuchstaben den Schriftzug »Bellevue«.

Der Eingang zum Hauptgebäude liegt nicht im Mittelrisalit, wie es der Tradition entspricht, sondern in den Seitenrisaliten. Die beiden Portale tragen zunächst keine weitere Bedachung, sie sind allein mit Schlußsteinen versehen, von denen aus nach beiden Seiten Ranken herabhängen, die von Konsolen aufgefangen werden. Die Veränderung hin zur bald darauf dokumentierten festen Bedachung mit Segmentgiebel vollzieht sich möglicherweise bereits während des Bauvorgangs.[36] Es ist denkbar, daß die beiden Portale zunächst offen und von Wagen zu durchfahren sind und erst später

22 Michael Philipp Boumann: Hauptansicht des Schlosses Bellevue. Ausführungszeichnung, 1785

23 Schloß Bellevue, Gartenseite. Foto um 1920

durch Glastüren verschlossen werden[37], allerdings sprechen die hier vorhandenen hölzernen Treppenanlagen eher dafür, daß sie von Anfang an durch zweiflügelige Türen verschlossen sind, um das Innere vor der Witterung zu schützen.[38] Außen werden die Portale von sehr qualitätvollen Skulpturen der Bildhauer Christian Eckstein und Johann Gottlieb Heymüller flankiert, die auf hohen Sockeln stehen. In diesen Lampenträger-Gruppen umfaßt jeweils ein Krieger in Helm und Schurz den Schaft der Laterne und wendet sich innig einer sitzenden Assistenzfigur zu, zwei Frauen, einem alten Mann und einem weiteren Krieger, alle in idealischer Nacktheit. Das schmale Kellergeschoß ist als angedeuteter Sockel ausgebildet, in dem sich längsrechteckige Fenster reihen. Diese Fensterreihe wird durchbrochen durch die Portale der Seitenrisalite und zwei niedrige Eingänge im Mittelrisalit. Das Hauptgebäude ist mit einem Dach aus ganzen, ungeteilten Walmen versehen.

Auffallendstes Gestaltungsmerkmal der Hoffassade ist die noble Ausbildung des Mittelrisalits mit einer »monumentalen«, über beide Hauptgeschosse reichenden Pilasterordnung und einem darüber sich erhebenden Dreiecksgiebel, der von Konsolen und einem kräftigen Zahnschnitt gerahmt wird. Die vier auf hohe Sockel gesetzten, kannelierten Pilaster tragen korinthische Kapitele. Das Giebelfeld ist zunächst leer; im Januar 1790 bringt der Uhrmacher Carl Ludewig Elffroth dort die große Uhr an[39], die von einigen Genien im Relief umrahmt wird. An den Seiten und auf der Spitze wird der Giebel überragt von drei schlanken, hohen weiblichen

Statuen: Die Allegorien der Jagd, des Ackerbaus und der Fischzucht sind ebenfalls Werke der Bildhauer Eckstein und Heymüller, die außerdem die Figuren an den Hoftoren erschaffen. An der dekorativen Gestaltung der Frontwände sind der an den Schlössern der königlichen Familie häufig beschäftigte »Zieraten-Bildhauer« Heinrich Friedrich Kambly, der die korinthischen Sandsteinkapitelle fertigt, und der Stukkateur Constantin Sartori beteiligt, der für die Gipsarbeiten sowie den Verputz zuständig ist.

Die Rekonstruktion der ursprünglichen Gartenfassade ist schwieriger, da Boumanns entsprechende Zeichnungen vor dem Kriegsverlust nicht abgebildet wurden und allein aus den Beschreibungen von Krieger und Hackmann hergeleitet werden können. Im wesentlichen wiederholt sich die Hoffassade, die Parkseite hat jedoch einen privateren Charakter als die der Öffentlichkeit zugewandte Partie am Ehrenhof, sie ist freundlicher und weniger streng, kleinteiliger und weniger elegant, sogar, dem ländlichen Ambiente angemessen, »rustikaler«. Die drei je dreiachsigen Risalite und die beiden seitlichen Portale, die Dreiecksgiebel über den Fenstern im Erdgeschoß und die flache Fensterabdeckung im Obergeschoß ähneln zunächst der Hofseitenfassade, allerdings fehlt der Gartenseite die Nobilitierung durch Monumentalpilaster und Giebel. Der ländliche Charakter wird unterstrichen durch eine schematische Putzrustika: Sie findet sich an den Seitenrisaliten im Erdgeschoß und den darüberliegenden Wandpfeilern, sowie im Mittelbau an den vier kräftigen, weit vorspringenden Erdgeschoßpfeilern. Diese Pfeiler tragen einen schmalen Balkon, der in

Boumanns Entwurf nachträglich eingezeichnet wird.[40] Die Tafeln unter den Fensterverdachungen sind ebenso wie die unter den Fensterbänken mit Reliefverzierungen versehen, im oberen Stockwerk finden sich Blattgehänge und unter den Fensterbänken Füllhorn-Dekor, im Untergeschoß Rosetten und Rollwerk. Die beiden Stockwerke sind durch ein stark profiliertes Gurtgesims getrennt, das auch die Risalite umspannt.

Die Seitenrisalite, so bemerkt Hackmann mit Blick auf Boumanns Zeichnung, sind »im Entwurf gut und logisch durchgegliedert«: Sie sind wie an der Hofseite mit einem durchlaufenden Gebälk abgeschlossen; die rechteckigen Mezzanin-Fenster, die auf allen bekannten Abbildungen den Fries durchbrechen, sind eine spätere Zutat.[41] Die eher ovalen als kreisrunden Ochsenaugen über den Obergeschoßfenstern werden, wie auf der Hofseite, von einem Laubgewinde umrankt. Der Mittelrisalit trägt unter dem Kranzgesims, dessen Fries an der Stelle unterbrochen ist, drei längsrechteckige, eingetiefte Tafeln mit Festons. Boumann regt zunächst einen direkten Zugang zum Park über eine Freitreppe an[42], aber die Idee wird nicht ausgeführt: Die drei Fenstertüren des Erdgeschosses öffnen sich ursprünglich auf kleine Balkone. Doch schon im Juli 1787 gibt es einen »Anschlag für die Rampe in den Garten«[43], und eineinhalb Jahre später erkundigt sich Ferdinand bei dem Domänen-Kammer-Collegio, was es denn wohl kosten würde, »die zwo kleinen Balcons, so im unteren Stockwerk nach der Garten Seite befindlich, wegzunehmen und den Perron statt dessen so viel zu erweitern, damit man aus jeder Glasthüre des großen Zimmers mit geraden Füßen in den Garten gehen könne.«[44] Im folgenden Jahr läßt Ferdinand die Arbeiten dann ausführen: Die drei Balustraden, die sich vor den ehemaligen Türen befinden, werden beseitigt, die Kellerfenster zugemauert und der Boden wird so hoch aufgeschüttet, daß vor dem Mittelrisalit eine Terrasse entsteht, die in einer sanften Linie bis zum Gartenniveau abfällt. – Wenig später wird das Schloß winterfest gemacht, mehrere Räume bekommen Doppelfenster.

Das Innere

Das ursprüngliche Innere des Corps de logis läßt sich zum Teil recht gut, über weite Strecken allerdings nur in Ansätzen oder auch gar nicht mehr rekonstruieren. Allzu oft wechseln die Funktionen und Bezeichnungen, ebenso die Ausstattung, insbesondere die Farben.[45] Die Raumaufteilung und Abfolge der Zimmer können wir aus den überlieferten Grundrissen ablesen, die Ausstattung einiger Räume ist – sofern noch vorhanden – durch mehrere Fotokampagnen vor 1920 und um 1934–1937 dokumentiert, und nicht zuletzt berichten Besucher von ihren Rundgängen. Als das bewegliche Inventar nach der Abdankung des Kaisers in sein Exil im holländischen Doorn verbracht wird, ist es kaum noch mit der Erstausstattung identisch, denn die Möbel in den Hohenzollernschlössern werden vielfach unterein-

24 Schloß Bellevue, linkes Treppenhaus, 1935. Links liegt der Ehrenhof, die obere Tür führt in den Damenflügel.

ander ausgetauscht. So befindet sich z.B. in Bellevue zeitweise ein Satz von 18 exquisiten Stühlen mit eingesetzten Marmormedaillons, die Langhans um 1791 für den Palmensaal der Orangerie am Potsdamer Marmorpalais entwarf, zusätzlich tragen sie den Stempel des Möbelvorrats im Berliner Schloß. Ein kostbarer Tisch mit der Darstellung einer Ruinenlandschaft aus Stuckmarmor steht zunächst im Berliner Schloß, dann im Marmorpalais, im Neuen Palais und zuletzt in Bellevue. Zudem erfordert es die Einrichtung der Gemäldegalerie unter Friedrich Wilhelm IV., daß die Ausstellungs-Etage nahezu leergeräumt wird, und schließlich legt insbesondere Wilhelm II. Wert darauf, in den neuen Möbeln seiner Zeit zu wohnen – wenngleich sich diese sehr historisch geben.

Die Räume verlaufen nach französischem Muster in zwei Fluchten an der Ehrenhof- und an der Gartenseite, die stets doppelflügeligen Türen liegen jeweils nahe der Außenwände. Die Raumfluchten sind nur im rechten, nördlichen Abschnitt, wo die eher kleineren, privaten Räume liegen, durch einen Flur in der Mitte des Gebäudes getrennt, ansonsten stoßen die Garten- und Hofräume unmittelbar aneinander. Der Prinz nutzt die Räume im Erdgeschoß, seine Gemahlin jene im Obergeschoß. In beiden Fällen mischt sich die private Nutzung mit der Öffentlichkeit des Hofes, wobei die Etage der Prinzessin, nicht zuletzt durch den großen Festsaal des Schlosses, stärker für die Öffentlichkeit bestimmt und entsprechend aufwendiger ausgestattet ist als die Etage des Prinzen. Die in beiden Geschossen gleiche Raumhöhe weist darauf hin, daß es in der Wertigkeit keinen großen Unter-

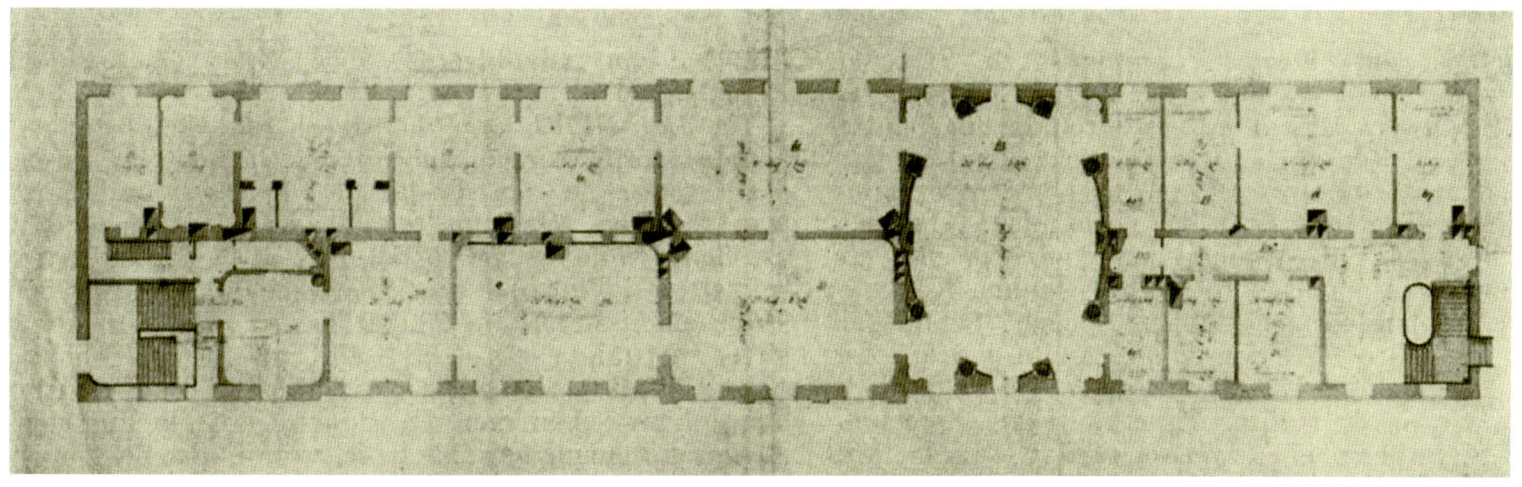

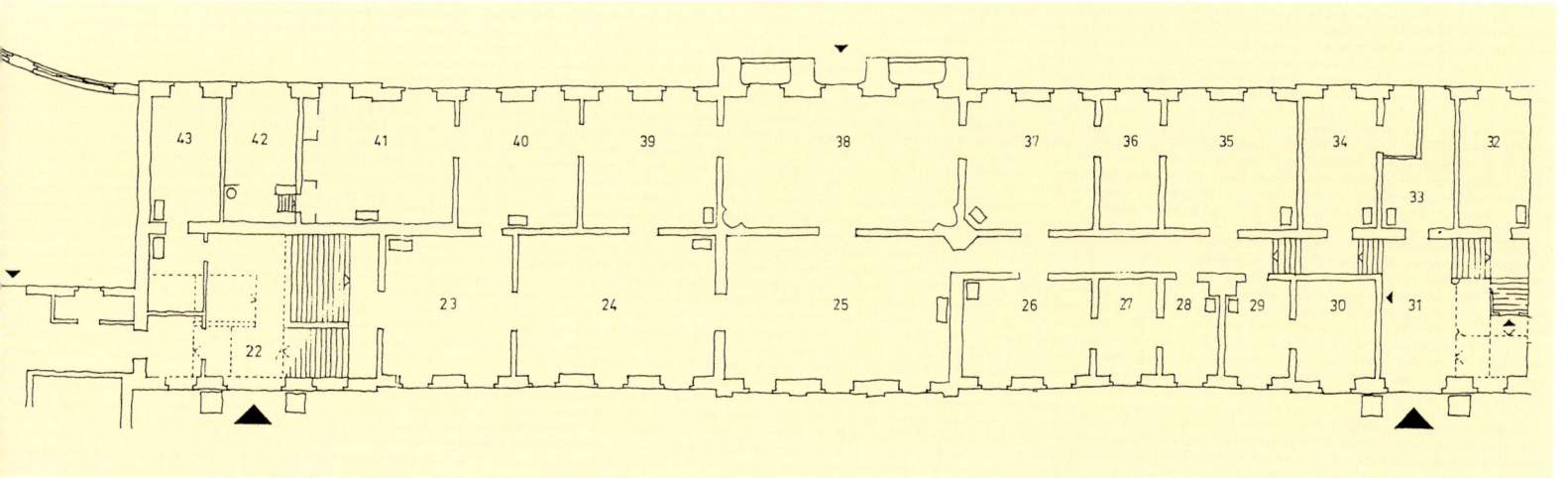

25 Michael Philipp Boumann: Schloß Bellevue, Grundriß des Obergeschosses. 1785
26 Schloß Bellevue, Grundriß des Erdgeschosses

schied gibt. Etwa ein Viertel jedes Geschosses ist gänzlich privat: Auf der rechten Seite wohnen die Kinder des Prinzenpaares, deren Quartiere sich im Spreeflügel fortsetzen. Erich Schonert, der das Schloß vor den 1934 beginnenden Umbauten besichtigt, erwähnt die »bemerkenswerten Wand- und Deckendekorationen, die eine seltene Mischung von Elementen des Barock, Rokoko, Empire und Klassizismus darstellen.«[46] Die Deckenstruktur kennzeichnet die Übergangszeit, in der Bellevue entsteht: Während das Rokoko die Unterscheidung von Wand und Decke zugunsten eines fließenden Übergangs weitestgehend aufhob, wird im Bellevue wieder der Wunsch nach einer klaren Trennung deutlich. Doch ganz verschwunden sind die barocken Vouten, die konkav geschwungenen Übergänge zwischen Wand und Decke nicht. Sie sind in allen dokumentierten Räumen vorhanden, beginnen allerdings erst oberhalb des Gesimses, das die Wand abschließt.[47] Am stärksten erinnert die Enfilade der Räume mit den an der Fensterseite liegenden Türen an den veralteten französischen Geschmack.

Nahezu jeder Besucher und jede Beschreibung weisen darauf hin, daß die Räume des Prinzen im Erdgeschoß bescheidener ausgestattet sind als jene im Obergeschoß. Wenn es in einem 1841 erstellten Inventar heißt, »alle Zimmer, Stuben und Kammern (von denen nichts Besonderes ausdrücklich notiert werden wird) haben gedielte Fußböden, geputzte und geweißte Wände, gerohrte und geputzte und geweißte Decken«[48], dann trifft dies vor allem auf die unteren Räume zu. Diese gedielten Zimmer des Prinzen haben »papierne Wandtapeten«, die lose auf Leinwand gezogen und mit verzierten Papierleisten eingefaßt sind. Einzelne Räume, wie der Speise-, Konversations- und der Gartensaal, sind etwas aufwendiger mit Wandvertäfelungen und Spiegeln ausgestattet.[49] Von gemalten Decken, Stuckgesimsen, Holzvertäfelungen und Wandspiegeln spricht auch ein Beobachter im Jahr 1893.[50] Offenbar sind ursprünglich die Decken grundsätzlich gemalt und nicht – oder nur in geringem Maß – mit Stuckornament versehen. Insgesamt muß betont werden, daß Bellevue im Vergleich zu an-

27 Oberteil der Spiegeldekoration im Treppenhaus, Erdgeschoß

◄ 28 Wandspiegel aus dem Gartensaal im Erdgeschoß

29 Wandspiegel aus dem Wohnzimmer des Prinzen im Erdgeschoß ►

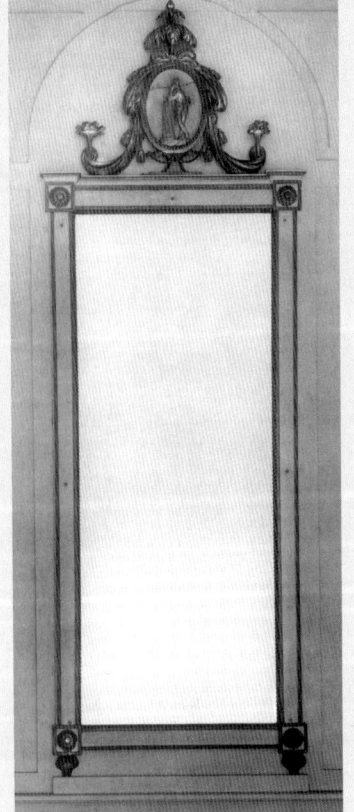

30 Kamin aus dem Arbeitszimmer des Prinzen im Erdgeschoß

31 Decke des Grauen Salons im Obergeschoß

32 Decke des Blauen Salons im Obergeschoß

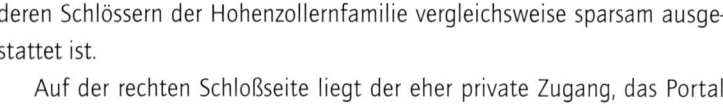

33 Blauer Saal, Decke im »hetrurischen Geschmack«
34 Blauer Saal, Audienzzimmer. Foto um 1919 ▸

deren Schlössern der Hohenzollernfamilie vergleichsweise sparsam ausgestattet ist.

Auf der rechten Schloßseite liegt der eher private Zugang, das Portal führt zu einer vielteiligen Treppenanlage, die sowohl zu den Räumen der Kinder (und von dort zu allen anderen Zimmern) als auch zu den Etagen des Spreeflügels führt. Aufgrund der unterschiedlichen Geschoßhöhen ist der Verkehr zwischen Corps de logis und Seitenflügel nur über diese Treppe möglich. Die Treppe dient auch der internen Erschließung der Küche im Erdgeschoß des Spreeflügels sowie der Räume im Souterrain. Der repräsentativere, öffentliche Zugang führt durch das linke Portal. Diesem Eingangsbereich widmet das Inventar von 1841 bemerkenswerterweise seine ausführlichste Bestandsaufnahme: »Der Hausflur mit Ziegeln auf die hohe Kante mit eichenen Friesen, teilweise auch mit schwedischen und Grauwacken-Fliesen gepflastert, enthält die Haupttreppe [...] ferner zwei separat abgeteilte Räume bis zur Höhe des Halbgeschosses, nämlich einen mit schwedischen und Grauwacken-Fliesen gepflasterten Durchgangsflur nach dem Stallhofflügel, und eine kleine gedielte Stube, worin ein kleiner, glasurter Kachelofen befindlich ist. [...] Türen und Fenster sind mit perlgrauer Ölfarbe angestrichen. [...] Der Hausflur selbst ist geputzt, grau marmoriert

und mit Füllungen abgeteilt, die Decke mit gemalten Kassetten. Die Haupteingangstür ist zweiflügelig, mit Füllungen versehen, und enthält in oberen Füllungen vier Lichtscheiben und ein halbkreisförmiges Oberlicht. [...] An den Flurwänden befinden sich zwei Konsolen von Holz, weiß lackiert, als Lampenträger.«[51]

Über breite Treppenstufen gelangt man zunächst in das erhöht liegende Erdgeschoß, wo die Enfilade der Prinzenwohnung mit einem grau gestrichenen Vorzimmer ansetzt. Danach folgen das gelb lackierte Speisezimmer – oder zweite Vorzimmer – und der im Mittelrisalit liegende, zentrale Konversations- oder Audienzsaal, der durch eine mit Blumen bemalte Tapete hervorgehoben ist. Die anschließenden Räume an der Hofseite, beginnend mit der Wohnstube Ferdinands, gehören bereits zum Privatbereich des Prinzen bzw. seiner Kinder. An der Gartenfront scheint der öffentliche in den privaten Bereich weiter hineinzureichen, denn hier liegen auf der rechten Seite zwei Bibliotheksräume und eine nicht näher bezeichnete »purpurrote Stube«. Als später die Vaterländische Galerie im Schloß eingerichtet wird, gehören diese drei Räume zum Ausstellungsbereich. Im zentralen Gartensaal öffnen sich drei Fenstertüren zunächst auf Balkone, dann auf die Terrasse, so daß ein ungehinderter Zugang in die Natur hin-

35 Großer Festsaal.
Foto um 1919. Die beiden
Pilaster links und rechts
der Tür gehören zu Boumanns
ursprünglichem Entwurf.

tes Vorzimmer oder Musikzimmer genannt, sind mit hellblauen, weiß durchwirkten Atlastapeten bedeckt. Die Decke ist mit geometrischen und floralen Motiven bemalt, einige Partien – wie der Lorbeerkranz – sind offenbar plastisch ausgeführt. Gemalte kleine Frauenfiguren mit Lyra und Kithara deuten den Zweck des Raumes an.

Der folgende, im Mittelrisalit gelegene Raum, Blauer Saal oder Audienzzimmer genannt, enthält eine der aufwendigeren Ausstattungen: Neben der bläulichweißen, mit gelben Blumen durchwirkten Atlastapete fällt vor allem die Decke im modischen »hetrurischen« Geschmack auf, der – inspiriert von den Ausgrabungen in Herkulanum und Pompeji – Motive der klassischen Antike und der griechischen Vasenmalerei aufnimmt. Es ist der schärfste Gegenentwurf zum überwundenen Rokokogeschmack. Auf bräunlichem Grund verlaufen klassische Arabeskenbildungen, es gibt Adler, Löwen und Delphine, Vasen und Putten. Der rechteckige Deckenspiegel ist durch einen schmalen Fries, in dem sich Greifen, Kratere, Sonnen- und Mondsymbole tummeln, abgesetzt. In der schmalen Deckenkehle schlingen sich endlose Bandstreifen »in merkwürdig raumbildender Gestaltung perspektivisch verkürzt hindurch, die zu der Strenge der Zeichnung des Ganzen in vollem Widerspruch stehen«.[54] In Wörlitz und im Luisium, wo es Vorbilder gibt, kommt dieses auflockernde Motiv der Bandstreifen nicht vor. Der Deckenspiegel wird von einem breiten, mit vielerlei Ornament aufwendig gestalteten Mäanderfries getragen.

Zielpunkt der Enfiladen an Hof- und Gartenseite ist der Festsaal, der sich über die gesamte Gebäudetiefe erstreckt. Mit einer Grundfläche von 14,5 x 11 Metern ist dies der größte Raum im Schloß. Unser heutiger Eindruck ist vollständig geprägt durch die bald darauf von Langhans entworfene ovale Umgestaltung, die bis in die Gegenwart vorhanden ist; von Boumanns Saal hingegen wissen wir wenig. In seinem ersten Entwurf ist ein herausgehobener Festsaal noch nicht vorgesehen, in dem von Ferdinand abgezeichneten und dann ausgeführten Plan ist er jedoch vorhanden. Er hat bereits die Lage und Größe, außerdem die Höhenausdehnung des Langhans-Saales, auch Boumann bezieht das Mezzanin-Geschoß mit ein. Seine vier Türen werden von Wandpfeilern flankiert, die ein Gebälk tragen. Diese Kenntnis verdanken wir dem Hang des Bauherrn, bei Veränderungen und Modernisierungen das Vorhandene wenigstens zum Teil zu erhalten. In einer Notiz anläßlich der Umformung heißt es, daß die acht vorhandenen »Pilasters« aus Boumanns Entwurf so weit wie möglich zu berücksichtigen seien; die Schwellen unter den Pilastern sowie die Architrav-Balken unter dem Hauptgesims sollen dagegen eingehauen und vermauert werden.[55] Tatsächlich stehen Boumanns Wandpfeiler in der Langhans'schen Saalgestalt zu beiden Seiten der Türen. Die langgezogenen, schmalen Phantasie-Kapitelle der Pilaster finden sich auch an den Längsseiten des Langhans-Raumes, wo sie von Karyatiden getragen werden. Im Boumann-Saal sind an dieser Stelle ursprünglich sicher auch Pilaster vorhanden, die wohl ebenfalls einen Kamin einrahmen. Daß der große Festsaal nicht in der Mitte des Corps de logis liegt, wie es sich nach tradi-

ein möglich ist. Anschließend folgen die Schreibstube und das Wohn- und Schlafzimmer des Prinzen, sowie zwei schmale Zimmer mit nur je einem Fenster, die wieder auf dem niedrigen Hof- und Eingangs-Niveau liegen, das über ein paar Treppenstufen erreicht wird.

Während aus den Räumen des Erdgeschosses nur einige wenige Details der ursprünglichen Ausstattung fotografisch festgehalten sind, haben wir gute Dokumentationen von mehreren Räumen des Obergeschosses. Wir erreichen es über »die behäbigen gewendelten Treppen«[52] mit drei Podesten und vier Armen. Die Treppen haben breite Bohlenwangen mit ausgeschnittenen, gitterartig durchbrochenen Wandungen und ein einfaches Handgeländer aus Eichenholz . Die Räume sind reicher ausgestattet als im Erdgeschoß, zum größten Teil verfügen sie über eichene Parkettböden und Wandtäfelungen oder zumeist blaue, blumendurchwirkte Atlastapeten sowie Spiegel in Goldrahmen mit reichverziertem Schnitzwerk. Einige Decken zeigen Kassettenmalereien mit reichem Akanthus- oder Figurenschmuck.[53] Vom Treppenhaus gelangt der Besucher in das Domestiquen-Vorzimmer, dessen Wände ganz mit den erzählerischen englischen Kupferstichen bedeckt sind, die sich im Hause des Prinzen (wie in den Hohenzollern-Schlössern allgemein) großer Beliebtheit erfreuen. Anschließend folgt der Graue Salon – oder das erste Vorzimmer – mit einer gemalten Felderdecke mit Akanthusornamenten. An den Rändern noch ganz barock gestimmt, ist sie im Zentrum mit ihren gemalten Relieffeldern dem neuen klassizistischen Geschmack verpflichtet, während der Blumenkranz wiederum rokokohafte Empfindungen aufkommen läßt. Die Wände des Blauen Salons, auch zwei-

36 Bibliothek.
Foto um 1919

tionellem Architekturverständnis gehört, hängt möglicherweise mit der ursprünglichen Planung Boumanns zusammen, im Mittelrisalit den zentralen Treppenaufgang einzurichten. Dies hätte so viel Platz verbraucht, daß für einen großen Festsaal kein Raum gewesen wäre. Hinter dem Festsaal liegen die privaten Räume von Prinz August und Prinzessin Luise.

Wenn wir vom Festsaal aus zurückgehen, gelangen wir durch den Balkonsaal zum Bibliothekszimmer, dessen vollständig getäfelte, weiß lackierte Wände mit sechs – ebenfalls weißen – Bücherschränken ausgestattet sind, die einmal mehr für die stilistische Übergangszeit des Schlosses stehen. Die frühklassizistischen Schränke tragen mit den vergoldeten Konsolen, schmalen, vergoldeten Gesimsleisten, Lorbeergewinden und Rosetten fast noch rokokohafte Verzierungen, auch die kleine Sammlung chinesischer Porzellangefäße deutet in diese Richtung. In den Medaillons der Deckenvouten sind Putten u.a. mit Malerei und Bildhauerei beschäftigt. Einer der Bücherspinde an der Fensterseite ist mit einem Spiegel in der Tür und einem Schreibpult versehen. Die oberen Wandpartien sind zeitweise ganz mit den beliebten englischen, kolorierten Kupferstichen bedeckt. Ein frühes Verzeichnis nennt biblische und historische Themen, auch solche

aus der Sagen- und Mythenwelt, wie: Loth mit seinen Töchtern, Maria mit dem Christuskind, Jupiter und Venus, Diana und Amor; einige Porträts, darunter Heinrich IV., Ludwig XVI. »im vergoldeten Rahmen« und der Große Kurfürst bei Fehrbellin; viele Genreszenen nach holländischer Malerei, ein Küchenstück, eine Köchin, zwei schlafende Kinder nach Rubens, weibliche und männliche Bildnisse, auch mit Kindern, und einiges nach Watteau. Schließlich eine kleine Serie italienischer Ansichten von Tivoli, Rom und Neapel. Insgesamt umfaßt das Verzeichnis 53 Nummern mit ca. 70 Einzelwerken. Eine Bücherliste enthält 348 Posten mit ca. 1.100 Bänden, darunter die »Œuvres de Voltaire« mit 71 Bänden und 15 Bände der »Œuvres posthum de Frédéric le Grand«.[56]

Im folgenden Chinesischen oder Wohnzimmer vermischt sich Klassisch-Antikes auf kuriose Art mit Chinesischem. Die Wände sind mit reicher, farbiger Blumenmalerei bedeckt, es sind auf Leinwand gezogene Papiertapeten: üppige, von Vögeln umkreiste Bouquets, die von blumengeschmückten Rahmen eingefaßt werden. Die leicht gewölbte Decke ist – ähnlich der »hetrurischen« Decke im Blauen Saal – im pompejanischen Stil ausgemalt, der mit chinesischen Motiven durchsetzt ist. An der Decken-

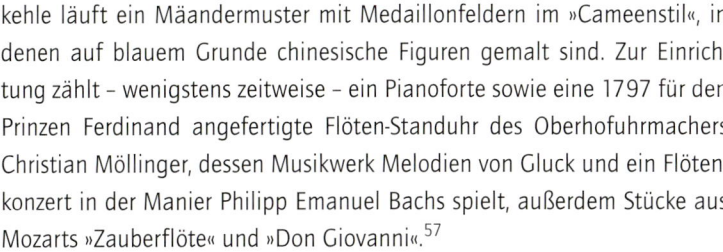

kehle läuft ein Mäandermuster mit Medaillonfeldern im »Cameenstil«, in denen auf blauem Grunde chinesische Figuren gemalt sind. Zur Einrichtung zählt – wenigstens zeitweise – ein Pianoforte sowie eine 1797 für den Prinzen Ferdinand angefertigte Flöten-Standuhr des Oberhofuhrmachers Christian Möllinger, dessen Musikwerk Melodien von Gluck und ein Flötenkonzert in der Manier Philipp Emanuel Bachs spielt, außerdem Stücke aus Mozarts »Zauberflöte« und »Don Giovanni«.[57]

Das Schlafzimmer hat einen Einbau in Form einer dreibogigen Säulenarchitektur, bestehend aus Bettnische, Toilette und »Dégagement«. Vier jonische Säulen auf hohem Postament tragen den Alkoven-Vorbau, der mittlere, breitere Bogen wölbt sich leicht nach vorn und ist mit einem Sonnensymbol geschmückt; die Decke ist mit Girlanden und Putten bemalt. Die Wände des Hauptzimmers und des Alkovens sind mit Chintz bespannt. Die im Foto von ca. 1919 dokumentierte Verbauung des Alkovens deutet darauf hin, daß der Raum in der Kaiserzeit nicht mehr als Schlafzimmer genutzt wird. Einige Jahre später ist mit der Verbauung die gesamte Dekoration verschwunden und die Bemalung weiß übertüncht. Möglicherweise geschehen diese Veränderungen, als im Schloß das Volkskundemuseum eingerichtet wird.

38 Chinesisches Zimmer, Decke

39 Flöten-Standuhr von Christian Möllinger mit einem Uhrwerk von David Hacker. 1797

◄ 37 Chinesisches Zimmer, West- und Südwand

40 Schlafzimmer. Foto um 1919 ▶

Seitenflügel und Nebenbauten

Die Seitenflügel sind einfache, schmucklose, nicht unterkellerte Gehäuse; der Spreeflügel mißt 54,70 x 12,30 Meter, der Südflügel, in erster Linie für die Wohnungen der Damen und Kavaliere des prinzlichen Haushalts bestimmt, ist knapp einen Meter schmaler. Die Sockelgeschosse sind mit horizontaler Scheinfugung versehen, die rechteckigen Fenster haben eine schlichte glatte Rahmung. Beide Flügel sind mit einem Mansarddach gedeckt. Jeder Flügel hat 13 Fensterachsen; die letzten äußeren fünf Achsen liegen auf einem schmalen Wandvorsprung, von dem weiter oben schon die Rede war. Am Damenflügel, von Boumann als Replik des Fabrikgebäudes erbaut, ist dieser Risalit nur auf der Hofseite vorhanden. Nach Osten sind zweigeschossige pavillonartige Vorbauten von je drei Achsen angefügt, deren Mansarddächer erst im 20. Jahrhundert in Walmdächer umgewandelt werden. Vor dem Spreeflügel schließlich, und mit ihm durch Ställe verbunden, steht das eingeschossige Tor- (oder Pförtner-)Haus mit geschwungenem Schmuckgiebel. Der Spreeflügel wird im Innern erschlossen durch eine im Mittelteil der Hoffassade liegende Treppe. Das gesamte Erdgeschoß zwischen Treppe und Corps de logis nimmt die Schloßküche ein. Im Damenflügel liegt die einfache Haupttreppe an der Seite zum Wirt-schaftshof. Weitere Treppen an den Scharnierstellen von Haupt- und Seitenflügeln ermöglichen den Verkehr zwischen den Bauteilen mit ihren unterschiedlichen Geschoßhöhen.

Der an der Gartenseite liegende, unbefriedigende Leerraum im Winkel zwischen Haupthaus und Seitenflügeln wird bald mit geschwungenen Flügelbauten verblendet und als Schuppen und Abstellraum benutzt. Die früheren Wirtschaftsbauten werden ersetzt durch einen mit Remisen, Pferdeställen und Kutscherwohnung ausgestatteten Marstall, der sich parallel zum Damenflügel bis zum Spreeweg erstreckt. In einem flachen, mit Satteldach und Schmuckgiebel versehenen Anbau entlang der Straße, dem späteren »Beamtenwohnhaus«, befinden sich die Stallmeister-Wohnung, das Büro des Kammerdirektors sowie Räume des Kaffeetiers Rückert. Zum Großen Stern hin fügt sich der »Kavalierstall« an, in dem die Pferde von Besuchern und Freunden des Hauses, die keinen eigenen Stall besitzen, untergebracht werden. Die Rösser der Prinzen Louis Ferdinand und Anton Radziwill, Sohn und Schwiegersohn des Hausherrn, stehen in einem 1797–1798 erbauten Fachwerkgelaß, das den Kavalierstall weiter in Richtung Großer Stern fortsetzt. In den geräumigen Marstall passen neben 24 Pferden in zwei Reihen und drei Kutschen auch noch drei Knechte hinein.[58]

41 A. Günther nach Franz Ludwig Catel: Gegend des Berliner Thiergartens beym Schlosse von Bellevue und der Spree. Radierung, um 1805.
An den Seitenflügeln werden die unterschiedlichen Geschoßaufführungen und Dachformen auf der Innen- und Außenseite deutlich.
Am rechten Spreeufer ziehen Treidler einen Kahn spreeaufwärts, im Mittelgrund fährt eine der beliebten Gondeln.

42 Schloß Bellevue, linke Hofzufahrt mit Seitenflügel.
Foto von 1913

43 Schloß Bellevue, rechte Hofzufahrt mit Seitenflügel
und den davorliegenden Pavillons. Foto von 1913

44 Schloß Bellevue, linkes Hoftor und Einfahrt in den Stallhof mit dem »Beamtenwohnhaus« am Spreeweg.
Foto von 1920

Der Park

Schloß und Park sind als Einheit zu sehen, das eine wäre wenig ohne das andere, beide haben denselben Stellenwert. Wie wir bereits gesehen haben, gehören das Pflanzen von Bäumen und Sträuchern sowie der Bau eines Ananas-Treibhauses zu den ersten Aktivitäten auf dem Gelände. Die Pflanzungen gehen kontinuierlich weiter. So kommen hochstämmige Kirschbäume sowie Ahornbäume verschiedener Größe in die ehemalige Plantage, der Hofgärtner Weil bestellt außerdem Strauchebereschen und Linden, Robinien, Lärchen und Tannen, Pflaumen- und andere Obstbäume, schließlich Rosen- und Weinstöcke sowie Klever und englischen Grassamen.[59] Für die Bewässerung wird zunächst eine mit Spritzen ausgestattete, auf vier Rädern rollende Befeuchtungsmaschine vorgeschlagen, die von acht Mann zu bewegen wäre, doch das ist Ferdinand zu teuer. Schließlich sorgt ein aufwendiges, mit der Spree in Verbindung stehendes Röhrensystem für die nötige Feuchtigkeit.

Als Prinz Ferdinand das Gelände übernimmt, besteht es im wesentlichen aus zwei Partien. Den größten Teil macht die ehemalige Plantage aus, die von den Vorbesitzern in einigen Bereichen wohl schon parkähnlich umgestaltet wurde.[60] Südlich davon, in Richtung Großer Stern, liegt der Nutz- oder Küchengarten. Er ist von der Plantage durch eine Lindenallee getrennt und wird von dem langgestreckten Graben durchflossen, der den Tiergarten vor Überschwemmungen schützen soll und das überschüssige Wasser auf die westlich gelegenen Wiesen leitet. Im Plan von 1785 (Abb. 17) sind der Küchengarten und die anschließende, ehemalige Plantagenpartie als »Garten-Feld« bezeichnet, die nordwestliche Ecke als »Wiesen«. Dieses Gelände kann Ferdinand bald beträchtlich erweitern. Die eine Gebietserwerbung betrifft jenes Areal, um das sich der erste Plantagenbetreiber, Jean Bechier Fayé, noch vergebens bemühte, es ist die am Großen Stern gelegene, dreieckförmige Partie, die begrenzt wird durch die Fasanen-Allee (heute Spreeweg) und Kleistens Allee (heute Altonaer Straße); die Verlängerung der Stern-Allee (heute Hofjägerallee) ragt in dieses Gelände als Stummel hinein. Der König – nunmehr Friedrich Wilhelm II., Ferdinands Neffe – gewährt seinem »très cher oncle« großmütig diesen Erwerb, macht allerdings die Auflage, daß dieser bisher öffentlich genutzte Teil des Tiergartens zurückgegeben werden muß, falls der Bellevue-Park jemals an eine Privatperson abgetreten werden sollte. Darum darf auch keiner der hohen Bäume gefällt werden, sondern sie müssen »sämtlich conservieret bei dereinstigem Rückfall zurückgeliefert werden.«[61] Außerdem sichert Ferdinand zu, daß diese Partie des zukünftigen Bellevue-Parks allen Personen von Stand und gutem Benehmen, »de distinction et de mise«, frei zugänglich sein wird.[62]

Die zweite Gebietserweiterung liegt im Westen, wo das Meiereigelände an ausgedehnte Feuchtwiesen grenzt, die den Gemeinden Wilmersdorf und Schöneberg gehören und zum Teil vom Hofjäger Hahn genutzt werden. Über diese Wiesen führt die »Neue Promenade«, die ihre Existenz ei-

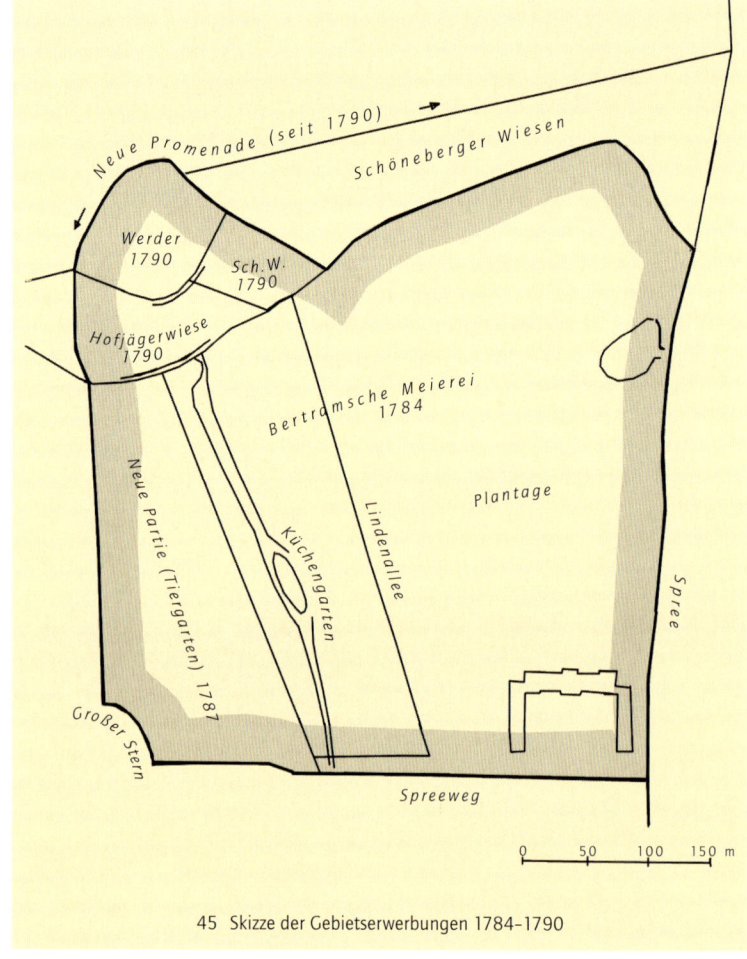

45 Skizze der Gebietserwerbungen 1784–1790

nem Problem verdankt, das die Bellevue-Besitzer noch lange Zeit beschäftigen wird: Es geht um die Nutzung eines Weges entlang der Spree, der als Treidelweg der Schiffer traditionell öffentlich zugänglich ist, der aber nun im privaten Schloßpark des Prinzen liegt. Dieser »Treckschuytendamm« gehörte zu einer von Friedrich I. nach holländischem Vorbild eingerichteten Schiffsverbindung, die vom Kupfergraben und Schiffbauerdamm bis nach Charlottenburg und Spandau führte. Zwei Pferde, die auf dem Treidelweg dahintrotteten, zogen gedeckte Gondeln zweimal täglich hin und zurück. »Man gab seine zwei Groschen«, beschreibt ein Fahrgast dieses Erlebnis, »und setzte sich in die angelegte Treckschuyte, allwo stets Kompagnie und auch die meiste Zeit Spielleute anzutreffen gewesen.«[63] Als diese regelmäßige Schiffsverbindung aufgegeben wird, sorgen die an den Zelten angebotenen »Moabiter Gondelfahrten« für willkommenen Ersatz. – Sobald Prinz Ferdinand die Meierei übernommen hat, gibt es nun Klagen von »nicht unbedeutenden Personen«, daß es wegen der Park-Anlage nicht mehr möglich sei, auf dem Treideldamm entlangzuspazieren und die »kühle Wasserluft« und die »angenehme Aussicht dortiger Gegend« zu genießen. Um den Konflikt zu entschärfen und den Spreespaziergang trotz des privaten Charakters des Prinzenparks zu ermöglichen, läßt der Chef des

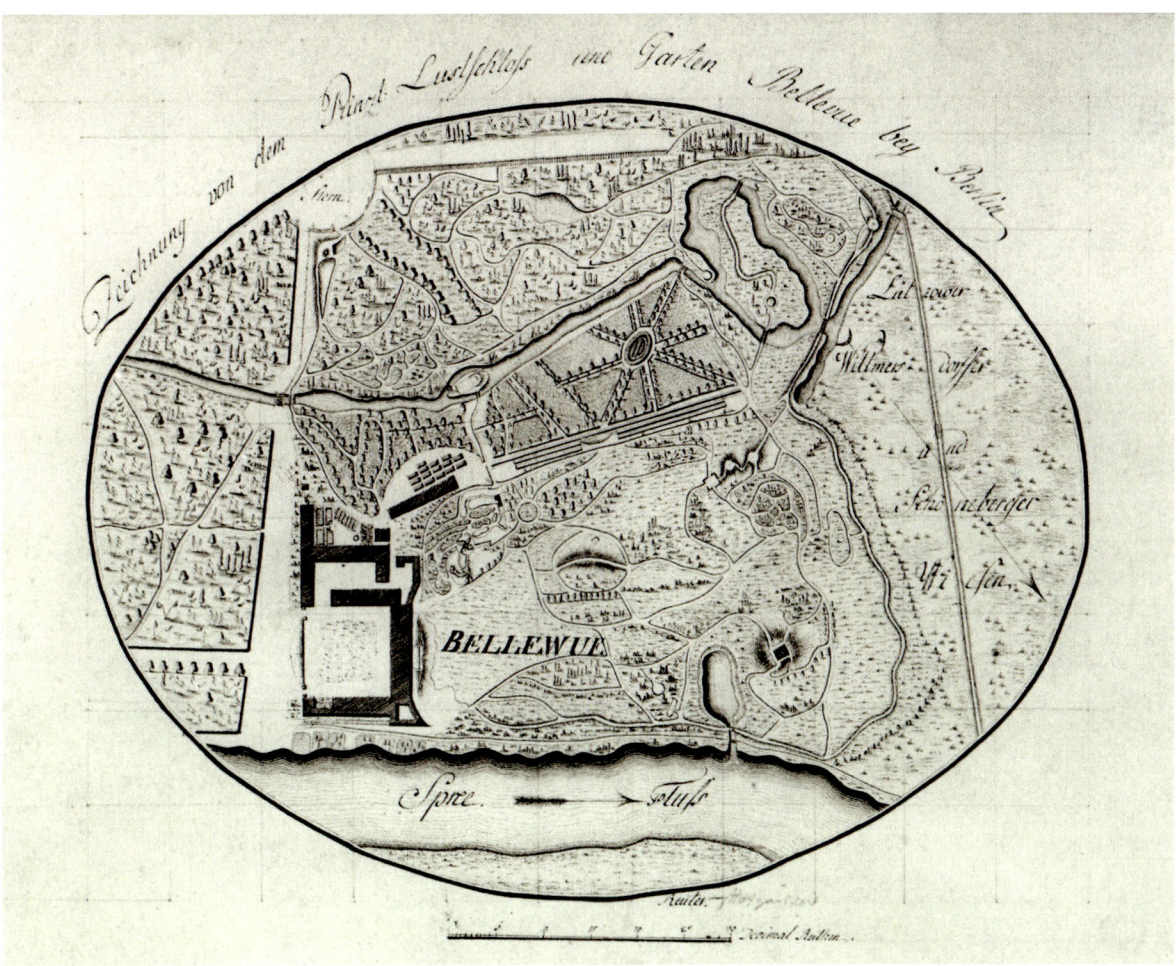

46 Reuter / Zimmermann:
Lageplan von Schloß und
Park Bellevue, 1808

Forstdepartements, der Geheime Etats-Minister von Arnim, einen Weg anlegen, der das Grundstück in einem großen Bogen umrundet. Diese Neue
Promenade beginnt am Großen Stern mit Kleistens Allee und führt auf einem neuen Damm über die Wiesen um den Bellevuepark herum zum Fluß.
Auf dem Treidelweg entlang der Spree kann der Erholungsuchende dann
weiter flußabwärts bis zur Kattunbleiche spazieren. Catels Radierung von
1805 (Abb. 41) deutet zudem an, daß die Treidler inzwischen einen Weg
auf dem gegenüberliegenden, rechten Spree-Ufer nutzen. Aber schließlich
muß Ferdinand doch klein beigeben und das Treideln auf seinem Grundstück gestatten.

Einen Teil des Wiesengeländes, das zwischen dem neuen Promenaden-
Damm und dem Küchengarten liegt, kann der Prinz erwerben, und zusammen mit dem dreieckförmigen Gelände am Großen Stern wird der Zuge-
winn nun als »Neue Partie« bezeichnet, die etwa 20 Morgen umfaßt. Damit
hat Ferdinand sein Grundstück, das zunächst knapp 60 Morgen mißt, erheblich vergrößert. Aber er steht nun auch vor der schwierigen Aufgabe,
das zu mehreren Zeitpunkten erworbene und aus sehr unterschiedlichen
Partien bestehende Parkgelände zu einer einheitlichen Anlage zusammenzufassen. Die Verlegung oder gar Schließung des Küchengartens würde die

Aufgabe der Vereinheitlichung gewiß sehr erleichtern, doch das kommt
aus praktischen wie auch wirtschaftlichen Überlegungen nicht in Frage.
Immerhin geht Ferdinand so weit, daß er den Abschnitt südlich des Was-
sergrabens, der ein knappes Drittel des Küchengartens umfaßt, als Nutz-
fläche aufgibt und in die Gestaltung der Neuen Partie einbezieht. Wenn
der Park den für diese frühe Epoche des englischen Landschaftsgartens in
Deutschland »typischen kleinteiligen und verspielten Charakter ohne den
großen Zug späterer landschaftlicher Anlagen« hat, so liegt das gewiß
auch an der Erwerbungsgeschichte und der damit verbundenen Vielteilig-
keit des Parks, die zusammen mit seinen Sondergärten, Teichen und Park-
bauten zu einem unruhigen Gesamtbild führen.[64]

Eine übergreifende Gestaltung des Parks kann recht eigentlich erst
1787, nach dem Erwerb des Geländes am Großen Stern, beginnen. Noch im
Jahr davor ist an der Spree »ein großes Stück Acker«, wie Nicolai berichtet,
vorhanden.[65] Tatsächlich wird eine erste Brücke in diesem Jahr fertiggestellt, eine zweite sowie der erste Eiskeller folgen im Jahr darauf.[66] Aber bereits der Grundstücksplan von 1785 (Abb. 17) enthält neben einem mehr
oder weniger wirren Geschlänge von Wegen einige feste Gestaltungsmerkmale, wie: die das gesamte Gelände durchziehende Lindenallee links des

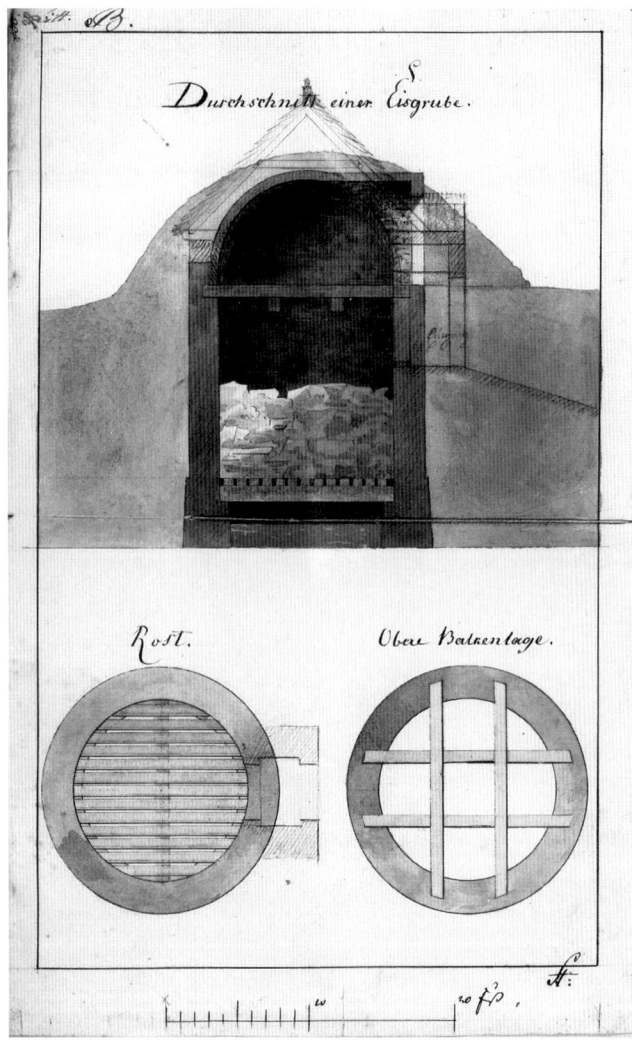

47 Piltz: Entwurf zu einer Eisgrube. 1806

Das bisherige »Feld« direkt hinter dem Schloß macht mit seinen ausgedehnten Rasenflächen und den geschwungenen Wegen den weiträumigsten Eindruck. Dicht bewachsene Partien wechseln mit lockeren Bepflanzungen ab, labyrinthische Wege kreuzen die langen Sichtachsen, unterschiedliche Gehölz- und Pflanzenarten sorgen für vielfältige Abwechslung. In unmittelbarer Nähe zum Schloß wird ein Rosengarten angelegt und der Platz vor der großen Rampe nivelliert. Neben der Erhebung der Eiskute gibt es einen zweiten, südlich davon gelegenen, etwas größeren Eisgrubenhügel, der als Aussichtspunkt dient. Sehr viel kleinteiliger wirkt die Neue Partie, die – mit Ausnahme der Sichtachse vom Großen Stern her – dicht mit einem Wäldchen bewachsen scheint, durch das sich einige Wege schlängeln. Das südwestliche Dreieck an der neuen Promenade wiederum weist größere Wiesenpartien auf. Der als breiter Keil in den Park hineinragende Küchengarten wirkt wie ein Fremdkörper in der romantisch-unregelmäßigen Anlage. Seine westliche Seite ist in ihrer strengen Symmetrie noch ganz barock angelegt, allein der östliche Teil folgt dem neuen, aufgelockerten Muster. Um den gesamten Park herum führt ein »belt walk«, ein Gürtelweg, der am Schloß beginnt, an der Spree entlangführt, dicht an der Neuen Promenade weiterläuft, sich ein wenig im Wald der Neuen Partie verliert, dann den Aussichtspunkt am Großen Stern erreicht und von dort zum Schloß zurückkehrt.

Wasserflächen und Inseln sowie die mit ihnen verbundenen Brückenanlagen sind die im englischen Landschaftsgarten unerläßlichen Versatzstücke, die den romantisch-elegischen Charakter der neuen Naturauffassung kennzeichnen. Im Bellevue-Park befinden sich zwei Inseln: Die eine wird im äußersten westlichen Zipfel der Neuen Partie, am Ende des Abflußkanals angelegt, die andere, sehr viel kleinere und nach Rousseau benannte, ist in der östlichen Hälfte dieses Kanals bereits vorhanden, wie der Plan von 1785 zeigt. Ein Porträt des Philosophen gehört übrigens zur großen Sammlung der im Schloß vorhandenen englischen Kupferstiche.[67] Insgesamt gibt es ursprünglich acht Brücken im Park; sie verfallen rasch, müssen repariert werden oder bekommen eine ganze andere, in der Regel einfachere und stabilere Gestalt, wenn sie nicht gleich ganz beseitigt werden. Innerhalb weniger Jahrzehnte sind alle Brücken verschwunden. Einige lassen sich heute zum Teil aus den Akten rekonstruieren, vor allem aber sind sie auf einem Grundriß des Bellevue-Grundstücks in kleinen Rand-Zeichnungen wiedergegeben.[68] Dieser Plan, der im Schloß hing, ist heute verloren, die Zeichnungen lassen sich nur noch aus den schwarzweißen Abbildungen in Bogdan Kriegers Publikation erschließen.

Auf die größere Insel gelangt man entweder über den Pont rustique – oder Knüppelbrücke – aus unbeschlagenen Birkenstämmen, oder über die mit einem Dach versehene Drehbrücke, die später ein von Ferdinand entworfenes Gußeisengeländer erhält. Ein Pont moderne geht östlich der Insel über den Abzugsgraben, eine vierte, gewölbte Steinbrücke, der von Friedrich Gilly entworfene Pont voûté, überquert diesen Wasserlauf am Spreeweg. Zur Rousseau-Insel im Graben führt eine hochgewölbte, mit Sitzen

Schlosses, an dessen Beginn die Treibhäuser liegen; ein Rondell rechts neben den Treibhäusern; ein weites Rasenfeld, der *pleasure ground* vor der Rückfront des Schlosses, sowie ein Rosengarten links daneben; und, last not least, die mit Bleistiftlinien angedeuteten Blickachsen, von denen eine nach Südwesten quer durch den Park verläuft, während die andere nach Nordwesten über den Fluß in Richtung Moabit zielt. Außerdem ist bereits die als Hügel aufgeschüttete Eisgrube rechts oben im Plan markiert, womit die schon erwähnten, den gesamten Park zusammenfassenden Verbindungslinien vorgegeben, zum Teil bereits geschaffen sind: zum einen die Achse zum Schloß, die bis zum Potsdamer Tor weiterführt, zum anderen die Schneise, die vom Großen Stern auf diesen erhöhten Punkt zielt, die aber erst mit der Parkerweiterung durch die Neue Partie zwei Jahre später realisiert werden kann. Man darf also davon ausgehen, daß bereits zu diesem frühen Zeitpunkt sowohl an die Parkerweiterung als auch an die Anlage dieser Sichtachse gedacht ist.

48 Pont tournant
50 Pont couvert de chaume

49 Pont moderne
51 Cabinet otahitien

versehene Große Bogenbrücke, eine Treppenbrücke (oder Kleine Holzbrük-ke) stellt die Verbindung zwischen der neuen Partie und dem Küchengar-ten her. Eine strohgedeckte Brücke, auch Chinesische Brücke genannt, liegt am westlichen Ende des Obstgartens. Schließlich wird noch eine Brücke an der Spree-Ausbuchtung, dem »Karpfenteich«, erwähnt, die den schmalen Verbindungsarm mit dem Fluß überwölbt.[69]

Während die Brücken in erster Linie das Transitorische und damit den in dieser Epoche so beliebten Gedanken der Vergänglichkeit betonen, la-den die verschiedenen Bauten des Parks zum Verweilen, zum Schauen und zum Sinnieren ein. Der Lustwandelnde wird aufgefordert, sich in weit zu-rückliegende, »einfache« Zeiten und in ferne, exotische Länder hineinzu-träumen, wo die Menschen noch in Übereinstimmung mit der Natur lebten.

Auch diese Bauten sind seit langem verschwunden; auf eine andere Weise als ursprünglich gedacht, sind sie damit Symbole der Vergänglichkeit. Wir kennen sie im wesentlichen durch die Zeichnungen auf dem verlorenen Bellevue-Plan sowie aus den Vignetten in Haas' Tiergarten-Plan von 1795 (Abb. 18).

• Am südwestlichsten Punkt des Parks, unmittelbar an der Neuen Prome-nade, liegt auf einem Hügel das Cabinet otahitien, benannt nach der Insel Tahiti, die für die Zeitgenossen – so wie einhundert Jahre später noch für Paul Gauguin – die Exotik der Südsee und paradiesisches, ein-faches Leben repräsentierte. Das Cabinet ist ein pagodenartiger, mit Bir-kenborken bekleideter Rundbau aus gebogenen Hölzern, der mit eini-gen Möbeln besetzt ist und möglicherweise – wie ein ähnlicher Pavillon

52 Gregovius: Brücke im Park Bellevue. Das Cabinet otahitien in späterer Form

▼ 53 *Pavillon de Glace*, der Große Eiskeller

54 Parasol am Großen Stern ▶▼

in Wörlitz – ethnologische Schätze aus dem fernen Eiland enthält. Durch den Hügel hindurch führt ein Torweg, der gegen die Wiesen mit einem Gitter verschlossen ist; vom Hügel hat man den schönsten Blick in die Landschaft. Schon bald ist die fragile Konstruktion verschwunden und nur noch der Hügel vorhanden, eine Brücke führt dann über eine steinerne Grotte hinweg.[70]

- Ebenfalls nahe am Werder liegt das Gotische Haus – oder Lusthaus –, das einige Zimmer aufweist. Das säulengestützte Dach ist mit Stroh gedeckt, die Fenster haben bunte Verglasung.

- Der Eiskeller, dessen Aufbau in den Sichtachsen der Anlage einen zentralen Platz einnimmt, wurde bereits erwähnt. Der sechseckige »Pavillon de glace« ruht auf einem Unterbau aus Feldsteinen, in dem sich die eigentliche Eisgrube befindet.

- Unmittelbar am Großen Stern steht auf einem Hügel der Parasol, ein stabiler Sonnenschutz, der seinen Ursprung noch in den Rokoko-Chinoiserien des französischen Gartens hat. Der vielgliedrige Schirm wächst wie ein Pflanzendach aus dem kräftigen Schaft heraus, um den herum eine runde Bank angelegt ist.

- Auf dem großen Eiskeller-Hügel steht vermutlich ein weiterer Parasol.

- Nahe am Großen Stern liegt der »Hangar de S.A.R. Madame la Princesse Ferdinand«, eine schlichte, aus Feldsteinen erbaute und mit Stroh gedeckte Hütte neben einem künstlichen Wasserfall und zwei Fontänen. Diese aufwendige Anlage mit aufgeschüttetem Hügel und einer durch Pumpen bewegten Wasserkunst ist nach dem Vorbild der Schweizerhütte der Meierei in Rincy gestaltet, die Friedrich Gilly zu diesem Zeitpunkt in einer Publikation bekannt macht. Der »hangar«, eigentlich ein Schuppen, ist in diesem Fall wohl als einfacher Unterstand zu verstehen. Ein unbekannter Dichter, der den Bellevue-Park in langen Oden preist, faßt den Eindruck mit den Worten zusammen:

Pavillon de la glace.

Parasol.

55 Hangar der Prinzessin Ferdinand, mit Wasserfall und Springbrunnen

56 Maison champêtre ▶▲

57 Monument de M. Baylies ▶▼

»Aus der Mitte [des Hügels] hervor hüpft über Gestein hin ein Bächlein
Und es sammelt das Wasser ein eingegrabenes Becken.
Oben sind Lauben und Sitze: und herrlich nach jeglicher Seite
Ist die Aussicht des Berges: da sieht man den zweiten und größern
Vorn mit der herrlichen Laube, der dichtumrankten, sie duftet
Von den Violen der Nacht und anderen Blumen ringsum
Und in den Gipfeln verbieten die Ranken dem Strale den Eingang.«[71]

• In der Nähe des Rosengartens schließlich liegt die fünftürmige, stroh-gedeckte Maison champêtre, ein Zentralbau mit vier aus Baumrinde hergestellten Eckpavillons. Es ist, wie ein Beobachter kommentiert, »das zärtlichste Denkmahl der Mutterliebe, welches die Prinzessin Fer-dinand ihrer Familie errichtet hat.«[72] Die vier Pavillons tragen auf klei-nen eisernen Fahnen die Namen der vier Kinder des prinzlichen Paares. Nach dem Tod des Prinzen Heinrich im Jahr 1790 erhält seine Fahne einen schwarzen Anstrich. In der Mitte liegt das Familienzimmer, über dem ein Wimpel mit den Buchstaben »U.F.«, eine Abkürzung für »Union de Famille«, hervorragt.

Das in der Epoche der Empfindsamkeit so beliebte Reflektieren und Sinnie-ren findet seinen sprechendsten Ausdruck in den Denkmälern – oder »Denksteinen« –, die den Park bereichern. Sie erinnern an bedeutsame, oft geliebte Menschen, Verwandte und Freunde der Familie, zu denen es eine besonders enge Beziehung gibt oder besser gab, denn die meisten sind be-reits verstorben oder leben nicht mehr in der unmittelbaren Umgebung.

Trauermonumente, so der Gartentheoretiker C. C. L. Hirschfeld, sollen den Betrachter durch die Erinnerung an fremde Verdienste mit Liebe und Be-wunderung erfüllen und zur Nachahmung anregen. Bogdan Krieger spricht von den Denkmälern, »die erkennen lassen, daß in der Familie des Prinzen zwischen Eltern und Kindern ein inniges Verhältnis herzlicher Liebe und aufrichtiger Pietät gewaltet hat, und daß der Prinz und seine Gemahlin auch denen, die ihr Leben in den Dienst ihres Hauses gestellt haben, ein dankbares Andenken bewahrten und es in einer Form zum Ausdruck brach-ten, die unserer Zeit fremd geworden ist.«[73]

Ferdinand gedenkt seines aus England stammenden Leibarztes, des Dr. M. Baylies, der sich zunächst in Dresden niedergelassen hatte, 1774 dem Ruf Friedrichs II. folgte und in Preußen die Impfung einführte. Ferdi-

58 Denkstein für den Hofmarschall von Bredow

59 Denkstein für die Baronin von Bielefeld

nand ist davon überzeugt, daß er ihm sein Leben verdankt. An den Hofmarschall von Bredow wird – mit einem aus dem Park von Friedrichsfelde transferierten Denkmal – ebenso erinnert wie an die Baronin Dorothée v. Bielefeld, die beliebte Erzieherin der Prinzessin Luise Radziwill. Der schlichte Stein »Au Souvenir« führt die Namen der verstorbenen Angehörigen der Familie auf; mit einem separaten Monument wird des im Alter von 18 Jahren verstorbenen Sohnes Heinrich gedacht.

Ein Bildnis des anderen, älteren Prinzen Heinrich, des Bruders Ferdinands und Friedrichs des Großen, ist die künstlerisch bedeutsamste Skulptur im Park. Bei einem Paris-Besuch ließ Heinrich sich 1789 von dem führenden Bildhauer Jean-Antoine Houdon porträtieren; die zwei Bronzeabgüsse schenkte er den Brüdern Friedrich und Ferdinand. Ferdinand appliziert die Büste, wie jene seines Sohnes, auf einem Säulenstumpf und läßt sie in der Nähe des Eiskellers aufstellen. Eine Inschrift-Plakette gibt den Ausspruch Friedrichs wieder: »Il a tout fait pour l'état.« Die Skulptur wird 1845 aus dem Bellevue-Park gestohlen und ist seitdem verschollen. Einen weiteren, von Gottfried Schadow entworfenen Denkstein stiften die

Kinder anläßlich der Goldenen Hochzeit des Prinzenpaares, die in Bellevue gefeiert wird. Älteste Skulptur im Park ist eine Statue der Nymphe Galatea, die am Ende der großen Linden-Allee, unweit der heutigen Altonaer Straße steht. Die barocke Skulptur stammt vermutlich aus der Zeit Knobelsdorffs.[74] Und natürlich befindet sich im Park auch eine der damals so beliebten Rousseau-Urnen: Sie ruht, wie es sich gehört, auf der nach dem Philosophen benannten kleinen Insel im Abzugsgraben am Küchengarten, »im Schatten lieblicher Bäume und mit Blumen umpflanzt«.[75]

Neben der gartenarchitektonischen Gestaltung und künstlerisch-skulpturalen Ausstattung des Parks darf sein Nutzaspekt nicht übersehen werden. Der Küchengarten spielt im Gefüge des Schlosses eine bedeutende Rolle, sorgt er doch dafür, daß der Hof regelmäßig und in ausreichender Menge mit Obst und Gemüse versorgt wird und darüber hinaus dem prinzlichen Etat aufhilft: Was der Hof nicht verbraucht, wird verkauft. Die sorgsam gepflegten Treibhäuser ermöglichen es, daß nicht nur heimische Sorten – sogar außerhalb der Saison – zur Verfügung stehen, sondern auch exotische Arten auf den Tisch kommen. Das Ananashaus am Küchengar-

60 Denkmal des Prinzen Heinrich, Bruder Ferdinands

62 Statue der Galatea ▾

61 Gottfried Schadow: Hochzeitsstein. Foto von 1920

Statue de la Galathée.

ten ist das erste Gebäude, das Ferdinand auf dem neuen Grundstück errichten läßt. Ein zweites, längeres Treibhaus mit fünf Feuerungen entsteht sogleich daneben, es ist unterteilt in Brennholz-Schuppen, Ananashaus, Wein- und Pfirsich- sowie Feigenhaus. An seinem Ende liegt ein steinerner Pavillon. 1804 läßt Ferdinand eine Reihe neuer Obstbäume anlegen, da der Ertrag den Bedarf der Hofhaltung nicht deckt. Ein Verzeichnis allein der Birnen- und Pflaumenbäume, die im Frühjahr 1804 abgegeben werden können, listet auf: »Hochstämmige Birnbäume: Cuisse Madame, Bellissime d'été, Bergamotte d'été, Bergamotte d'automne, Bergamotte fuisse, Bergamotte d'hiver, Bergamotte bougi, Epine d'automne, Beurre gris, Beurre blanc, Sucre vert, Bon chrétien d'été neuf, Colmars, Virgouleuse, Louise bonne, Fararfin, Poires des Dames, Imperial à feville de Chêne, Madame van Suiten, Forellenbirne, Prinzen-Birne, Confectbirne. Pflaumenbäume: Reine Claude, La Damas violet longueur, Damas rouge, Prune de St. Louis, Imperiale violette ...«[76]

Seit 1800 ist der Park für das Publikum zeitweise geöffnet, nur der Obst- und Gemüsegarten bleibt – wenigstens zur Zeit der Fruchtreife – we-

63 Jean-Antoine Houdon:
Büste des Prinzen Heinrich. 1789

gen der Diebstahlgefahr verschlossen. – Der Weg in den Park führt durch das linke Tor am Ehrenhof in den Wirtschaftshof und von dort an den Stallungen entlang. Ein Beobachter sieht »ein frohes Gewühl Lustwandelnder«, die in »zahllosen Reihn« in den Park strömen. Und wer so schön und so beliebt ist wie der Bellevue-Park, der braucht sich auch um den Spott nicht zu sorgen. So heißt es in einem Vers:

> »Es wird hier Jedermann gebeten
> Die Berge ja nicht platt zu treten,
> Auch dürfen keine Hunde laufen,
> sie könnten leicht den See aussaufen,
> So unbescheiden wird wohl niemand sein
> Zu stecken einen Felsen ein.«

Krieger nennt den spottlustigen Prinzen Louis Ferdinand als Autor dieser Zeilen, die den Park doch erheblich kleiner machen, als er ist.[77]

Der Aha

Die sanften Übergänge, die den englischen Garten im Gegensatz zum strengen französischen Garten prägen, sollen auch seine Begrenzung bestimmen. Darum wird der Park an einigen Stellen nicht von Zäunen oder Mauern umgeben, sondern durch einen tiefen Graben abgegrenzt, der nicht zuletzt das Wild davon abhalten soll, von der einen Seite auf die andere zu wechseln. Zur Erhöhung der Sicherheit kann am Grund des Grabens ein von außen unsichtbarer Zaun verlaufen. Der ferne Betrachter nimmt auf diese Weise keine Trennung zwischen der gestalteten Natur des Parks und der freien Natur der Umgebung wahr, das eine geht fließend in das andere über und führt zum Erlebnis endloser Weite. Erst beim Näherkommen entdeckt der Besucher den Graben und seine Trennfunktion, was unweigerlich zum staunenden Ausdruck »A-ha!« oder »Ha-Ha!« führt – daher der Name des Grabens. An Ferdinands Hof pflegt man die Bezeichnung Ha!Ha!

Die beiden Aha-Gräben des Bellevue entstehen wohl um 1804–1805.[78] Der eine Graben, nach einem Entwurf David Gillys in Holz ausgeführt und mit spanischen Reitern versehen, liegt an der Charlottenburger Chaussee. Er soll 1817 in Holz erneuert werden und wird 1827 durch eine Feldsteinmauer ersetzt.[79] Die genaue Position des 56 1/2 Fuß (knapp 18 Meter) langen Grabens ist nicht gesichert. Vermutlich befindet er sich am Großen Stern, wo die von der Hofjäger-Allee herkommende und über die große Wiese bis zum Eiskeller-Hügel führende Sichtachse entlangläuft. Das zweite, mit Quadern aus Rüdersdorfer Kalksteinen gemauerte Aha liegt vor dem Ehrenhof des Schlosses und ermöglicht einen weiten Blick die Bellevue-Allee hinunter bis zum Potsdamer Platz. Dieser gut 48 Meter lange Graben ist bis heute erhalten. Während das Aha am Großen Stern exakt an jenem Punkt eingerichtet wird, wo das System der strengen barocken Tiergarten-Achsen mit der aufgelockerten, naturhaften Sichtschneise des englischen Bellevue-Parks zusammenstößt, ist das Aha an der Schloßfront fest eingebunden in das vollständig barocke System von Achse, Ehrenhof und Schloß. Das Versatzstück aus dem »malerischen« englischen Landschaftsgarten ist hier also fehl am Platz, Aha und barocke Achse sind im Grundsatz unvereinbar, und diese Berliner Kombination ist vermutlich ein Unikum.[80]

Wie kommt es zur Anlage des Aha – will der Bauherr mit diesem Versatzstück aus dem aktuellen Garten-Design seine Modernität beweisen? Dafür spricht, daß das Aha am Ehrenhof nicht mit der Verlängerung der Bellevue-Allee, sondern erst 1787, zeitlich parallel zur Anlage des Parks nach englischem Muster entsteht.[81] Aber hat er den Sinn des Grabens überhaupt verstanden? Immerhin wird das Aha trotz der hohen Erhaltungskosten und obwohl es immer wieder Pläne gibt, den Graben zuzuschütten und durch eine Mauer oder einen Zaun zu ersetzen, sowohl von Ferdinand als auch von seinen Nachfolgern sorgfältig erhalten und gepflegt. – Im übrigen macht sich der sandige Boden, der schon das Gedeihen der Maulbeerplantage erschwerte, auch jetzt störend bemerkbar. Der ständig in das Corps de logis hineinwehende Sand wird als so unangenehm empfunden, daß Ferdinand ein im Ehrenhof bereits angelegtes Steinpflaster erweitern läßt.[82] Die in der Mitte des Hofes angelegte Rasenfläche mit umlaufenden Wegen ist bis heute nahezu unverändert erhalten.

Der Urheber des Plans

Wer steckt nun hinter dieser ausgeklügelten Anlage von Schloß und Park Bellevue? In den Akten und Abrechnungen wird kein planender Kopf des großen Designs genannt, erwähnt werden allein der Architekt Boumann und der Hofgärtner Weil. Nur wenig ist über Weil bekannt. Offenbar ist er allein für den Prinzen zuständig, er arbeitet schon für ihn im Schloß Friedrichsfelde, kommt dann nach Bellevue und später zusammen mit dem Prinzenpaar auch nach Rheinsberg. Daß der altgediente Weil den Gartenplan mit seiner sehr differenzierten Ausstattung entworfen haben könnte, erscheint kaum denkbar. Es ist doch fraglich, ob er die nötige Weltläufigkeit, auch Kenntnis der Architekturgeschichte besitzt. Und trotz aller Nähe: Eine Kopie von Wörlitz, die Weil vielleicht hätte schaffen können, ist Bellevue doch nicht. Boumann könnte Anregungen für den Gesamtplan gegeben haben, doch dies wäre seine einzige Gartenanlage, und im Zusammenhang mit dem Park wird sein Name nicht erwähnt. Wie steht es mit dem Bauherrn selbst? Das Vorbild Fürst Franz hat in Wörlitz beispielhaft gezeigt, daß auch ein Prinz als »Dilettant« und *gentleman architect* die Gestaltung von Schloß und Park entscheidend beeinflussen kann. Allerdings gibt es keine Hinweise, daß Ferdinand sich intensiver mit der Theorie und Praxis der Architektur und der Gartenkunst auseinandergesetzt hätte. Hinüber zu den Britischen Inseln weisen allein die unterhaltsamen englischen Kupferstiche.

Gelegentlich wird der Name des 1762 geborenen Johann August Eyserbeck[83] genannt, des Sohnes jenes Johann Friedrich Eyserbeck, der die ersten Anlagen in Wörlitz gestaltete. Im Unterschied zum späteren Landschaftsgarten englischer Prägung existieren beim jüngeren Eyserbeck die einzelnen Gartenräume noch relativ abgeschlossen nebeneinander, das additive Zusammenfügen einzelner Gartenpartien ist typisch für ihn, ganz wie wir es in Bellevue vorfinden. Auch die Häufung von Gedenksteinen, Skulpturen und Urnen gehört zu seinen Vorlieben. 1787 von Friedrich Wilhelm II. berufen, legt er in Potsdam den Neuen Garten an, den barocken Park am Schloß Charlottenburg verändert und erweitert er im neuen Stil. Etwas später ist er an der Neugestaltung des zwischen Fürstenwalde und Frankfurt gelegenen Gutsdorfes Steinhöfel beteiligt, dem David Gilly klassizistische Formen verliehen hat. Fontane meint 1862 in seinen »Wanderungen« zum Steinhöfeler Garten, »dass er der erste Park hierlandes war, dessen Anlage nach Prinzipien erfolgte, die seitdem in der Park- und Gartenkunde die herrschenden geworden sind. Es ist dies bekanntlich der Sieg

des Natürlichen über das Künstliche, des Gebüsches über den ›Poetensteig‹, des englischen, oder wie einige wollen, des altchinesischen Geschmacks über den französischen.« Doch die Umgestaltung erfolgt erst mit der Übernahme von Gut und Dorf durch die Familie von Massow im Jahr 1790, somit ist dies eher kein Vorbild für Bellevue. In den Akten zu Bellevue finden wir den Namen Eyserbeck nicht.

Schließlich ist Friedrich Wilhelm Carl Graf von Schmettau (1743–1806) zu nennen, ein enger Vertrauter der Prinzenfamilie, dem Räume im Schloß Bellevue zur Verfügung stehen; das Gerücht, daß Schmettau zeitweise der Liebhaber der Prinzessin Ferdinand und darüber hinaus der Vater der Prinzen Louis Ferdinand und August sei, wurde schon erwähnt. Schmettau, Offizier Friedrichs des Großen, avanciert als Zwanzigjähriger zum militärischen Adjutanten des Prinzen Ferdinand. Er ist nicht nur im Militärischen, sondern auch auf den Gebieten der Mathematik, Physik und Geographie versiert und der Aufklärung äußerst zugetan. Eine umfangreiche Bibliothek und mehrere wissenschaftliche Instrumente bezeugen seine Gelehrsamkeit. Wie bereits sein Vater, der Generalfeldmarschall Samuel Graf von Schmettau, der 1747 einen exakten Tiergarten-Plan erarbeiten ließ, ist der jüngere Schmettau Kartograph. Zu seinen bedeutenden Leistungen gehört die vielbeachtete Schmettausche Karte von Preußen. Als 35-Jähriger wird er von Friedrich II. aus der Armee entlassen und erwirbt daraufhin einige Güter, darunter das Anwesen in Garzau, östlich von Berlin. Dort legt er ab 1779 einen Park nach englischem Muster an, und dies ist nun tatsächlich der erste englische Landschaftsgarten in Brandenburg-Preußen.[84]

Kennzeichnend für diese frühe Anlage sind die noch ganz in der barocken Tradition stehenden, das gesamte Gelände durchziehenden schnurgeraden Achsen, die etwa in Wörlitz überhaupt nicht vorkommen. Es ist dieselbe Art von Magistralen, die Schmettau vielfältig in seinen Karten zeichnete. In einer dieser Achsen liegt auf einem Hügel das prominenteste Objekt, eine Pyramide, die von einem Pavillon bekrönt ist, ganz so wie der Eiskeller-Hügel in Bellevue. Ein weiteres Objekt, ein Hügel mit Tordurchgang und Pavillon, ähnelt auf schlagende Weise dem Hügel des Otahitischen Kabinetts. Auch die weitere Ausstattung gleicht vielfältig jener in Bellevue, es gibt Inseln, Chinoiserien, Skulpturen, Denksteine, Ruhebänke, einen kleinen Wasserfall, mehrere Parasols und Pavillons, die alle mit Wimpeln geschmückt sind. Zu den Brücken zählen eine Bogen-, eine Drehbrücke und ein Pont couvert mit Pavillon. Es gibt sogar einen Aha-Graben, der – so wie ein Sammler mit einem neu erworbenen Bild seine Kenntnis der aktuellsten Kunstströmung demonstriert – prominent vor dem Schloß liegt. Schließlich besitzt der Garten auch eine »Otahitische Partie« mit einem Badehaus, das außen mit Birkenborke verkleidet ist. Es ist die erste Otahitische Hütte Europas, eine Kopie entsteht 1790 in Charlottenburg, das Cabinet otahitien in Bellevue wird etwa fünf Jahre später errichtet, parallel zu einem Otahitischen Kabinett im Nordturm des Schlosses auf der Pfaueninsel.[85] 1784, als die Hauptarbeiten in Garzau abgeschlossen sind, geht Schmettau auf eine Reise nach England und Frankreich, die ihm

64 Plan des Parks von Garzau, Landsitz des Grafen von Schmettau

Monument et Grotte au jardin de Gartzau. N⁰ 9. Pl.

65 Friedrich Genelly:
Monument und Grotte im
Park von Garzau. 1787

gezeigt haben mag, daß seine Anlage mit den vielen barocken Achsen nicht ganz der neuesten Entwicklung entspricht, und so kann er seine jüngsten Erkenntnisse in die Bellevue-Planung einfließen lassen, die zwar auf solchen Achsen beruht, sie aber nicht so auffällig und häufig vorzeigt wie der Garzauer Park.

Die genannten Übereinstimmungen sind deutliche Anzeichen dafür, daß Friedrich von Schmettau bei der Entstehung der Bellevue-Anlage mehr als nur ein Wort mitredet. Nicht zuletzt ist es die Einbindung von Schloß und Park in die weiträumigen Tiergarten-Koordinaten, die für eine aktive Beteiligung des Grafen sprechen. Nur das geschulte Auge eines Kartographen, eines der besten Kenner der Berliner Topographie, der die über viele Meilen reichenden Straßen und Achsen erkundet und in seinen Plänen darstellt, mag in der Lage gewesen sein, das diesbezügliche Potential der »Bertramschen Meyerey« zu erkennen. So ist die Vermutung nicht von der Hand zu weisen, daß nicht nur der Park, sondern die Bellevue-Anlage insgesamt, eben die »Idee Bellevue« überhaupt, in wesentlichen Teilen auf Friedrich Wilhelm Carl Graf von Schmettau zurückgeht. Die Möglichkeit, daß an der Ausgestaltung des Gartens auch andere mitgewirkt haben, etwa der jüngere Eyserbeck, ist damit nicht ausgeschlossen.

Bewertung

Das Beste und Schönste an Bellevue, darin sind sich schnell alle einig, sind seine Lage und der Park. Die Disposition zwischen Tiergarten und Spree, Feldern und Wiesen, dazu die malerische Aussicht, das alles in Spaziergangsnähe vor dem schönsten Tor der Stadt – das begeistert auch jenen zum Schloß pilgernden Dichter, der die Situation in einem hymnischen Gesang feiert:

»Wir nun hatten uns jetzt genaht dem erhabenen Palaste,
Doch nicht wagten wir schon hineinzutreten, der Aussicht
Vor dem Platz am Palast erst zu genießen begierig.
Dorthin wallte der Strom durch Wiesen und dämmernde Haine,
Stets mit Schwänen bedeckt, mit Gondeln und Masten der Schiffe.
Hinter ihm heben Berlins hochragende Thürme sich. Auen
Schaut man jenseits des Stroms, umschlossen von Hainen
    und Berghöhn,
Stets mit Grüne bedeckt und vom flutenden Strome bewässert.«[86]

Doch die »belle vue« geht nicht nur über die Spree, hin zum Moabiter Gehölz, sondern weit in die Ferne, bis nach Charlottenburg und Spandau:

»Hinter der grünenden Au' sind einzelne Hütten zerstreuet,
Dann aus dämmernden Hainen erhebt sich, halb nur dem Auge
Sichtbar, halb versteckt, des Königs ländliches Lustschloß [...]
Ferner erhebt sich die Feste, mit schirmenden Graben umzogen

Mit hochragenden Mauern, mit Thürmen und mancherlei
    Kunstwerk [...]
Aber ein Thurm ragt dort vor den übrigen Werken der Feste
Rund und spitz, er hütet die höchsten Verbrecher ...«[87]

Ein begeisterter Zeitgenosse urteilt über den »schönsten Garten« im »sandigen Land«: »Le jardin est la plus belle chose, c'est une imitation parfaite d'un jardin anglais. La promenade est délicieuse, ce ,bellevue' est selon moi le plus beau jardin dans ce pays, surtout le plus à l'anglais au milieu du parc entouré de la Sprée et ayant des sites admirables et une végétation rare dans ce pays sablonneux.«[88]

Gegenüber dem Park fällt das Schloßgebäude in der Beurteilung ab. So hält Graf Lehndorff Bellevue insgesamt zwar für eine »possession agréable«, doch er schränkt ein: »Alles macht einen soliden Eindruck und wäre bewundernswert als der Wohnsitz eines Edelmannes mit 10.000 Talern Rente, aber das hat nicht die Eleganz eines Hauses, das einem Prinzen gehört.« Ein gewichtiger Punkt gegen die Anlage ist der Spreeflügel, weil er den Blick auf die Spree, »qui fait la beauté de ce local«, verstellt. Vermeintliche Sparsamkeit – der Erhalt des Fabrikgebäudes – wandele sich so zu einer immensen, unnötigen Ausgabe, wie Lehndorff bemängelt.[89] Während es 1832, in der Hochzeit des Klassizismus noch heißt, das Schloß »ist in einem einfachen, aber geschmackvollen Stile aufgeführt«[90], fallen die Bewertungen am Ende des Jahrhunderts weniger günstig aus: »Die Hauptfront ist ziemlich reizlos«[91], meint ein Beobachter lapidar, und ein Kunsthistoriker urteilt: »Das Aeussere, namentlich die Parkseite mit ihrer kaum zu überbietenden Nüchternheit, ist ein bezeichnendes Abbild des künstlerischen Unvermögens einer absterbenden Zeit. [...] Die Ausschmückung gehört schon dem in seinen Anfängen oft wunderlichen und rathlosen, auf der Nachahmung der Antike beruhenden neuklassischen Stile an ...«[92] Natürlich sind diese Bewertungen auch der Spiegel eines üppigen Historismus, einer Epoche, die in der barocken Kostümierung von Menschen und Häusern, wie Kaiser Wilhelm II. sie pflegt, den Gipfel der Kultur sieht und mit dem feinen Klassizismus vom Beginn des Jahrhunderts wenig anzufangen weiß. Daß dem Schloß gleichwohl eine gewisse Qualität zugebilligt wird, ist daraus ersichtlich, daß man geneigt ist, den Entwurf nicht dem »nur mäßig veranlagten jüngeren Boumann«, sondern »dem begabteren Unger, dem Erbauer der königlichen Bibliothek, zuzuschreiben«.[93] Manche Unentschiedenheit des Baus ist jedoch kaum dem Unvermögen des Architekten anzurechnen, und einige eklatante Mängel sind nicht allein in der stilistischen Unsicherheit begründet, die eine Übergangsperiode wie jene zwischen Rokoko und Klassizismus mit sich bringen mag.

Auf den heutigen Betrachter wirkt das zentrale Corps de logis in erster Linie durch seine breite und auch hohe Gestalt, die betont wird durch die monumentale Pilasterordnung sowie die weitestgehend gleichwertige Behandlung der zwei Hauptgeschosse. Weder ist das Erdgeschoß als Sockel, noch das Obergeschoß als Beletage ausgebildet. In seiner prononcierten

67 Michael Philipp Boumann: Hauptansicht des Schlosses Bellevue. Erster Entwurf, 1785

stückelt, nicht zu Ende gedacht. Man muß es deutlich aussprechen: Hier ist einem Baumeister das Hauptwerk hintertrieben worden. Hätte Boumann seinen ersten Entwurf realisieren können, so wäre zweifellos ein Meisterwerk des Berliner Frühklassizismus entstanden, und die preußische Kunstgeschichte wäre um einen bedeutenden Architekten reicher.

Frühe Veränderungen und Ergänzungen

Das Schloß ist kaum vollendet, da beginnen bereits die ersten Veränderungen: Der große Festsaal im ersten Stock wird umgebaut. Inzwischen ist ein neuer Stern am Berliner Architektenhimmel aufgegangen: 1786 beruft der gerade inthronisierte Friedrich Wilhelm II. den schlesischen Baumeister Carl Gotthard Langhans (1732–1808) nach Berlin. Das Schaffen Langhans' ist ein treffendes Beispiel für die Zeit des Übergangs, in der Bellevue entsteht: In seinem Werk spiegelt sich der Wechsel vom Spätbarock zum Frühklassizismus eindrucksvoll wider. Langhans bewegt sich zunächst noch ganz in der barocken Tradition, doch beinahe über Nacht ändert er seinen Stil: Zeitgleich zu den spätbarocken Entwürfen des Schloßtheaters und des Belvedere in Charlottenburg (1788–1790) entwirft der mittlerweile zum Direktor des Berliner Oberhofbauamtes avancierte Architekt mit dem Brandenburger Tor den zentralen Bau des frühen deutschen Klassizismus. Mit diesem Wurf etabliert er sich als einer der führenden – und meistbeschäftigten – Architekten seiner Zeit. Im Mai 1789 beginnt er mit der Neugestaltung der Wohnung Königin Friederikes im Berliner Schloß, wo Erd-

mannsdorff und Gontard den Umbau der Königskammern gerade abschließen. Etwas später folgt die kühl-elegante Ausgestaltung des Marmorpalais in Potsdam. Parallel zu diesen bedeutenden Aufträgen wird der Architekt nun auch für den Prinzen Ferdinand tätig.

Mit dem Schloß Bellevue ist Langhans seit Januar 1789 befaßt, die Bauarbeiten beginnen im April, also bereits etwa drei Jahre nach Abschluß der ersten Bauphase.[95] Langhans' entscheidender Eingriff ist die Überführung des Saalrechtecks in eine Ellipse. Dies erreicht er durch das Einstellen von acht auf hohen Sockeln stehenden korinthischen Säulen auf einem ovalen Grundriß. Die elliptische Form zeigt sich am deutlichsten in der Form der flach gekuppelten Decke, die mit ihrem kräftig konturierten Gebälk den gesamten Raum prägt. Die Ellipse kehrt wieder im Mittelstern des Parketts. Diese virtuose Umformung eines Rechtecks in ein Oval, für die es englische Vorbilder gibt (z.B. in Claremont House von Henry Holland, das Langhans besuchte), findet sich häufig in den sogenannten Marmorsälen jener Zeit und wird von Langhans mehrfach ausgeführt, etwa im Niederländischen Palais Unter den Linden, im Potsdamer Marmorpalais, im Belvedere im Schloßpark Charlottenburg sowie – wohl am prägnantesten – im Pfeilersaal des Berliner Residenzschlosses. Von Boumanns rechteckigem Saal übernimmt Langhans, wie angewiesen, die Wandpfeiler zu beiden Seiten der Türen, setzt allerdings seine neuen Säulen so geschickt davor, daß die jeweils inneren Pilaster fast völlig verdeckt werden.

Die Mitte der Langseiten wird durch Kamine mit darüber befindlichen Rundbogennischen akzentuiert, in denen große porphyrartig stuckierte Urnen auf Säulenstümpfen stehen. Diese Nischen werden von Karyatiden auf Hermenpilastern gerahmt; mit ihren – noch von Boumann stammenden – Kapitellen tragen die reliefierten Frauenfiguren das breite Deckengesims.

Zwischen den Kapitellen sitzen Medaillonreliefs, Darstellungen der Athena und des Apoll. Dieses Arrangement hat eine frappierende Ähnlichkeit mit der Inszenierung der Kamine im Pfeilersaal des Berliner Schlosses. Die Türen zu den Nebenräumen liegen in den etwas abgetrennten Raumsegmenten der vier Saalecken, die durch das Einschreiben des Ovals in den rechteckigen Grundriß entstehen. Über dem Türsturz befinden sich Rundbogen-Nischen mit liegenden Sphinx-Figuren, über denen auf flacherhabenen Tafeln jeweils ein von Strahlen und Lorbeerkranz umgebener Apollonkopf modelliert ist. Das alles wird gerahmt von Boumanns kannelierten Wandpfeilern. Neben den Türen stehen auf hohen Sockeln große Empire-Vasen. Über dem Gebälk der Säulen wölbt sich eine von Rankenfriesen eingefaßte, elliptische Flachkuppel, die ursprünglich mit einem Gemälde von Johann Christoph Kimpfel (1750–1805) geschmückt war, Psyche umgeben von Amoretten und Blumengirlanden darstellend.[96] Mit Kimpfel arbeitete Langhans auch im Berliner Schloß zusammen.

Die Farbigkeit des Raumes wird geprägt durch den blauen Stuckmarmor der acht korinthischen Säulen. In der Literatur wird die Wandfarbe als »mattgelb« oder »chamois-lila« angegeben[97], doch diese Farbigkeit gehört zu einem späteren Zustand, denn Schinkel schreibt 1830, daß die Wände, wie die Säulen, in blauer Farbe gehalten seien. Eine der möglichen Veränderungen, die Schinkel empfiehlt, ist »ein helles Chamois«, das »in mehreren Nüancen von helleren und dunkleren Tönen auf die Felder, Füllungen und Friese gebracht werden« müsse.[98] In der Einrichtung dominieren das Weiß und Blau der Möbel und das Silber der Kronen mit ihren Kappen aus

◀◀
68 und 69 Carl Gotthard Langhans:
Schloß Bellevue, Ovaler Saal.
Fotos um 1920

◀
70 Carl Gotthard Langhans:
Pfeilersaal im Berliner Schloß.
1789–1791

71 Carl Gotthard Langhans:
Kamin im Ovalen Saal. Gouache

72 Carl Gotthard Langhans: Kabinett

73 Carl Gotthard Langhans: Kabinett, Decke

blauem Leinen.[99] – Die Arbeiten sind im Sommer 1790 abgeschlossen, insgesamt zahlt Prinz Ferdinand für den neuen Saal 5.740 Taler; hinzu kommen 433 Taler für das Ameublement.[100]

Gleichzeitig mit dem Umbau des Festsaals richtet Langhans ein weiteres, kleines Zimmer im Schloß ein. Das neben dem Schlafzimmer im Obergeschoß liegende achteckige Kabinett, wohl ein Badezimmer, ist in seiner kühlen Empire-Dekoration der neben dem Ovalen Saal einheitlichste Raum des Schlosses. Die Wände sind aus Stuckmarmor, die Decke ist gemalt. Die ausgerundeten und ausgenischten Ecken erinnern wiederum an ähnliche Formen im Marmorsaal des Berliner Schlosses. Über den vier Nischen liegen Relieffelder mit Profilköpfen in Medaillons, die Supraporte zeigt eine heitere Opferszene. Ein gerundeter Fries leitet über zur Decke, in deren Feldern ländliche Szenen gemalt sind; im ovalen Mittelfeld lagert Prometheus mit brennender Fackel. Ursprünglich steht an der Schmalseite, anstelle der

späteren Doppeltür, ein Ofen; eine zweite (Tapeten-)Tür befindet sich gleich rechts neben der rechten Nische, die im Inventar von 1841 ebenso erwähnt wird wie die Ofennische (»ist geputzt und gemalt«). Das deutet darauf hin, daß der fotografisch dokumentierte Zustand erst später hergestellt wurde.[101] Die in der Enfilade nahe dem Fenster gelegene Haupttür ist der Einheitlichkeit des Raumeindrucks wegen ebenfalls als Tapetentür behandelt.[102]

Eine weitere, bedeutende bauliche Veränderung vollzieht sich im Park, und wieder ist ein herausragender Architekt damit beauftragt. Um seiner Gemahlin, der Prinzessin Luise, eine Freude zu machen, läßt Ferdinand für sie am Küchengarten eine Meierei erbauen, wie sie vor allem in Frankreich in Mode gekommen ist. Königin Marie Antoinette errichtet im Park von Versailles, nur einen kurzen Spaziergang von ihrem Schlößchen Petit Trianon entfernt, den schon erwähnten Weiler, wo sie – den Ruf »Zurück zur Natur!«

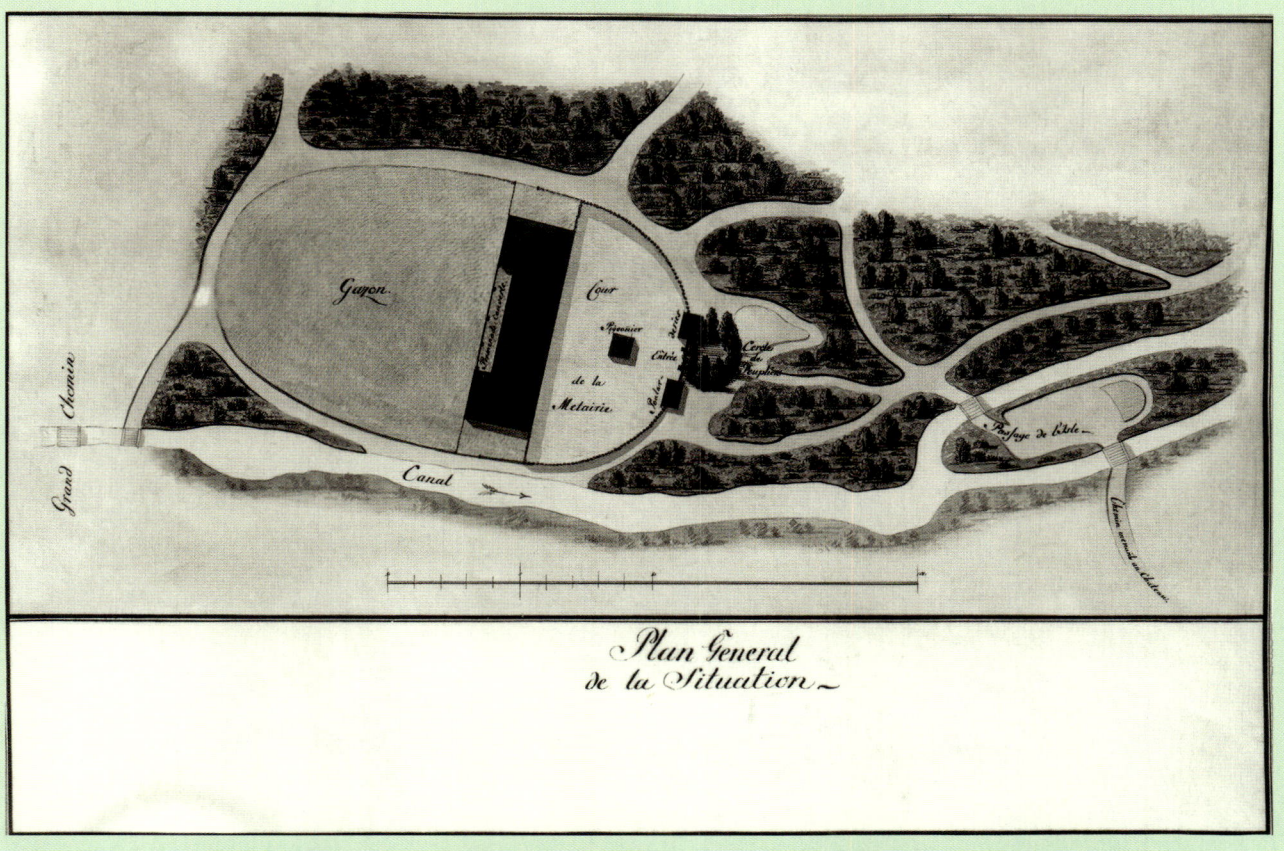

Plan General
de la Situation

74 Friedrich Gilly: Meierei Louisa, Lageplan: Entwurf für die ursprünglich vorgesehene Anlage am Abzugskanal.
Der »Grand Chemin« links ist der Spreeweg. 1799

75 Friedrich Gilly: Meierei Louisa, Gartenseite. 1799

Façade principale
avec un Promenoir couvert
donnant sur le Jardin.

76 Friedrich Gilly: Meierei Louisa, Hofseite. 1799

sehr ernst nehmend – die Mode eingeführt, daß die Herrscherin selbst die Kühe melkt. Dieses Hameau ist übrigens just in jenem Jahr 1785 fertiggestellt, als Bellevue entsteht. Als Architekt der Meierei bestimmt Prinz Ferdinand den jungen Friedrich Gilly, der wie sein Vater David bereits in königlichen Diensten steht. Beide Gillys waren schon in Bellevue tätig, der Vater bei Reparaturen, der Sohn bei Vermessungsarbeiten auf dem Werder. Der ältere Gilly hat darüber hinaus für das Königspaar Dorf und Schloß Paretz sowie das Schloß Freienwalde entworfen. Friedrich Gilly, 1772 bei Stettin geboren, studierte u.a. bei Langhans und Erdmannsdorff. Das Erlebnis der schlichten und rational bestimmten, gleichwohl pathetischen Monumentalität der französischen Revolutionsarchitektur, die er bei einer Paris-Reise kennenlernte, beeinflußt fortan sein Schaffen, dessen beeindruckendstes Werk der Entwurf eines Denkmals für Friedrich den Großen auf dem Leipziger Platz (1796) darstellt. Der bereits im Alter von 28 Jahren

verstorbene Architekt übt auf die nachfolgende Künstlergeneration einen enormen Einfluß aus; er ist trotz seines schmalen Œuvres eine der Gründerfiguren des von seinem Schüler Schinkel bald fest etablierten Berliner Klassizismus. Wenn auch in ihrem Charakter recht bescheiden und wenig spektakulär, so ist die »Métairie Louisa« insofern doch bemerkenswert, als sie den letzten vollendeten – wenn auch in der Ausführung erheblich verunstalteten – Bau des genialischen Architekten darstellt.

Wie ein 1799 veröffentlichtes Heft zum Bau zeigt, sieht Gilly zunächst einen Standort südlich des Abzugskanals, nahe am Spreeweg vor.[103] Der vom Schloß her kommende Besucher ginge am Ananas-Treibhaus vorbei durch den Küchengarten und überquerte dann die kleine, im Graben gelegene Rousseau-Insel, bis er zum Meierei-Gelände selbst käme. Die Wasserfläche des Kanals ist als ein konstitutiver Bestandteil des Arrangements vorgesehen. Tatsächlich aber entsteht die Anlage seit dem Frühjahr 1800

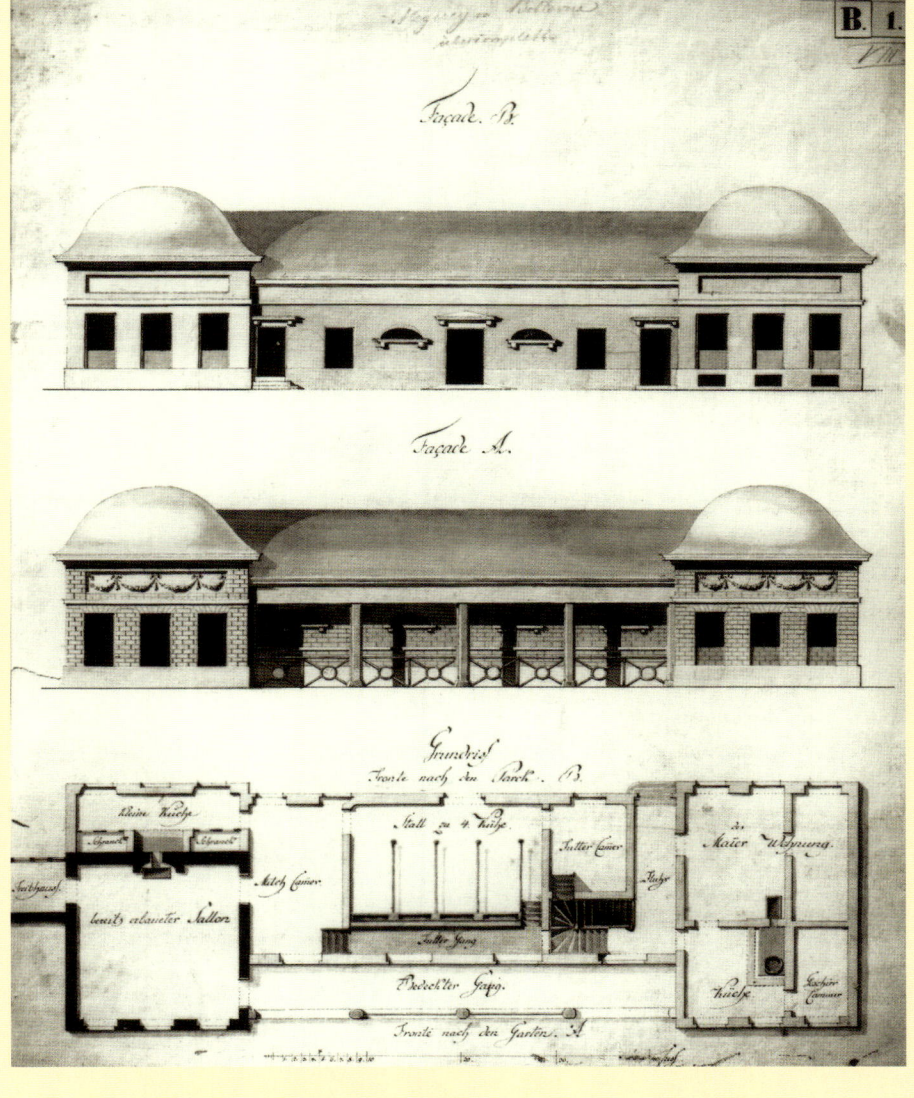

77 David Gilly (?): Meierei Louisa, Alternativer Entwurf

direkt im Küchengarten, zwischen der Rousseau-Insel und dem Ananas-Treibhaus.

Das Hauptgebäude liegt innerhalb eines von einem Weg umgebenen Ovals und öffnet sich nach Westen. Der Besucher betritt zunächst einen von Pappeln umstandenen, kreisförmigen Vorhof und gelangt dann in den eingefriedeten Hof, der sich über die gesamte Breite der Meierei erstreckt und in seiner Mitte ein Taubenhaus enthält. Zwei Geflügelhäuser flankieren den Eingang. Die Meierei selbst ist ein kleiner, eingeschossiger Backsteinbau auf einer glatt verputzten Sockelmauer. Ein ähnliches glattes Band verläuft unter dem strohgedeckten Dach. An der schmucklosen Hof- und Eingangsseite werden die je zwei äußeren Fensterachsen zu schmalen Risaliten zusammengefaßt; die zentral gelegene Eingangstür wird von zwei wiederum rahmenlosen Fenstern flankiert. Die Gartenseite wiederholt die knappen Risalite, die nun je drei bis fast zum Boden hinabreichende Fenster umfassen; Rücksprünge in der Sockelmauer setzen die Öffnungen nach unten fort. Zwischen den Risaliten öffnet sich eine als »promenade couverte« geführte, schmale Halle, an deren Rückwand vier zweiteilige Fenster liegen. Zur Rasenfläche hin ist dieser loggiaartige Raum, über dem der Schriftzug »MÉTAIRIE LOUISA« prangt, durch drei schmale hölzerne Pfosten und ein Gitter, später eine Hecke, abgetrennt. Die Anlage wird von heiterer Farbigkeit geprägt: Das Rot der Ziegel, das Gelb des Strohdaches und das Weiß der Fassadengliederungen setzen sich ab gegen das Grün des Rasens. Im Zentrum des Baus liegen vier Kuhställe, an die sich nach links die Futterkammer und die Meiereiwohnung, nach rechts eine Küche anschließen. Auf der rechten, nördlichen Seite liegt der mit je drei Fenstern nach Norden und Westen sich öffnende Salon, in dem sich die Prinzessin bei ihren Besuchen aufhält. Die im Inventar verzeichneten »12 Milch-Töpfe aus Porzellan, 24 Porzellanteller, 11 antique Vasen, 12 Milch-Töpfgens von

Fayance«[104] verweisen auf den Zweck des kleinen Gebäudes und seine durchaus gehobene Ausstattung. »So erscheint dies Haus als ein Musterbeispiel ländlicher Architektur in der idyllischen Welt eines englischen Parkes, und in bewundernswerter Weise sind auf dem beschränkten Raume alle Aufgaben gelöst, ohne daß im Außenbau die Vielfalt der Erfordernisse störend in Erscheinung träte.«[105]

Diese Baubeschreibung bezieht sich im wesentlichen auf Gillys Entwurf. In der Ausführung wiederholt sich das Schicksal des Schloßhauptgebäudes, denn der realisierte Bau weicht in entscheidenden Details vom Plan ab. Gilly stirbt während der Bauarbeiten, die ohne ihn und mit erheblichen, die Qualität drastisch mindernden Veränderungen vollendet werden. Ein erster, unsignierter Veränderungsvorschlag, der möglicherweise von Friedrichs Vater David Gilly stammt[106], ist in seinem veralteten Louis-Seize-Geschmack eine Rückkehr zum landläufigen Typus Gartenhaus. Er entsteht, als der nördliche Salon »bereits erbaut« ist, wie es auf dem Plan heißt, und wirkt durch einen Zusatz an Fenstern und Ornament sowie Kuppeln über den Risaliten, die nun wie Pavillons gebildet sind, unterhaltsamer als Friedrich Gillys stringenter Entwurf. Aber das ist noch nichts gegen die tatsächlich ausgeführte Fassung, die Gillys klaren Klassizismus durch gotisierende, »romantische« Zusätze entstellt. Auch hier wird die Zahl der Fenster und Türen erhöht, die Wände erhalten einen Glattputz. Das Dach wird zum hohen Bohlendach, das auf einem gotisierenden und über den gesamten Bau sich hinziehenden Holzgesims ruht. Die seitlichen Giebel steigen mit Treppenzinnen auf, und auf einer Schmalseite entstehen gar zwei kleine spitzbogige Fenster, die von einer größeren Spitzbogennische zusammengefaßt werden, ein Motiv, das – wie schon Krieger bemerkt – »dem strohgedeckten Gebäude einen eigentümlichen Charakter« gibt.[107] Die dort angebrachte Inschrift »Inventé et dessiné par Gilly fils« insinuiert eine Urheberschaft, die der junge Architekt angesichts dieses Ergebnisses gewiß weit von sich gewiesen hätte. Die Architektur erinnert vielmehr an die im gotischen Stil errichteten Gebäude in Paretz, vor allem an die Kirche, und es ist gut möglich, daß der dort als Bauleiter tätige Martin Friedrich Rabe, ein Schüler David Gillys, auch im Bellevuepark mit der Ausführung betraut worden ist und die gotisierenden Zutaten sowie das Bohlendach zu verantworten hat. Weitere, spätere Eingriffe lassen von dem ländlich-heiteren, ebenso eleganten wie zweckmäßigen Charakter des ursprünglichen Entwurfs kaum etwas übrig, so daß die Architektur Friedrich Gillys bereits lange verloren ist, als sie durch Bomben zerstört und die Ruine nach 1945 abgeräumt wird.

Ganz im Sinne des strengen Klassizismus Friedrich Gillys sind die Veränderungen an der Hoffassade, die Ferdinand im April 1804 durchführen läßt.[108] Dabei wird das an den Risaliten vorhandene Gebälk – allerdings

78 Meierei, Zustand um 1920. Rechts die »Kleine Meierei«

ohne den darüberliegenden Fries – auch auf die zwischen ihnen liegenden Fassadenrücksprünge appliziert, also über die gesamte Fassade gezogen. Diese Veränderung ist in Boumanns Ausführungszeichnung der Fassade von 1785 mit dünnen Strichen eingetragen (Abb. 22). Das führt dazu, daß – ein typischer Ferdinandscher Kompromiß – die runden Fenster im Mezzaningeschoß, die Ochsenaugen, halb geschlossen werden, was sich wiederum auf die Gestalt und den Effekt von Langhans' Festsaal auswirkt, in den die Rundfenster als wesentliche Gestaltungsmerkmale einbezogen sind. Gleichzeitig erhalten die seitlichen Portale anstatt der lockeren Festons einen stabilen gebogenen Giebel, der den Rundgiebeln der Fenster im Mittelrisalit ähnelt. Diese Modernisierungsmaßnahmen unterstreichen den strengen Charakter der Fassade am Cour d'honneur, und sie binden das Schloß noch stärker in die klassizistischen Strömungen ein, die das Baugeschehen in Preußen immer mehr bestimmen. Die Zeichnungen von Gaertner und Brohm sowie die frühen Fotografien geben diesen bis 1893 vorhandenen Zustand wieder (Abb. 82, 102).

Eine bedeutende Veränderung an der Bedachung der Seitenflügel erfolgt ebenfalls in dieser Zeit.[109] Um die Flügel etwas höher erscheinen zu lassen und gleichzeitig mehr Platz zu gewinnen, läßt Ferdinand die Mansardengeschosse an der Hofseite in dritte Vollgeschosse umwandeln, die nun eine Bedachung in Sattelform tragen. Der Ausbau an den äußeren Flügelseiten erfolgt jedoch erst am Ende des Jahrhunderts, so daß 90 Jahre lang der merkwürdige Zustand von ungleichmäßig gedeckten Seitenflügeln vorhanden ist – eine erneute kuriose Folge von Ferdinands Willen zum Sparen, der seinem Schönheitswollen immer wieder in die Quere kommt. Die um 1805 entstandene Ansicht von Catel gibt diesen uneinheitlichen Zustand wieder (Abb. 41). – Auch an der Gartenfassade läßt Ferdinand Veränderungen vornehmen: Um dem Dachboden mehr Licht zu geben, werden in den Seitenrisaliten rechteckige Mezzaninfenster in den Fries eingesetzt, der auf diese Weise zerstückelt wird. Die ursprüngliche Fassadengliederung, in der die rustizierten Pfeiler ein Gebälk tragen, wird damit zerstört. – Schließlich wird das bisher freistehende Gärtnerhaus, Knobelsdorffs Landhaus, nach Norden hin verlängert und an das nahe Stallgebäude angeschlossen; in dem neu entstehenden Zwischengelaß bringt man die Obstkammer unter.[110] Dieser Umbau ist insofern von gewisser Bedeutung, als er die Voraussetzung für eine mehr als ein Jahrhundert später vollzogene Anpassung ist: 1927 läßt Max Reinhardt seine im Gärtnerhaus gelegene Wohnung über diesen Zusatzraum in den Marstall hinein erweitern.

Und wie das so ist bei Grundbesitz: Kaum ist das Haus fertig, beginnen die Reparaturen. Im und am Schloß wird beinahe ständig gewerkelt, ausgebessert und instandgesetzt, die Arbeit der Tischler, Maurer, Bildhauer, Stukkateure, Seiler, Schlosser, Maler, Tapezierer, Glaser, Klempner, Dachdecker, Töpfer usw. geht nahtlos von der Herstellung in die Unterhaltung der Gebäude über. So werden z. B. bereits 1790 einzelne Garten-Figuren repariert, zwei Jahre später folgt das Postament auf der Eiskute, die Ferdinand 1796 zusammen mit dem Gotischen Haus wiederherstellen läßt. Seit

1805 liegen Pläne David Gillys für eine Erneuerung der beiden Aha-Gräben aus behauenen Rüdersdorfer Kalksteinen vor, aber erst fünf Jahre später werden die Arbeiten vor dem Schloßhof durchgeführt.[111] Um 1800 sind im Garten sieben Leute beschäftigt, für die Reinigung des Hauses ebenfalls sieben, die im Jahr ca. 1.000 Taler erhalten. Das Jahresbudget für Bellevue liegt zunächst bei 2.000 Talern, wovon der Prinz etwa die Hälfte selbst bezahlt; die Summe steigt bis 1813 auf 3.424 Taler, davon fallen 1.200 Taler für den Garten an. Der Unterhalt der Kühe verschlingt 40 Taler im Monat, und ein gewisser Weidner bekommt für die Vertreibung der Katzen und Mäuse 40 Taler im Jahr.[112]

Leben im Schloß

Bogdan Krieger, als Bibliothekar des kaiserlich-königlichen Hauses den Archivalien ganz nah, gibt uns ausführliche Beschreibungen des frühen Lebens im Schloß Bellevue, seiner Bewohner und Gäste.[113] Kriegers Quellen berichten nicht nur vom ungezwungenen Zusammensein im kleineren Kreis: Da das prinzliche Ehepaar oft auch im Winter auf seinem Landsitz wohnt, gibt Bellevue den Schauplatz ab für Feste im großen Stil. Das Schloß wird zu einem Mittelpunkt der Berliner Geselligkeit. »C'est la seule véritable grande maison bien montée de Berlin«, lobt Graf Lehndorff 1803. Jeden Montag ist jour fixe. Selbst wenn Berlin sommerlich entleert ist, kommt regelmäßig ein größerer Kreis zusammen, und wenn sich der Prinz unpäßlich fühlt, empfängt die Prinzessin allein. Abends ist große Gesellschaft, an der auch Ortsfremde und Durchreisende teilhaben. Spiele sind ein beliebter Zeitvertreib, besonders dem in Mode stehenden Kartenspiel Casino ist man zugetan, vor dem Essen werden regelmäßig einige Partien durchgezogen, woran beide Ehegatten viel Freude haben. An einem Geburtstagsfest des Prinzen und der Tochter Luise nehmen 60 Personen teil, nach dem Tee kommt man im großen Saal des Obergeschosses zusammen. Auf einer Bühne wird dort ein Jahrmarktsfest dargestellt, und von der Plattform aus werden den Gefeierten die Glückwünsche der Gesellschaft zum Ausdruck gebracht. Kinder führen einen Tanz auf, es gibt Harlekinaden und ein Theaterstück. – Auch die Religion kommt zu ihrem Recht: Zwar besitzt das Schloß keine eigene Kapelle, aber wechselnde Pastoren halten im Saal regelmäßig Gottesdienste ab.

Graf Lehndorff, der über das höfische Leben mit seinen vielen Einladungen notiert: »Nichts macht mir weniger Vergnügen als bloßes Essen, aber ich besuche alle diese großen Gesellschaften, um die verschiedenen menschlichen Neigungen kennen zu lernen, indem die Menschenkenntnis mein vorzüglichstes Studium ist«[114], – Lehndorff also beschreibt im Tagebuch einen Abend, den er als der einzige anwesende Gast erlebt. Er findet die Hofgesellschaft »schlicht en famille vereint«, die Prinzessinnen und Hofdamen werkeln an ihren Tapisserien, man nimmt Tee, die Kinder Radziwill, »schön wie die Engel«, laufen durch die Räume. Prinz Ferdinand, Graf Lehndorff, der Kammerherr v. Sydow und der prinzliche Hofkavalier v. Geertz geben sich dem Kartenspiel Casino hin, während die Prinzessin Luise in einem alten »Cahier de Gazette« von 1742–1758 liest, dessen Inhalt anschließend Anlaß gibt für »mille conversations«. Anschließend plaudert man noch auf das angenehmste bis elf Uhr und Lehndorff ist der Ansicht, daß er niemals einen angenehmeren Abend in Bellevue verlebt hat. Aber der scharfsichtige Graf, der ein für allemal zum Essen eingeladen ist und beinahe täglich im Schloß verkehrt, macht auch vor pointierten Charakterisierungen nicht halt:

»Die trotzköpfige Landgräfin von Kassel [die jüngere Schwester der Prinzessin Ferdinand, Philippine, Landgräfin von Hessen-Kassel] bleibt bis neun Uhr und verläßt uns dann, ohne daß irgendjemand das bedauert. Es ist eine große Gesellschaft, aber was man eine Konversation nennen könnte, gibt es nicht. Madame la Princesse Ferdinand hat viel Noblesse in ihrem Charakter, sie ist großzügig und unendlich darum bemüht, ihrem Sohn, dem [20-jährigen] Prinzen August, Kraft und Unterstützung zu geben; der hat, trotz sehr guter Figur, Kenntnissen und Konversation, nicht das, was die Aufmerksamkeit auf sich zieht. Er gibt immer den Anschein, als glaube er nicht, was er sagt, er redet, um zu reden, und konsequenterweise wird ihm auf die gleiche Art geantwortet; er interessiert nicht. Von seinem Bruder Louis sagt man das genaue Gegenteil. Er gilt als liebenswert, aber unbesonnen, inkonsequent, ein großer Schwadroneur, finanziell zerrüttet bis zu einem Punkt, da sein reicher Vater und seine großzügige Mutter ihn nicht mehr aus dem Labyrinth befreien können, in dem er sich gefangen hat, aber interessant und rechtschaffen. [...] gegenwärtig ist sein ausschweifendes Leben unberechenbar. Er [...] verstößt gegen alle guten Sitten [...] Es gibt an diesem Hof einen weiteren interessanten Mann, das ist der Graf Schmettau. Seine Geschichte ist es wert, aufgeschrieben zu werden, mehrere Ereignisse würden ihn allen jenen teuer machen, die gern über das Leben eines verdienten Mannes lesen. [...] Außerdem gibt es am Hof eine Gouvernante, Madame la Comtesse Néale, née Keller, eine umsichtige und liebenswerte Frau; eine Demoiselle Borck, die jeden zeichnet, den sie sieht, selbst bei Tisch, in ihrem Buch hat sie bereits 200 Köpfe versammelt, sie hat etwas Originelles in ihrem Äußeren und ihrem Charakter. Eine Comtesse Molck, auch Ehrendame, die nur existiert, um den Tee zu servieren, ihre Schwester bei der Königin ist eleganter und liebenswerter. Monsieur de Sidau, Kammerherr an diesem Hof, ist sehr höflich, mit Geist und Haltung. Sein Compagnon, Monsieur de Görtz, wäre gern ein Abkömmling der Grafen dieses Namens, obgleich er der Sohn eines Hamburger Kaufmanns ist; er ist eine hübsche Person, ein Stutzer und guter Kerl.«[115] Die vielen Gäste benötigen reichlich Speis' und Trank; so werden etwa im Zeitraum von April bis September 1788 nicht weniger als 3.246 Flaschen Ungarischen Weins geliefert.[116]

Zu den bedeutenden Gästen des Schlosses gehört der Abbé Emanuel Joseph Sieyès, Theoretiker und Aktivist der französischen Revolution. Er unterstützte den Staatsstreich Napoleons und ist später Gesandter des Direktoriums am Berliner Hofe. Der Erbprinz Friedrich Ludwig von Mecklenburg-Schwerin ist im Oktober 1801 mit seiner Gemahlin, der russischen Zarentochter und Großfürstin Helene Paulowna zu Gast; 1805 gibt es ein Festmahl für den Bruder der Großfürstin, Kaiser Alexander I. Als der Eroberer Napoleon Ende Oktober 1806, von Potsdam kommend, in Berlin eintrifft, wird er von Prinz und Prinzessin Ferdinand im Schloß Bellevue mit der größten Höflichkeit empfangen. Napoleon meint, sein Besuch mache einen guten Eindruck und sei gut für die öffentliche Meinung. Seit der Flucht des Herrscherpaares ist Ferdinand der wohl ranghöchste Vertreter des Königshauses in Berlin, und er ist seit jeher der Ansicht, daß Preußens Vorteil in einem Bündnis mit Frankreich liegt. Doch da Ferdinand keinerlei Verhandlungsauftrag hat, geht das Zusammentreffen nicht über den Austausch freundlicher Unverbindlichkeiten hinaus, und die beiden Protagonisten trennen sich in großer Zufriedenheit. Bereits vor Napoleon zieht Marschall Augereau, Befehlshaber des VII. Corps, in Berlin ein und bewohnt für vier Tage Schloß Bellevue. Auch beim Abzug der Franzosen vertritt Ferdinand das Königshaus. Am 3. Dezember 1808 übergibt ihm der französische Kommandant St. Hilaire die Schlüssel der Stadt Berlin, »und alle französische militärische Gewalt allhier hat ein Ende.«[117]

Mit dem Bruder Heinrich, der hauptsächlich im Schloß Rheinsberg wohnt, bleibt Ferdinand eng verbunden. Unter den Verwandten gehört er zu den häufigsten – und auch beliebtesten – Besuchern im Schloß Bellevue, nicht zuletzt von den Neffen wird der kinderlose Onkel seines Reichtums wegen besonders gern gesehen. Als Heinrich 1802 stirbt, erhält Ferdinand als sein Universalerbe auch den Rheinsberger Besitz, und das Prinzenpaar lebt nun den größten Teil des Jahres in jenem Schloß, in dem die drei Prinzen Ferdinand, Heinrich und Friedrich gemeinsam eine sorglose Zeit verbrachten. Bellevue bleibt seit der Übersiedlung der Eltern nach Rheinsberg weitgehend ihrem Sohn Louis Ferdinand überlassen. Dieser umschwärmte, gutaussehende Prinz bewegt sich auf den Schlachtfeldern ebenso sicher wie in den Berliner Salons. Wie kein zweiter weiß er die so unterschiedlichen Charaktere eines tapferen Soldaten, charmanten Lebemannes, sensiblen Musikers und geistvollen Intellektuellen in sich zu vereinen, und entsprechend bunt und vielfältig zeigt sich Bellevue in dieser kurzen Epoche. Zu den illustren Gästen zählt der große Dichter Friedrich Schiller, der am 8. Mai 1804 zum Mittagessen kommt. Die Kehrseite solch üppigen Lebenswandels lernt die Domänenkammer kennen, da sie für die Kosten aufkommen muß: Die Regulierung des Schuldenberges ist eine Herkulesarbeit und füllt viele Aktenbände. Als Louis Ferdinand im Kampf gegen die Franzosen bei Saalfeld am 10. Oktober 1806 fällt, wird der Verlust des 33-Jährigen als große Tragödie empfunden. Erst viereinhalb Jahre später gelangt der Leichnam des Gefallenen zurück nach Berlin. Sein Vater läßt ihn im Schloß Bellevue aufbahren und in der folgenden Nacht kurz vor Mitternacht in der Domgruft bestatten. Was wäre aus Bellevue geworden, hätte Prinz Louis Ferdinand, der »preußische Apoll«, den Besitz übernommen?

Von Prinz August
bis zum Ende der Monarchie

Prinz August

Prinz Ferdinand stirbt hochbetagt am 2. Mai 1813 in Bellevue, gut drei Wochen vor der Vollendung seines 83. Lebensjahres. Auf ausdrücklichen Befehl des Verstorbenen wird der Leichnam »in der grössten Stille, ohne allen Prunk, selbst ohne alle Begleitung und Feierlichkeit in der hiesigen Domkirche beigesetzt und bloss im Beisein der Domprediger [...] in die Kgl. Gruft hinabgesenkt. [...] Nur wenige treue Diener des Hochseligen [...] hatten sich in der Kirche eingefunden und schweigend schied alles auseinander. Also verschwanden die irdischen Überreste des letzten Bruders Friedrichs des Grossen.«[1] Mit dem Tod Ferdinands, dessen Vater beinahe exakt ein Jahrhundert zuvor mit der Zuteilung des Plantagengeländes an die französischen Emigrés die Bellevue-Geschichte initiierte, ist nun auch für das Schloß Bellevue das Ancien Régime endgültig vorüber. Ferdinands Witwe, der das Anwesen bereits kurz nach dem Erwerb übertragen worden war, verkauft Bellevue knapp drei Jahre später, am 1. März 1816, für 80.000 Taler an ihren einzigen überlebenden Sohn, den Prinzen August. Übertragen wird der gesamte Besitz mit Ausnahme der Gegenstände in ihrer Wohnung. Die Prinzessin Ferdinand behält bis zu ihrem Tod im Jahr 1820 ein Wohnrecht für ihre Räume im Obergeschoß des Corps de logis, dazu Wohnungen für ihren Hofstaat und die Bediensteten, wie die Oberhofmeisterin Gräfin Reale und den Kammerherrn von Sydow.

Der neue Besitzer von Schloß Bellevue ist in erster Linie Soldat. Kühne Attacken in den Feldzügen und eine Neuorganisation der Artillerie bringen ihm einen gewissen Ruhm ein. Daß er zudem über eines der größten Vermögen seiner Zeit verfügt, ist sicher kein Hindernis bei seinen vielen amourösen Abenteuern, die am Hof gelegentlich Anlaß

79 Franz Krüger: Der Prinz August von Preußen.
Öl auf Leinwand, um 1817

zu Klatsch und Tratsch geben. So schreibt Prinz Wilhelm, der spätere König und Kaiser Wilhelm I., an seine Schwester, die Kaiserin Charlotte von Rußland, über »Paugust«, wie Prinz August in der Familie kurzerhand genannt wird: »Paugust hat ein neues Skandal gegeben! Er hat sich eine neue Dame angeschafft, ein Frl. Ostrowska, die schon lange hier sein soll; nach langen Negociationen hat er sie acquiriert, nun hat er die Impudenz gehabt, sie in seinem grossen Gala-Wagen abholen zu lassen, um sie in die neue Wohnung zu führen! Das Publikum hat sich tagelang vor dem Hause versammelt gehabt und geäussert: er will uns weiss machen, er habe sich trauen lassen, wir wissen aber doch, wie es steht! Ein schöner Skandal. [...] sie ist, wie man sagt, ein schönes Stück Fleisch. – Marmorpalais, 30. Juli 1835.«[2]

August kommt am 19. September 1779 im Schloß Friedrichsfelde zur Welt. Das nie versiegende Gerücht, nicht Prinz Ferdinand, sondern der Graf von Schmettau sei sein Vater, wird genährt durch das Verhalten der Mutter, die August über die Maßen verwöhnt, was ihn zu einem sehr egoistischen Knaben werden läßt.[3] Die vorgegebene militärische Laufbahn übernimmt der draufgängerische junge Prinz mit Begeisterung; im Feldzug gegen die Franzosen 1806 kann er als Befehlshaber eines Grenadier-Bataillons seine Fähigkeiten erstmals in der Praxis beweisen. Der Soldatentod des älteren Bruders Louis Ferdinand spornt ihn erst recht an: »Außer den Pflichten, welche ich dem Vaterlande schuldig bin, habe ich noch eine andere heilige Pflicht zu erfüllen, die, meinen Bruder zu rächen, welcher auf eine glorreiche Art für dasselbe gestorben ist.« Bereits wenige Tage später wird er von den Franzosen gefangen genommen, in Berlin vor Napoleon geführt und anschließend nach Frankreich in die Gefangenschaft expediert. Nach dem Frieden von Tilsit bereits auf dem Weg zurück nach Berlin, lernt August bei der klugen Madame de Staël am Genfer See die vielumschwärmte Juliette Récamier kennen, die Gattin eines Pariser Bankiers, und die beiden geraten augenblicklich in eine leidenschaftliche Affäre; es werden sogar Heiratspläne geschmiedet. Doch der Prinz muß einsehen, daß nicht jede Frau so leicht zu erobern ist wie eine feindliche Stellung, und am Ende bleibt ihm von der unschlüssigen Geliebten kaum mehr als das bekannte Bildnis François Gérards, das in Augusts Palais an der Wilhelmstraße seinen Platz findet.

Im übrigen ist der Prinz zu dieser Zeit bereits mit der jungen Friederike Wichmann liiert, die ihm drei Mädchen und einen Jungen schenkt; alle Töchter werden Stiftsdamen, den Sohn Eduard bindet August als Königlichen Kammerherrn und Hofmarschall an seinen Haushalt; er lebt später zusammen mit seiner Frau ganz in Bellevue. Um Friederike einen gewissen Platz in der Gesellschaft zu verschaffen, erhebt der König sie auf Augusts Drängen in den Adelsstand: Sie darf sich nun Frau von Waldenburg nennen. Mutter und Kinder werden in einem Haus am Pariser Platz untergebracht, das August für sie erwirbt; im Mai jeden Jahres ziehen sie hinaus nach Bellevue. Als die Beziehung zu Friederike langsam erkaltet, wendet August sich der 18-jährigen Auguste Arend zu, die der König später zur Frau von Prillwitz adelt. Aus dieser zweiten morganatischen Ehe gehen fünf Kinder hervor. August ist um beide Familien gleichermaßen besorgt. So heißt es 1828 in seinen Instruktionen anläßlich einer Reise: »... sollen täg-

lich Früchte aus Bellevue an Frau v. Prillwitz geliefert werden und bei den daselbst genommenen, Rücksicht auf die an mich abzusendenden, auch auf die an Frau v. Waldenburg täglich zu liefernden genommen werden, weshalb eine gehörige Einteilung derselben zu treffen ist.« Und im nächsten Jahr sollen »die in Bellevue während meiner Abwesenheit gewonnenen Gemüse und Früchte täglich in zwei gleiche Teile geteilt, die eine Hälfte davon an Frau v. Waldenburg, die andere an Frau v. Prillwitz übergeben werden.«[4] Aber auch an sich selbst läßt der Prinz auf seinen Reisen die Südfrüchte aus den eigenen Treibhäusern nachschicken, und wenn er in Rheinsberg weilt, müssen dort täglich zwölf Apfelsinen für ihn vorrätig sein.[5]

In den Freiheitskriegen ist August an mehreren Feldzügen und Schlachten beteiligt, und der Sieg im böhmischen Kulm gerät zu seinem Ruhmesblatt. An der Spitze seiner Truppe sprengt der Prinz am 30. August 1813 mit einem mutigen Bajonettangriff die siegreich vordringenden Franzosen auseinander. Mit erhobenem Banner und dem anfeuernden Ausruf »Wer ein preußisch Herz hat, folge mir!« stürmt er voran. Dieser ruhmreiche Augenblick, der jedes preußische Herz höher schlagen läßt, ist das Motiv eines Denkmals, das seine Tochter Mathilde zum ehrenden Gedenken der großen Tat später im Park errichten wird. In der Völkerschlacht bei Leipzig erlebt der Prinz seinen wohl größten Triumph: Er erobert 15 feindliche Geschütze. Als Anerkennung für diesen Sieg schenkt ihm der König noch auf

80 Carl Joseph Begas: Drei Fräulein von Waldenburg. Öl auf Leinwand, um 1845

81 C. Beckmann: Prinz August im Kreis seiner Waldenburgschen Familie.
1847

dem Schlachtfeld eine der Kanonen, den Achtpfünder »Le Drôle«, und sogleich befiehlt der Prinz: »Ich wünsche, daß dieses Geschütz, nachdem es
Meiner Mutter und der Frau von Waldenburg gezeigt worden (im Fall sie
es zu sehen wünschen), nach Bellevue geschafft und, so lange die gute
Witterung dauert, auf dem grünen Platze vor dem Schlosse zwischen dem
Wege und dem Aha, diesem ganz nahe, mit der Mündung nach der Mitte
der großen Straße gerichtet, aufgestellt werde.« Im Januar 1814 wird die
Kanone auf ein breites Podest erhoben, auf dem sie dann 130 Jahre lang
die militärische Überlegenheit Preußens demonstriert, bis sie als wiederge-
wonnenes Beutestück nach Frankreich zurückkehrt. – In der folgenden Frie-
denszeit widmet sich der Prinz, wie schon vor den Feldzügen, mit großem
Eifer der Reform der Artillerie. Ein zweites Reformwerk des Prinzen bleibt
eher unbeachtet: Es ist der Wechsel der Hofsprache vom Französischen
ins Deutsche. Sofort nach Übernahme des Bellevue-Besitzes gibt August

bekannt, daß er großen Wert darauf legt, daß an seinem Hof deutsche anstatt französischer Ausdrücke gebraucht werden, das gilt für den Verkehr
sowohl mit den Beamten, als auch mit dem Kastellan und dem Hofgärtner,
der außerdem deutsche Pflanzen-Namen benutzen und sich überhaupt auf
einheimische Blumen, Sträucher und Obstsorten konzentrieren soll.[6]

Dem neuen Besitzer von Bellevue geht es in erster Linie um die Instandhaltung des Grundstücks und die Steigerung seiner Wirtschaftlich-
keit.[7] Als der 36-jährige Prinz das Anwesen übernimmt, ist es insgesamt
etwas vernachlässigt, so sind z.B. die Wiesen, selbst die in der Nähe des
Schlosses, in schlechter Verfassung und durch Kühe abgegrast. Der Parasol
am Großen Stern befindet sich in einem Zustand, der dem Prinzen gerade-
zu peinlich ist, da er »allen vorbei Promenierenden« einen »höchst widrigen,
in die Augen fallenden Anblick gewährt«. August beauftragt die Domänenkammer, das Schloß und alle Nebengebäude auf das genaueste zu

82 F. Brohm: Ansicht von Schloß Bellevue mit Kanone. Aquatinta, 1843

untersuchen, über den Zustand der Baulichkeiten zu berichten und Vorschläge für Reparaturen anzufertigen. Der abgelieferte, außerordentlich detailreiche Report umfaßt nicht weniger als 73 Seiten.[8] Augusts Leitlinie: »Alle Vorschläge für Baureparaturen und sonstige Ausbesserungen, die Bequemlichkeit und das Vergnügen betreffend, sollen früh gemacht werden.«

Pragmatisch geht er die Ausbesserungen an. Das Strohdach der Eisgrube ist ihm zu kostspielig, man soll sich eine andere Bedachung überlegen; und »was die veranschlagte Instandsetzung des Aha's betrifft, so muß ich bemerken, daß sie, bei beachtlichem Kostenaufwande, den beabsichtigten Zweck, das Einsteigen in den Garten zu verwehren, nicht erfüllt. Meinem Dafürhalten nach dürfte eine Vertiefung des Grabens, die Anlage einer dichten Dornhecke in derselben [...] und Belegung mit Mosen unendlich wohlfeiler und zweckmäßiger seyn.« Anderes mag ganz wegfallen: »Da die Erbauung einer Brücke nach dem Werder, unweit der Meierei nicht nothwendig ist, und der Aufenthalt auf der Insel, der Nähe der Meierei wegen, überdies nicht sehr angenehm seyn kann, so mag sie gänzlich unterbleiben.«[9] Überflüssige Möbel und Gerätschaften werden zur Versteigerung gegeben, wie eine Anzeige im »Berliner Intelligenz-Blatt« vom 25. Juli 1816 bekanntgibt: »Sachen zu verauktioniren außerhalb Berlin. Auf Befehl Sr. Königl. Hoheit des Prinzen August von Preußen sollen im Schlosse Bellevue ein zweysitziger und ein Caleschwagen mit Verdeck und zwey viersitzige Chaisen, desgleichen verschiedene alte Meubles und Geräthschaften, bestehend in Tischen, Stühlen, Spinden, Gyps= und Marmorplatten, Kupferstichen, Gardinen u.s.w., so wie auch einigen goldenen und silbernen Etuis, Medaillen und dergleichen an den Meistbietenden verkauft werden. Es wird hierzu ein Termin auf den 5ten August d. J., Vormittags um 9 Uhr, angesetzt, in welchem sich die Kauflustigen im Schlosse zu Bellevue einfinden wollen.«[10]

Nachfolger des Hofgärtners Weil ist seit 1816 der Gärtner Werth, der bei Weil gelernt hat. Nach dessen Tod tritt 1820 der aus einer alten Berliner Gärtnerfamilie stammende Heinrich August Brasch die Stelle als Bellevue-Gärtner an; Brasch ist, für Prinz August besonders wertvoll, ein

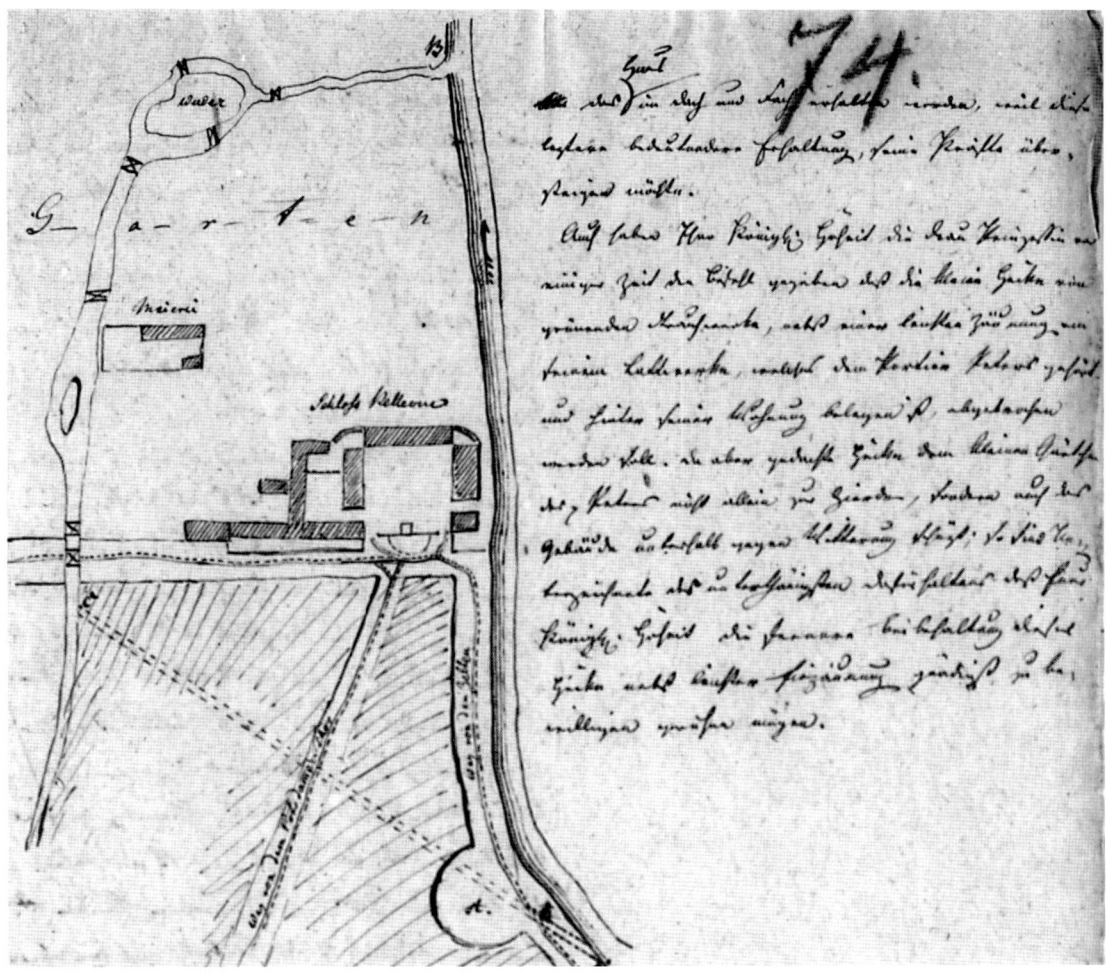

83 Plan für die Bewässerung des Gartens durch einen von der Spree herführenden Kanal. April 1816

Treibhaus-Spezialist. Durch ausgedehnte Reisen und eine umfangreiche Bibliothek hat Brasch sich weitreichende Kenntnisse angeeignet, und mit großem persönlichen Einsatz entwickelt er den Garten zu einer der schönsten Anlagen in Preußen, gar zu einem »Mustergarten«. In den verschiedenen Treibhäusern und Orangerien steht zeitweise die schier unfaßbare Menge von etwa 8.000 Blumen und Pflanzen. In der Zeit seiner größten Aktivität, um 1830, beschäftigt Brasch nicht weniger als vier Gesellen, drei Volontäre und vier Lehrlinge.[11]

Das besondere Augenmerk des Prinzen gilt der Erneuerung und Verbesserung des Nutzgartens, der etwas verfallen ist. Treibhäuser und Mistbeete wurden nicht mehr genutzt und müssen neu eingerichtet werden. Blumen, die sich »weder durch Schönheit noch durch Geruch auszeichnen«, wie Mohnblumen und Rittersporn, läßt August durch Rosen, Nelken, Flieder, Goldlack und Levkojen ersetzen[12], und zur dauernden Instandhaltung des Parks werden Baum- und Pflanzschulen für blühende Sträucher angelegt. Ein wichtiges Anliegen ist dem Prinzen die Bewässerung des Gartens.

Schon im April 1816 entwickelt der Bau-Inspektor Schulz einen Plan, die Spree in der Nähe des Kurfürstenplatzes anzuzapfen und das Flußwasser durch ein Röhrensystem in den Garten und über einen Abfluß wieder zurück in die Spree zu leiten. Allerdings gibt Schulz zu bedenken, daß das dafür notwendige Gefälle der Spree wohl nicht ausreicht, und so unterbleibt die Ausführung.[13] Ein Saugwerk, das das Wasser aus dem ca. drei Meter tiefer gelegenen Fluß holt, erweist sich als nicht leistungsfähig genug. Eine 1827 entstandene Spritzenanlage, für die an der Spree ein Wasserhebewerk in Gestalt eines ruinösen gotischen Turms errichtet wird, ist wenige Jahre später bereits wieder funktionsuntüchtig.[14]

Der Zugang zum Park, den August mit Pfauen und Hirschen noch interessanter macht, ist dem Publikum weiterhin gestattet. »Alle Standespersonen, der hohe Adel, die Herren Offiziere, auch alle anständig gekleideten Personen, die Bürgerschaft mit eingeschlossen«, dürfen den Park ab 14 Uhr aufsuchen, Handwerksburschen, Livreebedienstete und schlechtgekleidete Personen jedoch nicht; sie werden, wie die Anweisung lautet, »in höflicher

DIE ZELTE BEI BERLIN.

84 Anonymus: Die Zelte bei Berlin. Um 1830

Weise« zurückgewiesen. Auch wenn – wie 1831 und 1833 – Geburtstagsfeuerwerke für die Töchter stattfinden, bleibt das allgemeine Publikum ausgeschlossen. Das Tabakrauchen, das Mitbringen von Erfrischungen und Mahlzeiten und das Betreten des Küchen- und Obstgartens ist verboten. Doch das Publikum verhält sich nicht, wie vom Prinzen erwartet. »Ich habe mißfällig bemerkt«, läßt August im Juni 1817 verlauten, »daß sich im Garten von Bellevue bis spät Abends Menschen aufhalten, wodurch Excesse mancherlei Art befördert werden ...« Darum ordnet er an, »das Promenieren im Bellevue=Garten« nur bis zum Untergang der Sonne, in den Sommermonaten bis 20 Uhr zu gestatten. Der Hofgärtner Werth und der Kastellan Rostock sollen die Ausführung überwachen. Aber es gibt Ausnahmen: So erlaubt August dem Schauspieler Wauer, »zu allen Tageszeiten von seiner Sommerwohnung in Moabit durch den Garten von Bellevue gehen zu dürfen«, und schon laufen die Bitten von anderen Bürgern ein, ebenso »die Passage durch den Garten von Bellevue zu allen Zeiten des Tages gnädigst freizustellen«, wie »Ew. Königlichen Hoheit Alleruntertänigster Schön, Geheimer Secretair im Krieges Ministerio« 1821 schreibt. Bald ist es Professoren, Ärzten, Beamten, Militärs und anderen Honoratioren gestattet, auch

des Morgens in Bellevue spazierenzugehen.[15] Einer der prominentesten Parkbesucher ist Alexander von Humboldt, der in den 1820er Jahren mehrfach magnetische Messungen durchführt.

Wie schon sein Vater, so wird auch Prinz August mit dem leidigen Problem des Treidelpfades konfrontiert. Der Abflußgraben aus dem Tiergarten endet weiterhin im Bellevue-Park; ein zur Entwässerung des Gartens vorgesehener Flutgraben, der über die Wiesen außerhalb des Parks führen soll, kann gegen den Widerstand der Bauern nicht durchgesetzt werden. So entschließt sich August 1822, selbst einen breiten Abflußkanal zur Spree anzulegen – doch der unterbricht den Treidelpfad der Schiffer, was sofort die zuständige Behörde auf den Plan ruft. Die Ministerial-Baukommission sieht sich genötigt, gegen die Anlage Einspruch zu erheben und die Überbrückung des Grabens zu verlangen, was wiederum August ablehnt. Der Prinz droht: Sollte er zur Überbrückung oder Zuschüttung des Grabens gezwungen werden, so würde er dem Publikum den Eintritt in den Garten nicht mehr gestatten. Mit dieser Rochade hat August vorerst gesiegt, und er setzt beim Polizei-Präsidium für die Sonntage sogar eine Gendarmen-Wache am Graben durch. Doch das reicht dem Prinzen nicht. Zusätzlich läßt er eine Warntafel aufstellen, die für den Fall der Überschreitung von Grenzgraben, Hecken und Zäunen die sofortige Verhaftung und nachdrückliche Bestrafung androht. Das wiederum erregt den Widerspruch der Behörden, die nun ihrerseits eine Sperrung des Dammes durch den Graben für nicht statthaft erklären und verlangen, den Abfluß innerhalb von acht Tagen zu beseitigen. Andernfalls würde die Strompolizei-Behörde die Zuschüttung des Grabens veranlassen, zumal er ohne Genehmigung angelegt worden sei.

Inzwischen hat sich die Situation dadurch zugespitzt, daß 1822 in der Verlängerung der Neuen Promenade eine hölzerne Ziehbrücke über die Spree nach Moabit gelegt wurde. Wer nun, entlang der Spree von Berlin kommend, die Brücke nutzen will, muß ganz um Bellevue herumgehen. Der Prinz weigert sich standhaft, von seinem Grundstück einen öffentlichen Fußweg längs der Spree abzutreten. Die Brücke, so sein Räsonnement, hätte eben weiter flußabwärts und damit näher an der Charlottenburger Chaussee angelegt werden müssen. Außerdem hätten die Schiffer sich längst daran gewöhnt, auf der rechten Flußseite zu treideln, und schließlich habe auch sein Vater den Weg durch Spanische Reiter und einen Staketenzaun abgesperrt. Diese Maßnahmen, so kontern die Behörden, waren jedoch nicht rechtmäßig und nur »aus Konsideration für den durchlauchtigsten Besitzer conivendo [sic] übersehen worden«, und das auch nur eine Zeitlang. »Um das Vergnügen und die Bequemlichkeit des anständigen Publikums zu fördern«, erklärt August sich schließlich bereit, einen Steg über den Graben anlegen zu lassen, jedoch »ohne alle Rechtsverbindlichkeit und nur aus gutem Willen«. Die kleine Brücke wird mit einer Pforte verschlossen, und ausschließlich die »Personen des gebildeten Standes« erhalten auf ihr Gesuch hin den Schlüssel ausgehändigt. Der erste, der einen Schlüssel zur Pforte erhält, ist der Staatsminister von Bülow, der die Genehmigung

85 Friedrich August
Calau: Aussicht vom
Brandenburger Tor nach
der Charlottenburger
Chaussee. Umgebung von
Schloß und Park Bellevue.
Aquarell, um 1820

86 Friedrich August
Calau:
Das Brandenburger Tor.
Umgebung von Schloß
und Park Bellevue.
Aquarell, um 1820

87 Karl Friedrich Schinkel: Entwurf zur Veränderung der Seitenflügel von Schloß Bellevue. 1823

88 Karl Friedrich Schinkel: Entwurf zum Umbau von Schloß Bellevue. 1823

für die Anlage erteilte. Er muß den Steg regelmäßig nutzen, besitzt er doch ein Grundstück in Moabit.

Als ein gewisser Friedrich August Lutze 1832 am Spreeufer zwischen der neuen Moabiter Brücke und dem Bellevue-Park eine Damen-Badeanstalt einrichtet, führt das zu einem erheblich gesteigerten Publikumsverkehr. Lutze bittet den Prinzen, seinen Kundinnen während der Sommermonate die Passage auf dem Pfade längs der Spree zu gestatten und ihnen einen Schlüssel für die Brückenpforte auszuhändigen. Um seinem Begehr Nachdruck zu verleihen, weist er auf die von allen ärztlichen Autoritäten wie Heim, Hufeland und Gräfe anerkannte Bedeutung des Badens hin. Außerdem sei er der Besitznachfolger der Schöneberger Bauern, deren Recht, den Treidelweg als befahrbaren Heuweg zu nutzen, er übernommen habe. Der Prinz hat kein Einsehen und läßt den Bademeister abschlägig bescheiden, doch zwei Jahre später erhält wenigstens Frau Lutze einen

Schlüssel, allerdings nur für sich allein. Aber der Damm ist gebrochen, bald wird allen Badegästen das Brückentor geöffnet und das nichtbadende Publikum verlangt dasselbe Recht. Man erzwingt sich den Durchgang mit Gewalt, zerbricht die Latten des Brückenzaunes, tritt den Uferrand nieder und anderes mehr. Als Moabit sich später zu einem Fabrikviertel entwickelt und viele Arbeiter aus Berlin dorthin zur Arbeit gehen, sind Übergriffe und Ausschreitungen an der Tagesordnung. Am Ende kommt August nicht umhin, die Benutzung des Weges für Fußgänger zu gestatten.[16]

Nach Langhans und Friedrich Gilly wird mit Karl Friedrich Schinkel ein weiterer, herausragender Protagonist der preußischen Architektur in Bellevue aktiv. Der 1781 in Neuruppin geborene Maler und Baumeister geht zunächst bei David und Friedrich Gilly in die Lehre, dann zum Studium an die gerade begründete Bauakademie. Als seine Tätigkeit 1822 in Bellevue einsetzt, hat der 1815 zum Geheimen Oberbaurat ernannte Architekt bereits das durch Brand vernichtete Dorf Quilitz, das spätere Neuhardenberg, samt Schloß und Kirche neu entworfen und die Neue Wache Unter den Linden vollendet. Das Denkmal für die Freiheitskriege auf dem Kreuzberg und das Schauspielhaus am Gendarmen-Markt sind in Arbeit – es sind Marksteine auf dem Weg Schinkels zum bedeutendsten deutschen Architekten des 19. Jahrhunderts. Schinkels erste Aufgabe für den Prinzen August war die Neugestaltung des Palais an der Wilhelmstraße, dessen Obergeschoß seit dem Erwerb durch Augusts Vater und dem von David Gilly begonnenen Umbau noch immer unvollendet war. In Bellevue ist Schinkel zunächst nur mit Reparaturen und kleinen Veränderungen befaßt, doch im Sommer und Herbst 1823 ist Größeres im Gespräch: Es geht um die Seitenflügel, die dem Prinzen in der überkommenen Form mißfallen; er wünscht eine größere Vereinheitlichung. August ist nicht abgeneigt, die beiden vor die Flügel gesetzten Pavillons, die vom Küchenmeister Mildbread und vom Kastellan Rostock bewohnt werden, bis zur Höhe der beiden Flügel aufzuführen. Um die Flügel dem Hauptgebäude anzugleichen, ist er eventuell auch mit einer Veränderung der Fenstereinfassungen einverstanden. Der Kammersekretär Lücke entwirft als prinzlicher Baubeamter einen Plan, nach dem das an den Außenseiten der Flügel noch vorhandene Mansarddach beseitigt und wie an den Hofseiten durch ein drittes Stockwerk mit Satteldach ersetzt würde.[17] Der vorsichtige Prinz leitet die Entwürfe an Schinkel zur Begutachtung weiter und bittet ihn um Vorschläge, wie mit geringen Mitteln »die vollkommene Instandsetzung der Gebäude und Herstellung eines schönen Äußeren« bewerkstelligt werden könne.

Schinkel macht folgende Vorschläge:

1. Der Spreeflügel sei auf jeden Fall zu erhalten, weil der die schönste Aussicht biete; Reparaturen seien allerdings unerläßlich.

2. Die Wasserseite des Spreeflügels soll – wie die Hofseite – ein vollständiges drittes Geschoß erhalten, das Mansarddach beseitigt werden.

3. Das Gesims der Seitenflügel soll um etwa einen Fuß bis 18 Zoll erhöht werden, um dem Gebäude das gedrückte Aussehen zu nehmen.

4. Die vorgelagerten Pavillons sollen nicht erhöht werden, weil das nur die Kosten steigere, überflüssigen Platz schaffe und den Schloßhof enger, beschränkter und unfreundlicher mache. Stattdessen sollen die Vorbauten flach abgedeckt sowie mit »zierlichen Geländern« und Blumengefäßen versehen werden, »wodurch ein höchst freundlicher Eindruck ganz im Geschmack eines Lustschlosses entstehen wird.« Auf den Balkonen könne man im Freien oder unter einem Zelt das schöne Wetter genießen.

5. Die Giebelwände über den Vorbauten »würden mit Frontispizien geziert werden müssen, welche mit Ornamenten auszufüllen sind, um den Flügeln ein zierliches Aussehen zu geben. Die Akroterien der Frontispizien könnten analog mit den unten liegenden Balkonen durch Vasen mit wirklichen Blumen geschmückt werden, welche mittels festschließender Klappen im Dach von Zeit zu Zeit besorgt und mit neuen Gewächsen versehen werden könnten.«

6. »Damit die Architektur nicht mehr so arm und nackt im Vergleich mit dem Hauptgeschoß erscheint«, regt Schinkel auch Fenstergewände und kleine Verdachungsleisten an.[18]

89 Karl Friedrich Schinkel:
Gartensalon,
vom Spreeweg gesehen.
Foto von Bartels, 1885

Dem sparsamen Prinzen ist das alles zu teuer, und so schlägt Schinkel vor, statt Öl- nur Kalkfarbe zu verwenden, den Damenflügel allein an der Ehrenhof-Fassade (und nicht an der Stallhofseite) zu verändern und die Dekoration sparsamer zu gestalten. Aber der innovative Oberbaurat geht in seiner Erwiderung vom 20. Oktober 1823 noch einen Schritt weiter. Es ist ein radikaler Schritt: Er empfiehlt, den Spreeflügel ganz wegzubrechen und dem Schloß das Schönste zu geben, was seine Lage anzubieten habe, nämlich den Blick hinaus über den Fluß und vom Wasser her auf das Schloß. »Nach dieser Idee«, schreibt Schinkel, »würde künftig der [schmale Seiten-] Giebel des Schlosses gegen das Wasser hin die Hauptfassade bilden, indem ein Portikus davor gebaut würde.« Vor dem Portikus sollten eine Treppe und eine Terrasse mit Spreeblick entstehen, alles mit Statuen und Blumen in Vasen geziert. Ein schönes eisernes Gitter könnte den Vorgarten gegen den Tiergarten abschließen, und »in diesem Gitter wäre am Wasser der Haupteingang zum Palaste«, flankiert von einem Portierhäuschen unter Baumgruppen. Das bestehende Frontispiz aus Monumentalpilastern und Dreiecksgiebel an der Ehrenhofseite des Schloßgebäudes müßte wegfallen, da es – und damit legt Schinkel den Finger auf die Wunde, auf die Erzsünde des Ferdinand-Baus – »ohnehin jetzt schon keinen Eingang bezeichnet und also gegen die Regel angebracht ist«. Der Damenflügel sollte nicht abgerissen, sondern durch eine dichte Baumgruppe verdeckt werden. Falls später einmal Platzmangel herrschte, könnte man diesen Flügel bis zum Spreeweg hin verlängern, er sollte »aber in einem edleren Stil gehalten werden [...] um daselbst eine harmonische Wirkung mit dem Hauptgebäude zu machen.«[19] Es überrascht nicht, daß August diese weitgehenden Pläne verwirft. Er dankt Schinkel für seine Bemühungen, ist voller »Beifall über die geschmackvolle Anordnung des neuesten Entwurfes« und übergibt ihm 50 Taler in Friedrichsdor aus der Hofstaats-Kasse.[20] Immerhin läßt der sparsame Prinz das Dach reparieren und die Fassaden streichen: das Hauptgebäude mit Ölfarbe, die Seitenflügel mit der billigeren Kalkfarbe.

Wenige Monate später geht es um die baufällig gewordenen Treibhäuser, die durchgreifend erneuert werden sollen. Ein bisher als Feigenhaus genutzter Bau wird nun für die Orangenbäume eingerichtet, außerdem läßt August einen Orangerie-Neubau, ein zweites Ananashaus sowie ein Pfirsich- und Pflaumenhaus errichten. Im Zusammenhang damit entwirft Schinkel im Frühjahr 1825 einen Garten-Salon, der Überlegungen des Prinzen aufgreift, die in das Jahr 1818 zurückgehen, als August den Wunsch äußerte, »in einem anständigen mit Blumen verzierten Raum mitten zwischen den Treibhäusern« zu sitzen.[21] Er will vor allem im Winter und bei schlechtem Wetter aus dem Salon heraus direkt in die blühende Pracht der Gewächshäuser hineinschauen. Der neue Salon ist zunächst rechteckig und inmitten der Gewächshäuser gedacht. Schinkel verlegt ihn an den Anfang der Treibhäuser, nahe an das Schloß, und gibt ihm eine runde Form.

90 Reubke nach Winkelmann:
Plan von dem Schlosse und einem Theil des Parks Bellevue. 1836

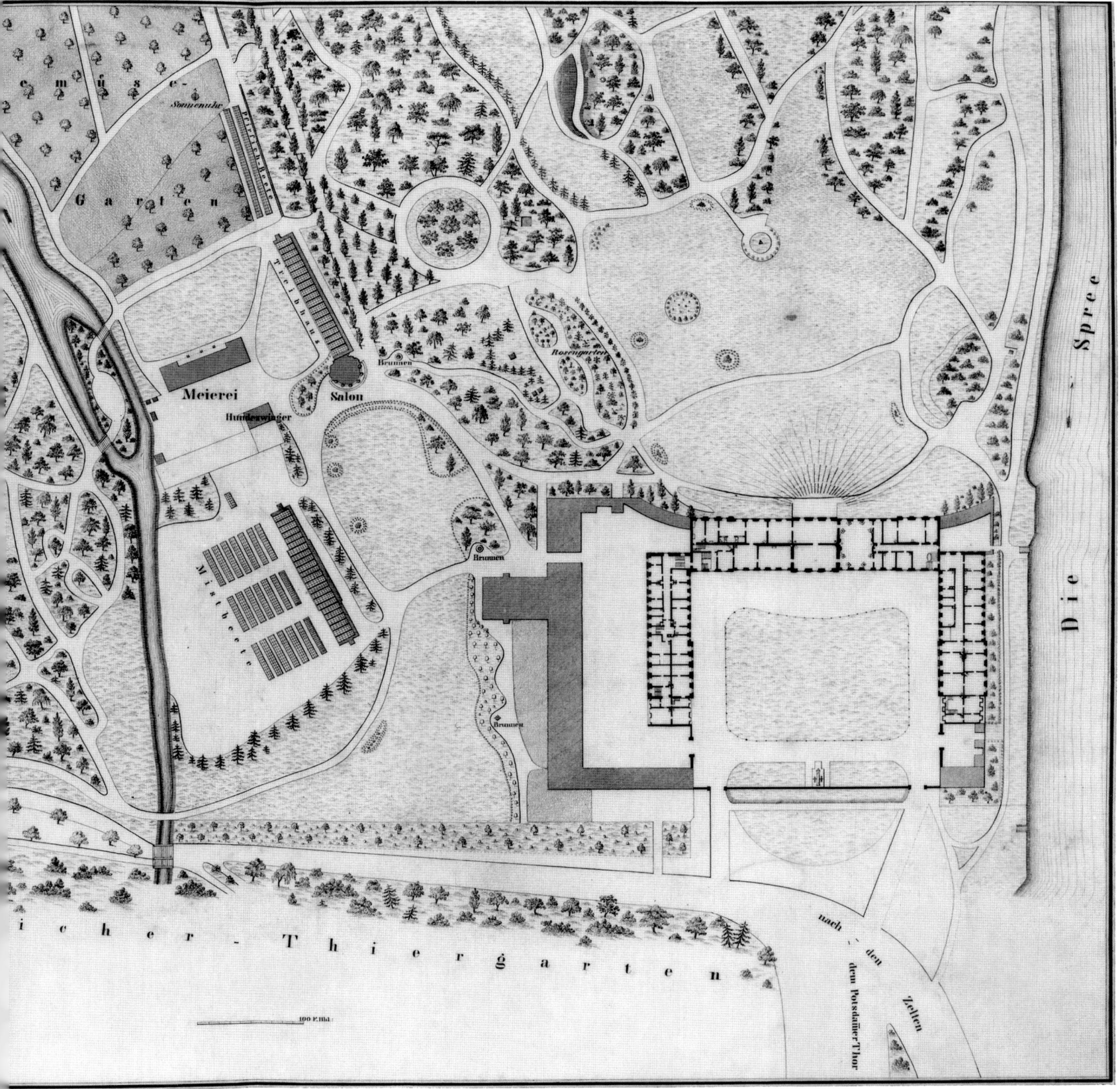

August akzeptiert den Vorschlag, weil die runde Form »dem Gebäude ein gefälligeres Aussehen gibt, wenngleich das Gebäude dadurch teurer werden mag; nicht allein, weil das runde Gemäuer mehr kostet, sondern auch weil außerhalb mehr Säulen zu stehen kommen ...« Vom Salon aus will der Prinz einen schönen Blick hin zum Spreeweg haben, und von dort soll die Partie einen angenehmen Anblick bieten. Darum werden die vor dem Salon liegenden Mistbeete beseitigt oder durch Bepflanzung verborgen, der – so Schinkel – »schönste Rasen erzeugt« und mit wenigen Baumgruppen bepflanzt, so daß der ideale *pleasure ground* entsteht. Auch zum Großen Stern hin entsteht eine Sichtschneise. So wird ein gewichtiger neuer Gartenraum geschaffen, der als Verbindung zwischen dem Park, dem Spreeweg und dem gesamten Tiergarten fungiert.[22]

Das Äußere ist zweigeteilt: Zu den Gewächshäusern hin steht eine stabile Mauer, in der eine Tür den Blick auf die Pflanzen freigibt. Zur Rasenfläche hin öffnet sich die Fassade mit sechs korinthischen Säulen und dazwischenliegenden Glastüren. Zwei Stufen erheben den Bau ein wenig über den Rasen, die Sandsteinsäulen – die direkt auf der obersten Stufe und nicht auf Plinthen stehen – tragen Architrav, Fries, Gesims und eine Kuppel, alles aus Holz und mit Zink bedeckt; auf dem Gesims stehen tönerne Palmetten. Eine runde Attika verbindet Rück- und Vorderfront, Mauer und Säulen, und sie dient als Basis der flachen Kuppel, zu der vier Stufen überleiten. Die Nähe zum römischen Pantheon ist unverkennbar, und Schinkel versteht es, die wesentlichen Bestandteile des antiken Tempels, Cellawand und Säulenumgang, mit der Attika-Trommel zu einer Einheit zu verschmelzen.

Zur Innengestaltung schreibt Schinkel: »Für ein Winterlokal muß meiner Ansicht nach darin so freundliches und heiteres Ansehn als irgend möglich ist gewonnen werden. [...] Meines Erachtens ist hier die freundliche Verzierung der bunten Arabesken im Geschmacke der Raphaelischen Logen und der pompejanischen Zimmer die einzig mögliche zur Erreichung des Zwecks.« In seiner Skizze »bildet die Kuppel ein Gewölbe von Fruchtschnüren hinter goldenem Gitterwerk, darüber der tiefe blaue Himmel.« Die durchlaufende Wand ist mit Pilastern geschmückt, die den Rhythmus der Säulen aufnehmen, in den Zwischenräumen »sind die Wände mit kleinen Borten und kleinen Vorstellungen in runder und viereckiger Form abwechselnd, alles aber in heiteren bunten Farben ausgefüllt.«[23] Die Darstellungen, ausgeführt vom Historienmaler Stürmer, der schon für die Arabesken im Konzertsaal des Schauspielhauses zuständig war, zeigen oben die Taten des Herkules, unten Frauengestalten; für den Rest ist der Dekorationsmaler Sich zuständig. Zwei weiße Kachelöfen mit Vasenaufsätzen lassen sich von außen heizen. Die Möblierung besteht aus einem Tisch und zwölf gepolsterten Stühlen aus Mahagoni, vier kleinen Diwans und einem 16-flammigen Kronleuchter.

Nicht zuletzt durch die außergewöhnliche Bereitschaft des Bauherrn, Schinkels Entwurf ohne Veränderungen zu akzeptieren, entsteht ein kleines Meisterwerk, eine von Schinkels vollkommensten Schöpfungen. Die Architektur ist von vollendeter Harmonie, die Verbindung von Säulen und schwerer Kuppelbedachung ist eine perfekte Darstellung des grundlegenden Architekturprinzips von Stütze und Last. Das Innere spiegelt vollständig das Äußere, die Gliederung der Wand entspricht der Struktur der Glastüren, Architrav und Gesims wiederholen sich ebenso wie die flache Kuppelwölbung. Es ist gewiß kein Zufall, daß dieser Entwurf parallel zu Schinkels klassizistischem Hauptwerk, dem Alten Museum, entsteht, beide Bauten atmen den Geist der klassischen Antike.

Einige Jahre später, im April 1830, ist Schinkels Kompetenz als Maler und Farbgestalter gefragt. Es geht um den sorgenerregenden Zustand des Ovalen Festsaals, der an Decke und Wänden Risse aufweist. Bei den anstehenden Untersuchungen und Reparaturen sind weitere Schäden an der Malerei zu erwarten. Der Maler Sich verpflichtet sich, Kimpfels Deckenbild mit »Psyche und Genien nebst Blumengirlanden« so zu restaurieren, »daß nichts erkennbar ist«, die Wände aber müssen gänzlich neu gestrichen werden. Schinkel weist den Prinzen darauf hin, daß es »nicht anders als eintönig und etwas fade ausfallen kann, wenn zu den Säulen von blauem Stuckmarmor auch die Wände in blauer Farbe gehalten werden, welche Tönung auch bisher bestanden und den Beifall Euerer Königlichen Hoheit mit Recht nicht gehabt hat. Es ist indes nicht ganz leicht, zu diesen Säulen eine recht harmonische Farbe zu finden ...« Schinkel empfiehlt »ein helles Chamois«, das »in mehreren Nüancen von helleren und dunkleren Tönen auf die Felder, Füllungen und Friese gebracht werden« müsse. »Man kann sich aber auch«, fährt der Architekt und Maler fort, seine doppelte Farbkompetenz voll ausspielend, »zu der blauen Säulenfarbe eine Wandfarbe schön stehend denken, die nicht Kontrastfarbe, sondern eine halbe Übergangsfarbe wäre, z.B. ein helles sanftes weißliches Grüngrau. Bei einer solchen Farbe ist man sicher, daß die Kuppelmalerei gut dagegen steht und daß die blaue Farbe der Säulen dagegen schön heraustritt.« Nach einer erneuten Ortsbesichtigung präzisiert Schinkel zur Farbwahl: »... da die Kuppel nur eine teilweise Ausbesserung erhält und die Dekoration in figürlichen Darstellungen beibehalten wird, [müssen] auch die Wände im Allgemeinen wieder in den blauen Tönen gehalten werden, jedoch wird das Blau, welches jetzt etwas ins Grünliche fällt, mehr nach einem schönen heiteren Lazurblau hin abgestimmt werden können.«[24] Am Ende aber wird dieser differenzierte Farbvorschlag doch nicht realisiert, denn das elf Jahre später erstellte Inventar beschreibt die Wände schlicht als »hellgelblich mit grauem Fries gemalt«.[25] Offenbar greift der Prinz auf Schinkels Vorschlag eines »hellen Chamois« zurück.

Zu den größeren Festen im Schloß gehört ein Diner für die Kaiserin von Rußland am 27. Mai 1829. Fünf Jahre darauf wird die Vermählung von Augusts Sohn, des Kammerherrn Eduard von Waldenburg gefeiert. Zur Feier des 25. Jahrestages der Schlacht bei Leipzig gibt August im Schloß ein großes Diner, dem alle einst beteiligten Generäle und Kommandanten beiwohnen. In der Zusammensetzung der Gäste ist dies ein eher ungewöhnliches Ereignis, denn bis 1828 lädt August eigentlich nur Mitglieder

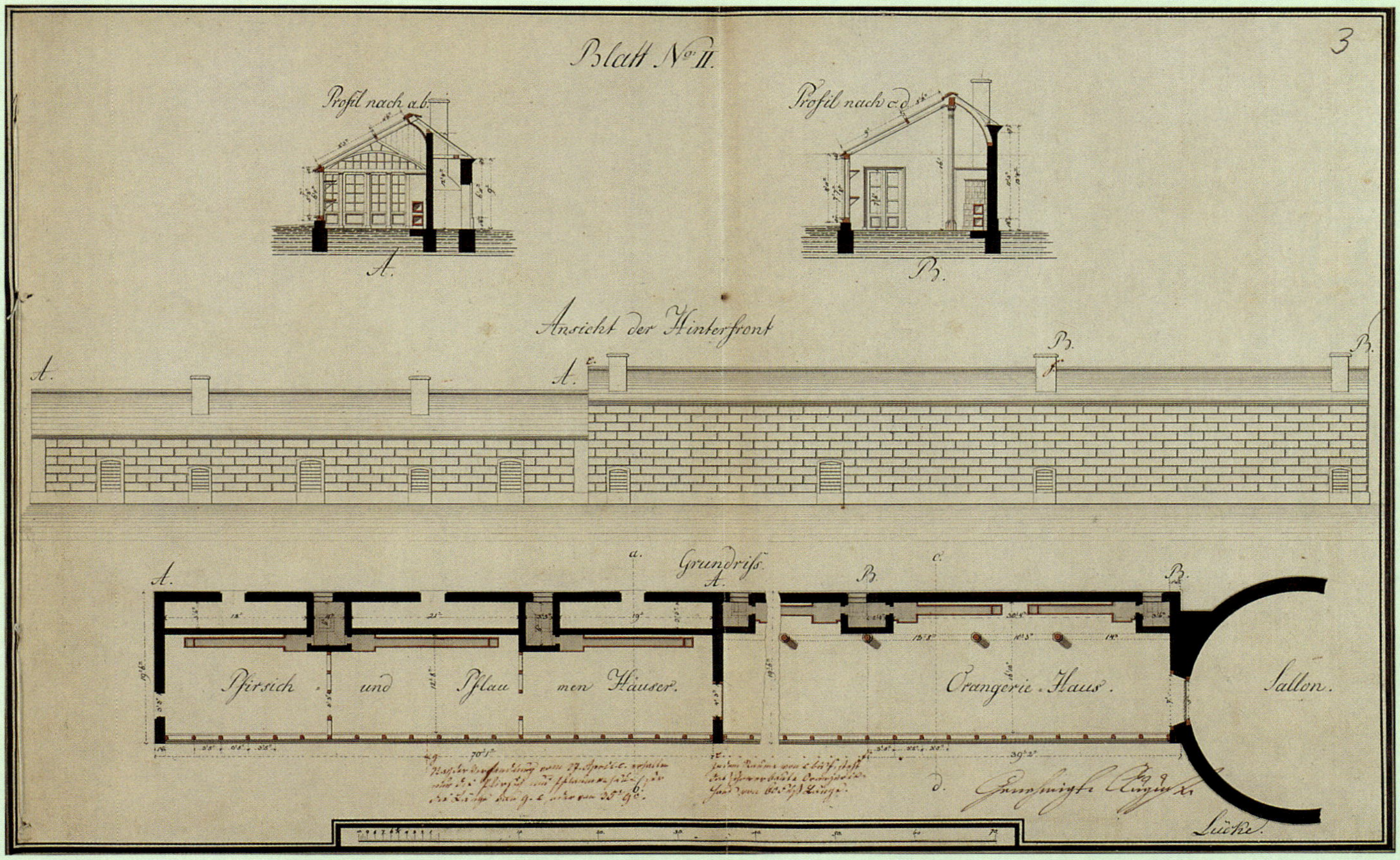

91 und 92 Lücke: Entwürfe zu Gewächshäusern. 1825

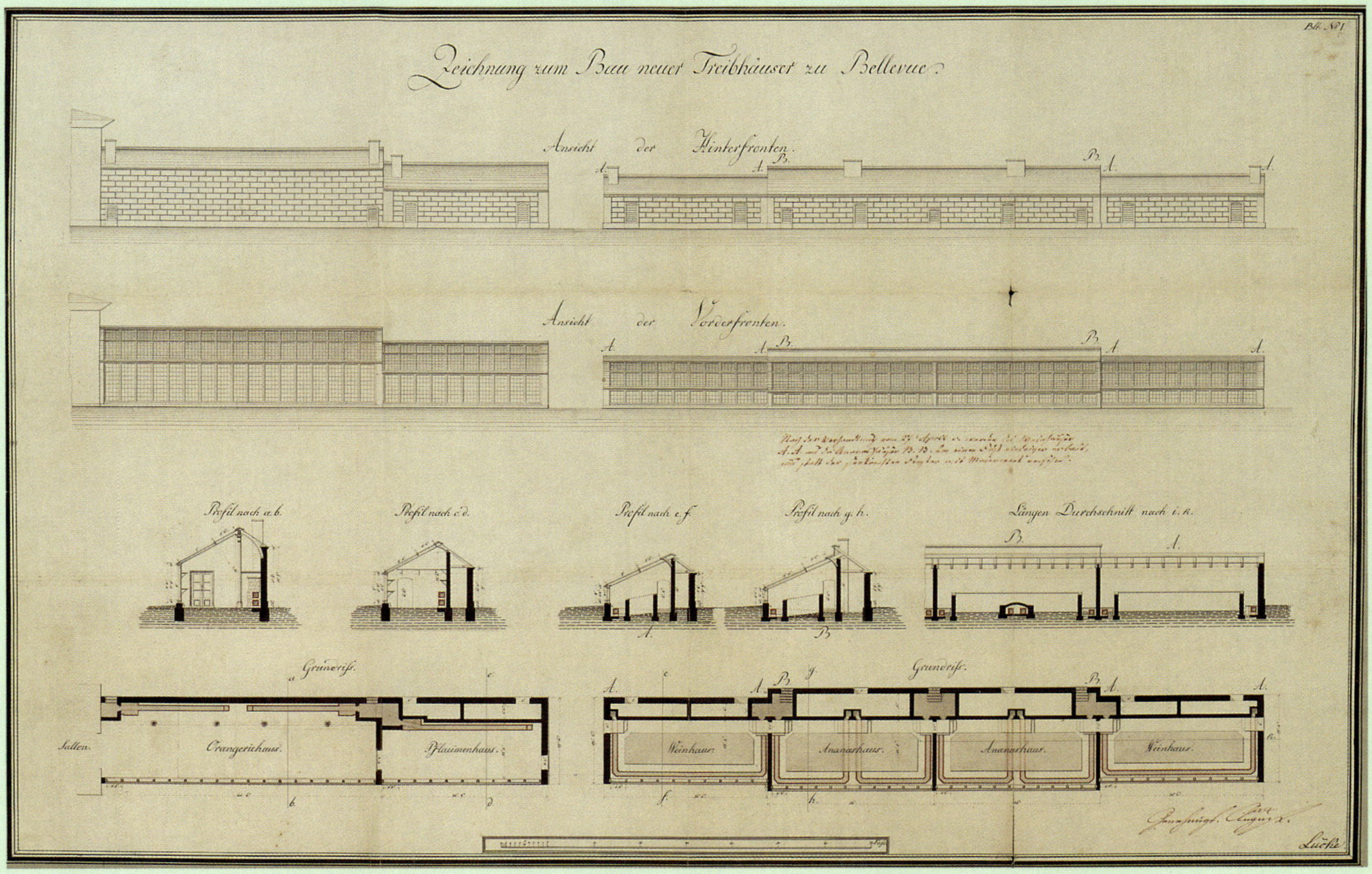

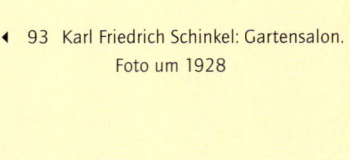

93 Karl Friedrich Schinkel: Gartensalon.
Foto um 1928

94 Karl Friedrich Schinkel: Detailskizze
zum Gartensalon

97 Karl Friedrich Schinkel: Gartensalon, Interieur.
Restaurierter Zustand, um 1928 ▶

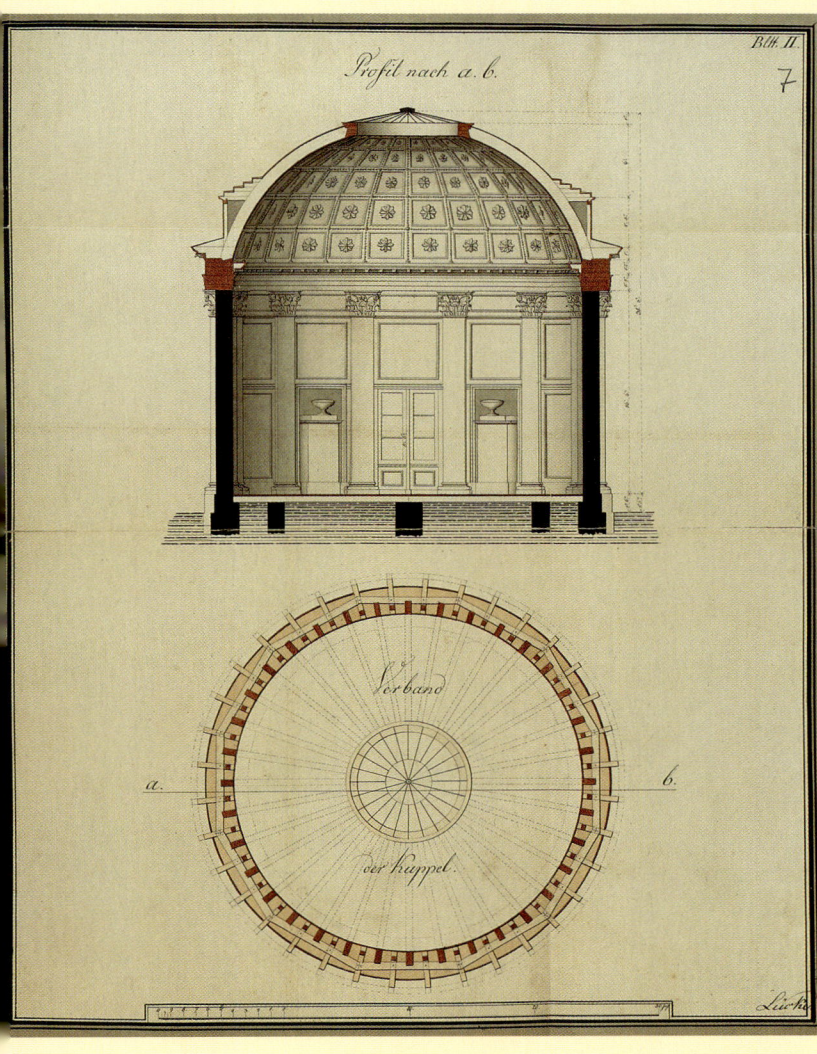

◀ ▲ 95 und 96 Schinkel/Lücke: Ausführungspläne zum Gartensalon.
Querschnitt und Wandaufriß

98 Karl Friedrich Schinkel: Gartensalon.
Orangengebinde, Detail aus der Kuppelbemalung ▶

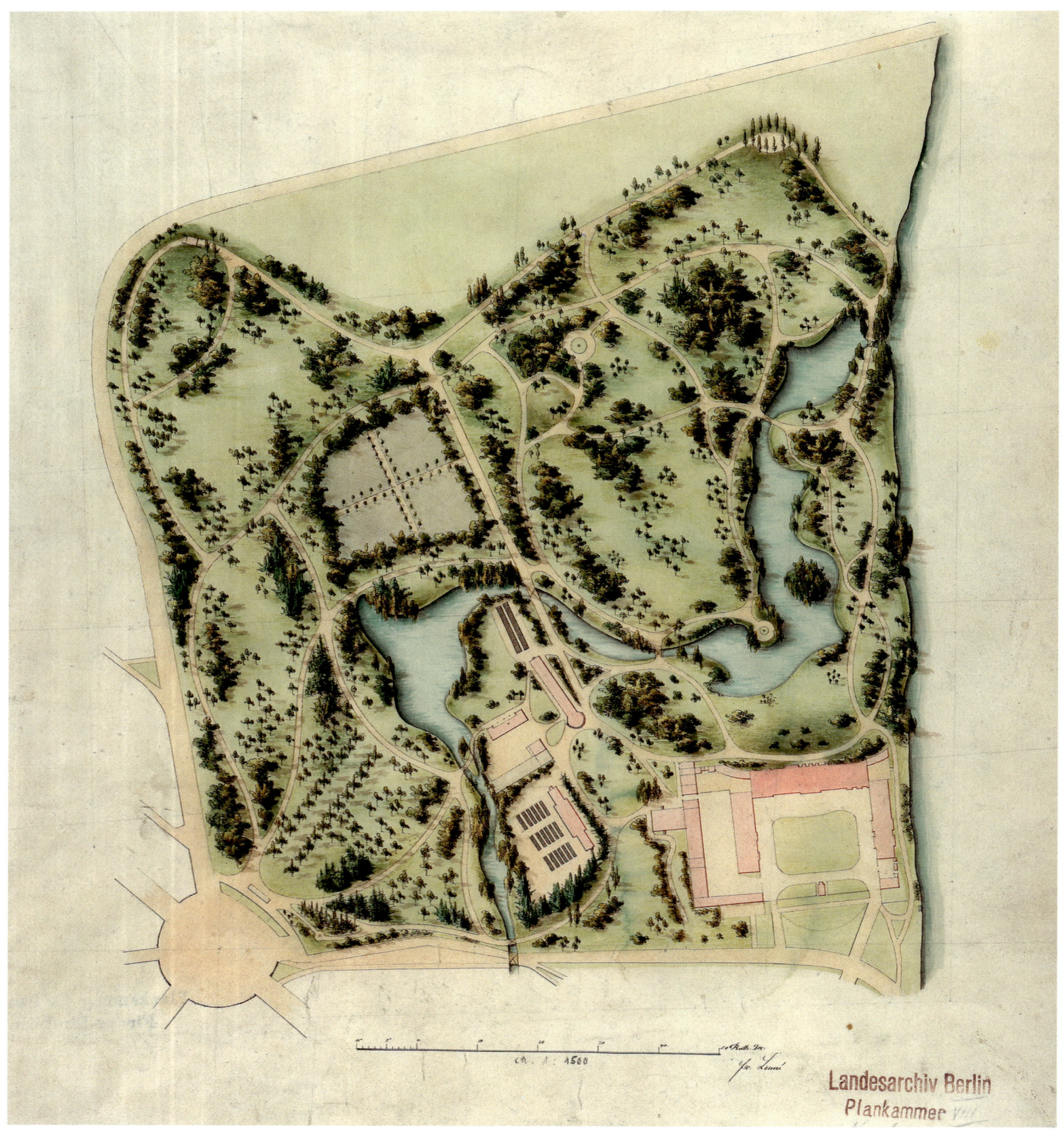

100 Eduard Gaertner: Schloß Bellevue, Gartenseite. Öl auf Leinwand, 1848

des Hof- und Militäradels zu sich, danach erscheinen ganz vereinzelt auch Bürgerliche, wie der Oberfinanzrat Beuth. Gelegentlich ist der Baron Alexander von Humboldt zu Gast, sowohl als Vertreter der Wissenschaft als auch in seiner Eigenschaft als Kammerherr. 1830 kommen die Professoren Hegel und Dr. Klenze sowie Sir Lytton-Bulwer, der britische Politiker und Verfasser sentimentaler Verbrecher- und Schauerromane. Zu den gekrönten Gästen zählen die Kaiserin von Rußland sowie Karl X. von Frankreich, der 1832 zum Frühstück geladen ist. Eine ausgedehnte Form des Frühstücks, das bei der ganzen Familie beliebte Déjeuner dînatoires – es ist wohl das, was wir heute Brunch nennen – wird gern im Schinkel-Salon serviert. Dazu versammelt der Prinz bis zu 35 Gäste, die sich an seiner weithin berühmten Küche ebenso wie an dem schönen Blick erfreuen, der sich durch die Glastüren des Gartensalons in das blühende Gewächshaus und in den Park darbietet. Bei einem solchen Déjeuner ist gelegentlich auch das Königspaar zu Gast.[26]

Der Meiereibetrieb wird 1819 endgültig eingestellt und das Inventar zusammen mit den Kühen versteigert. August will das leere Haus zunächst zu Kavalierswohnungen ausbauen, gibt aber den Plan als zu kostspielig auf und läßt bescheidene Tagelöhnerwohnungen einrichten. Später woh-

nen in der Meierei die Gärtnerlehrlinge, und der im Hof liegende Hundezwinger wird zur »Kleinen Meierei« ausgebaut. Den Kavalierstall am Spreeweg will August zunächst zu Sommerwohnungen umbauen und vermieten, aber auch das ist ihm zu kostpielig, und so wird er abgebrochen und der freigewordene Platz bepflanzt.[27] Auch für den Küchengarten gibt es nach vielen Jahren intensiver Pflege neue Überlegungen: August ist mit dem geringen Ertrag nicht zufrieden und will ihn zum größten Teil verpachten. Es findet sich aber kein Pächter, und so läßt er den Nutzgarten 1831 eingehen, sogar die Ananastreiberei wird zum größten Teil eingestellt.

In den 1830er Jahren beschäftigt sich der Prinz mit mehreren Plänen Peter Joseph Lennés zur Umgestaltung des Parks. Ein Entwurf von 1836 sieht eine völlig neue Gewässeranlage vor: Der Teich in der südwestlichen Ecke soll trockengelegt, dafür der Abzugskanal am Küchengarten in einen dreieckigen Teich hinein verbreitert und dieser mit weiteren Gewässern verbunden werden, die sich bis zur Spreeausbuchtung durch den gesamten Park erstrecken. Keiner der Pläne wird ausgeführt. Es fällt immerhin auf, daß Lenné die vom Großen Stern quer durch den Park bis zur Eisgrube führende Sichtachse nur im ersten Entwurf beibehält, in den folgenden Plänen endet sie am Küchengarten, den Lenné ganz auflösen will. Tatsächlich wird diese Sichtachse, die die Erinnerung an die barocke Grundgestalt des Tiergartens wachhält, erst mit der Neuordnung Hermann Geitners kurz vor 1880 endgültig aufgegeben.

◄ 99 Peter Joseph Lenné: Plan zur Umgestaltung des Parks Bellevue. 1836

Friedrich Wilhelm IV.

Als Prinz August den sechzigsten Geburtstag auf sich zukommen sieht, befaßt er sich näher mit der Frage, was mit Bellevue nach seinem Tod geschehen wird. Legitime Erben hat er nicht, im Sinne des Hofes gilt er als kinderlos. Von seinen neun Kindern aus den beiden Ehen »zur linken Hand« wäre wohl keines in der Lage, das Schloß zu unterhalten und die Miterben zu entschädigen. August denkt schon an den Verkauf etwa an einen Privatmann, der das Grundstück parzellieren oder darauf ein Fabrikgebäude errichten könnte, als Friedrich Wilhelm IV. ihn von den Sorgen befreit: Kaum hat der neue König 1840 das Zepter übernommen, teilt er dem Prinzen August durch den Hausminister Fürst Wittgenstein mit, daß er Schloß und Park Bellevue nach Augusts Tod für die Krone erwerben wird. Diese Nachricht ist um so willkommener, als sie auch endgültig die Situation des dreieckförmigen Geländes am Großen Stern klärt, das bei einem Verkauf des Bellevue-Geländes an eine Privatperson an den Tiergarten zurückgefallen wäre – das war damals die Bedingung für die Überlassung der Partie an Prinz Ferdinand.

Nach langwierigen Verhandlungen genehmigt Friedrich Wilhelm IV. schließlich durch Kabinettsorder vom 16. März 1842 den Ankauf des Lustschlosses Bellevue für die Summe von 156.000 Talern. Nur eine Büste der Prinzessin Ferdinand und die Kanone sind – neben den auf dem Grundstück befindlichen Inventarien – vom Verkauf ausgeschlossen. Der Nießbrauch bleibt beim Prinzen auf Lebenszeit. Die Zahlung der Kaufsumme soll sogleich nach Augusts Tod an die von ihm bestimmten Erben erfolgen.[28] Der Besitz wird nicht für das Hausfidei-, sondern als unveräußerliches Gut für das Kronfideikommiß erworben, also nicht für den König persönlich, sondern für den durch die Krone repräsentierten Staat. In dieser neuen Konstellation wird das Schloß nicht mehr in erster Linie aus der Privatschatulle des Besitzers unterhalten, vielmehr gehen die Aufwendungen einschließlich der Personalkosten an das Königliche Hofmarschallamt und an die Garten-Intendantur. – Schon im Jahr nach dieser Vereinbarung, am 19. Juli 1843, stirbt Prinz August im ostpreußischen Bromberg. Unter dem Donner der Kanonen und dem Krachen der Ehrensalven der Infanterie wird der Leichnam neben den Särgen der Eltern und Brüder im Berliner Dom beigesetzt. Das große Vermögen des Prinzen erben zu gleichen Teilen die neun Kinder; Gérards Bildnis der Madame Récamier geht zurück an die ferne Geliebte.

Nach knapp sechs Jahrzehnten kontinuierlicher prinzlich-privater Nutzung tritt Bellevue unter Friedrich Wilhelm IV. in eine neue Phase ein: Das Schloß wird nun mehr und mehr geprägt durch häufig wechselnde Bewohner und Zwecke. In der ersten Zeit nach der Übernahme durch den König wird Bellevue vom Hofe nicht genutzt. Es leben dort nur einige Personen aus dem Hofstaat des Prinzen August, wie die Kammerfrau der Prinzessin Ferdinand, der Prediger Molière und Professor Wolff, der Lehrer des Prinzen.[29] Der König bewohnt das Schloß erst ab 1847 für längere Zeit. Wie es Tradition ist, nutzt er die Räume im Erdgeschoß auf der linken Seite bis zum Gartensalon, während die Königin oben logiert. Die Seitenflügel werden weiterhin Mitgliedern des Hofstaats und nahestehenden Persönlichkeiten zum Sommeraufenthalt überlassen, Verwandte der königlichen Familie residieren dort auch im Winter, einige von ihnen im Hauptgebäude. Zu den Bewohnern zählen Fürst Wittgenstein, der Wirkliche Geheime Rat Graf von Ingenheim mit seiner Gemahlin, der englische Professor Birch mit Familie, der Fürst und die Fürstin Czartoryski, eine geborene Prinzessin Radziwill, die Großfürstin Helene von Rußland mit ihrer Tochter, der Großfürstin Catharina, die Prinzessin Paula von Württemberg, sowie die verwitwete Herzogin von Nassau mit ihrem großen Hofstaat. 1849 wird der Prinzessin Luise, der Tochter des Prinzen Carl von Preußen und Nichte des Königs, das obere Stockwerk überlassen, 1850 hat auch der Prinz von Preußen dort seine Wohnung. Ferner erhalten verschiedene Herren aus dem Hauptquartier des Königs Unterkunft, Majore, Generäle, Oberste und Adjutanten. Bellevue wird sogar Depot für umfangreiche Sammelbestände. So kann der Wirkliche Geheime Rat von Raumer im Spreeflügel für zweieinhalb Jahre seine Bibliothek aufstellen, und die gleiche Erlaubnis erhält der Kabinettsrat Niebuhr, der Sohn des berühmten Historikers. Der Kammerherr Graf von Kalckreuth beläßt seine Bücherei 14 Jahre im Schloß. Die große Karten- und Plansammlung des Generals von Scharnhorst, des Sohnes des berühmten Reorganisators der preußischen Armee, wird nach seinem Tod in zwei Räumen des Spreeflügels geordnet, bevor sie aus Staatsmitteln angekauft und dann mit der Königlichen Bibliothek vereinigt wird.

Die Sensation des Winters von 1844–1845 ist eine vom König im Garten einge-

101 Franz Krüger: Friedrich Wilhelm IV. in seinem Arbeitskabinett im Berliner Schloß. 1846

102 Eduard Gaertner:
Schloß Bellevue, Hofseite.
Aquarell, 1847

richtete russische Rutscheisbahn. Vorbild ist eine Anlage, die einige Jahre zuvor im Park des Prinzen Albrecht aufgestellt war. Die vier Eisbahnen verlaufen auf der Allee, die von der Terrasse am Schloß in gerader Linie bis zur Spree reicht. Ist die Spree zugefroren, wird die Rutschpartie auf dem Fluß verlängert bis zur Bahn, die bei den Zelten nach Moabit hinübergeht. Die Rutschbahn steht allen bei Hofe vorgestellten Personen zur täglichen Benutzung offen, und für die notwendigen Dienstleistungen werden sogar Pioniere abkommandiert. Eine besondere Bereicherung sind die Schlitten aus früheren Zeiten, so stammen zwei aufwendig verzierte Exemplare aus der Epoche Friedrichs I. Die Eisbahn ist allerdings kein billiges Vergnügen: Im ersten Jahr kosten Aufstellung und Unterhalt 3.500 Taler. Dennoch wird das Gerüst in den folgenden Jahren immer wieder hergerichtet, noch 1879 sind die zur Rutschbahn nötigen Requisten vorhanden.[30] Der breiten Öffentlichkeit ist das Betreten und Befahren der Eisbahnen zwar untersagt, doch der Garten ist nun ganztägig für das allgemeine Publikum geöffnet.

Die Unruhen des Revolutionsjahres 1848 gehen am Schloß Bellevue nicht spurlos vorüber. Auch wegen der Nähe zur Arbeiterbevölkerung in Moabit wird zum Schutz des Schlosses im November eine Kompanie abgestellt. Die Soldaten, fünf Offiziere und 200 Mann, werden im Erdgeschoß auf der rechten Seite des Hauptbaus am Ehrenhof untergebracht. Da für die Versorgung der Soldaten das Nötige im Schloß nicht vorhanden ist, helfen der Wirt der Tiergartenzelte und der Inhaber der Badeanstalt am Unterbaum mit Tafelzeug, Geschirr, Tischen, Stühlen und anderem aus. Im April 1849 wird die Besatzung auf 100 Mann, im November auf 50 reduziert, Anfang 1851 sind alle Soldaten abgezogen.[31]

Das herausragende Ereignis im Schloß Bellevue während der Regierungszeit Friedrich Wilhelms IV. ist die Einrichtung der Vaterländischen Galerie. Die Gemäldesammlung ist das erste Museum zeitgenössischer Kunst in Preußen, und sie ist ein wichtiger Schritt auf dem Weg zur Gründung der Nationalgalerie.[32] Nach der Eröffnung des von Schinkel 1824–1830 erbauten Museums am Lustgarten, das den Alten Meistern vorbehalten ist, gibt es von privater Seite mehrere Vorstöße für die Einrichtung einer ständigen Ausstellung zeitgenössischer Kunst, die jedoch zunächst im Sande verlaufen. Auch die Pläne Friedrich Wilhelms III., die vom Bellevue-Architekten Boumann entworfenen, aber noch unvollendeten Flügelbauten am Potsdamer Marmorpalais, die von Ludwig Persius, Friedrich August Stüler und Ludwig Ferdinand Hesse 1843–1845 fertiggestellt werden, für die Präsentation von Werken zeitgenössischer Kunst herzurichten, kommen nicht zum Tragen.

Ein gewisser Druck entsteht von außen, als 1843 sowohl in Dresden als auch in München die öffentlichen Sammlungen der Gegenwartskunst auf den Weg gebracht werden. Auch in Berlin gibt es von privater Seite entsprechende Aktivitäten. An der Ostseite des Exerzierplatzes im Spreebogen vor dem Brandenburger Tor entsteht mit dem Palais des Grafen Athanasius Raczynski ein Ort der Gegenwartskunst: Im Obergeschoß ist die Gemäldesammlung des Grafen ausgestellt; neben jener des Konsuls Wagener ist dies die bedeutendste Berliner Privatsammlung zeitgenössischer Malerei, die der Öffentlichkeit täglich zugänglich ist. Dem Raczynski-Palais gegenüber, auf der Westseite des Exerzierplatzes, wird zur selben Zeit das Kroll'sche Etablissement errichtet, ein Theater-, Vergnügungs- und Restau-

103 Ludwig Eduard Lütke: Die Eisrutschbahn bei Schloß Bellevue.
Lithographie, um 1845

104 Friedrich August Calau: Eisläufer auf der Spree hinter den Zelten.
Radierung, um 1820

105 Carl Friedrich Lessing: Hussitenpredigt.
Öl auf Leinwand, 1836

106 Julius Hübner: Der Fischerknabe und die Nixe.
Öl auf Leinwand, 1827/28

107 Johann Carl Schulz: Marienburg, Mittelschloß.
Öl auf Leinwand, 1842

108 Caspar David Friedrich: Der Mönch am Meer. Öl auf Leinwand, 1809/10

rationslokal, das nach dem Willen Friedrich Wilhelms IV. »dem gebildeten Publikum Berlins einen Erholungsort bieten soll.« Die Sandwüste des Exerzierplatzes zwischen den beiden Häusern wird von Lenné in eine ansprechende Promenade verwandelt, die sich zu einem populären Treffpunkt der Berliner entwickelt.

Dieses Areal liegt nicht weit entfernt von Bellevue, und als das Schloß 1843 mit dem Tod des Prinzen August in den Verfügungsbereich des Königs fällt, mag der Gedanke entstanden sein, das gesamte Areal vom Palais Raczynski bis zum Bellevue als einen Ort des Vergnügens und der Kunst zu etablieren. Tatsächlich beschließt der König, im Schloß eine »vaterländische«, d.h. nationale Galerie einzurichten. Am 21. September 1844 gibt das Hofmarschallamt in den Berliner Zeitungen bekannt: »Auf Allerhöchsten Befehl Seiner Majestät des Königs ist der größte Teil der im Allerhöchsten Besitz befindlichen Ölgemälde neuerer Zeit, mit wenigen Ausnahmen Werke vaterländischer Künstler, in dem Königlichen Lustschlosse Bellevue zu einer abgesonderten Galerie zusammengestellt worden.« Die Galerie wird im Erdgeschoß auf der linken Seite eingerichtet; der Zutritt wird zunächst bis Ende Oktober an jedem Dienstag und Freitag von 10 bis 13 Uhr und von 14 bis 18 Uhr gewährt und soll in Zukunft jeden Sommer von Anfang Mai bis Ende Oktober zu diesen Zeiten gestattet sein. Wenn der König in Bellevue arbeitet und Vorträge entgegennimmt, bleibt die Galerie vormittags geschlossen.

Die Gemälde kommen aus mehreren königlichen Schlössern, insbesondere aus dem gelben Speisesaal im Palais Friedrich Wilhelms III. Unter den Linden, aus den Wohnräumen der Königin Friederike von Hannover, der Schwester Königin Luises, im Berliner Schloß, und aus Zimmern neben dem Theater im zweiten Stock des Neuen Palais. Die in den verschiedenen Sälen und Zimmern von Bellevue vorhandenen englischen Kupferstiche werden anderweitig in den Schloßräumen untergebracht. Ein 1856 von Max Schasler publizierter Führer durch die Berliner Kunstsammlungen führt 128 Werke auf, es ist eine vergleichsweise bescheidene Auswahl aus dem königlichen Besitz.[33] Was für die heutigen Museen der Gegenwartskunst gilt, trifft bereits auf die Vaterländische Galerie zu: Die Werke werden gelegentlich ausgetauscht, Neues kommt hinzu; auch der königliche Besitzer will seine jüngsten Erwerbungen vorstellen. Ein fester Kanon der »besten Werke« existiert nicht. Etwa die Hälfte der Gemälde wurde bereits von Friedrich Wilhelm III. angekauft, die andere Hälfte erwirbt Friedrich Wilhelm IV., der die größte Zahl der Ankäufe in der Zeit der Vorbereitung für die Galerie tätigt. Die Sammlung besteht vorwiegend aus Werken preußischer, eben »vaterländischer« Künstler, insbesondere der Berliner und der Düsseldorfer Schule, darunter J. P. Hasenclever, C. F. Lessing, W. Schadow und K. Sohn. Werke ausländischer Künstler, oder auch solche der Münchener Schule, gibt es kaum, dies ist ein auffallender Gegensatz zu den Sammlungen Raczynski und Wagener.

Entsprechend den architektonischen Interessen des Königs besteht ein großer Teil der Sammlung aus Veduten und Architekturbildern; die Gemälde stammen von W. Ahlborn, E. Gaertner, W. Brücke, J. H. Hintze und K. F. Schinkel. Unter den Landschaftsmalern sind C. D. Friedrich, F. L. Catel, K. Blechen und J. Ph. Hackert die herausragenden Meister. Ungefähr ein Drittel der Bestände gehört zur Historienmalerei, ein großer Teil davon mit religiösen Erbauungsthemen. Genremalerei ist nur geringfügig, das Porträt gar nicht vertreten. Die Hängung zeigt keine durchgehende Struktur; während etwa Raczynski seine Bestände nach Schulen gliedert, gibt es im Bellevue eine vage Zuordnung nach Themen. Den Auftakt bildet das Vorzimmer mit drei Werken Caspar David Friedrichs, im folgenden »Grünen Saal«[34] hängen vor allem biblische Themen, im dritten Raum, dem »Blauen Saal«, vornehmlich Historienbilder. Das anschließende rote Zimmer zeigt ausschließlich Architekturveduten, im kleinen und großen Bibliothekszimmer sowie im Gartensaal hängen hauptsächlich Landschaften. Im weißen Zimmer, im grün getäfelten Zimmer und im ehemaligen Schlafzimmer sieht der Besucher wieder Architekturbilder und Veduten. Kein Saal ist auf nur ein Thema beschränkt.

Die Vaterländische Galerie präsentiert sich als »ein seltsames Zwitterwesen zwischen privater Schloßgalerie und öffentlichem Museum«.[35] Den Beginn der insbesondere von den Künstlern ersehnten »National-Gallerie« stellt die Vaterländische nicht dar. Deren Gründung geht andere Wege, gewissermaßen um Bellevue und den König herum. Einen ersten Anlauf unternimmt Evelyne von Waldenburg, die erstgeborene Tochter des Prinzen August und Ehrenmitglied der Akademie der Künste. Die sicher vom Vater geerbte Sammlung, die später der Schwester Mathilde gehört und in der Akademie der Künste besichtigt werden kann, besteht, wie es in Schaslers Berlin-Führer heißt, »aus einigen älteren Gemälden der niederländischen und italienischen Schulen, größtentheils aber aus modernen Gemälden, namentlich aus der düsseldorfer Schule sowie von französischen Meistern.« Zu den Künstlern zählen Perugino, Rubens, H. Vernet, W. Schirmer, A. W. Rottmann, W. von Schadow und C. Ahlborn. Speziell erwähnt wird Franz Krügers Reiterporträt des Prinzen August.[36] Evelyne übergibt ihre Kunstsammlung testamentarisch der Akademie, die damit eine Nationalgalerie einleiten soll; doch diese Pläne verlaufen im Sande. Erfolgreicher ist der Konsul Wagener, der seine Sammlung dem König vermacht. Der Tag der Eröffnung der Wagenerschen Sammlung in den Räumen der Akademie der Künste, der 22. März 1861, gilt seither als die Geburtsstunde der Nationalgalerie.

Als der Herzog Wilhelm von Mecklenburg mit seiner Gemahlin 1865 das Schloß Bellevue bezieht, wird die Vaterländische Galerie geschlossen, und die Bestände gehen wieder in den königlichen Privatgemächern auf. Die meisten Werke werden in das Stadtschloß überführt. Die größeren Bilder kommen in den Sternsaal, andere in die ehemaligen Wohnräume Friedrich Wilhelms IV., die als die Kammern der Königin Elisabeth zu jener Zeit neu eingerichtet werden. Als Kaiser Wilhelm I. die Nationalgalerie schließ-

lich 1876 auf der Museumsinsel eröffnet, befinden sich in der Sammlung etwa 17 bis 20 Werke aus königlichem Besitz, fünf davon gehörten zuvor zur Vaterländischen Galerie, darunter Blechens »Ansicht von Tivoli« und Lessings »Hussitenpredigt«. Die restlichen Bellevue-Gemälde befinden sich – sofern sie nicht zu den Kriegsverlusten gehören – größtenteils weiterhin im Schlösserbesitz. Der Streit darüber, ob Gemälde aus königlichen Sammlungen als »herausragendes nationales Kunstgut« nicht in die Obhut der Staatlichen Museen gehören, setzt sich bis in die Gegenwart fort und betrifft auch zwei der bedeutendsten Werke Caspar David Friedrichs, »Der Mönch am Meer« und »Abtei im Eichwald«. Beide Gemälde wurden auf Wunsch des fünfzehnjährigen Kronprinzen Friedrich Wilhelm 1810 vom König erworben, hingen dann im königlichen Palais Unter den Linden und im Potsdamer Neuen Palais, bis sie als Teil der Vaterländischen Galerie ins Schloß Bellevue gelangten. Später sah man sie im Wohnzimmer der Königin Elisabeth im Berliner Schloß, nach dem Zweiten Weltkrieg wurden sie im Schinkel-Pavillon des Charlottenburger Schlosses verwahrt. Heute hängen die beiden Gemälde infolge eines *gentlemen's agreement* zwischen den Staatlichen Museen und der Schlösser-Stiftung in der Nationalgalerie auf der Museumsinsel.

Wilhelm I., Wilhelm II.

Unter Wilhelm I., dem Nachfolger Friedrich Wilhelms IV., der im Januar 1861 im Schloß Sanssouci stirbt, wird Bellevue zunächst weiterhin als Sommerwohnung für höhere Offiziere aus dem Hauptquartier und aus der Umgebung des Königs zur Verfügung gestellt. Erst 1865 erhält das Schloß mit dem in Berlin vorübergehend militärisch beschäftigten Herzog Wilhelm von Mecklenburg-Schwerin und seiner Gemahlin Alexandrine wieder für eine Reihe von Jahren eine fürstliche Hofhaltung. Das junge Ehepaar ist eng mit dem preußischen Königshaus verwandt, Wilhelm I. ist der Onkel sowohl der Braut als auch des Bräutigams. »Da gab es im Schlosse wieder ein reges Leben, die junge Herzogin war von einem glänzenden Kreise umgeben und alles blickte erfreut auf, wenn ihr prächtiges Gefährt mit den bunten Dienern und den reichbekränzten Falben aus der Bellevue-Allee zum Frühjahrskorso einbog.«[37] Die Wohnung Friedrich Wilhelms IV., die zunächst in dem Zustand verbleibt, in dem der König sie verließ, wird bald von der Mecklenburger Hofhaltung belegt und dafür vollkommen neu eingerichtet; die alte Ausstattung kommt nach Monbijou. Der König kümmert sich persönlich um alle Details und markiert mit Randbemerkungen an eingereichten Berichten, ob die Möbel im Salon der Prinzessin von Seide sein und die Fußböden mit Teppich belegt oder parkettiert werden sollen. Nun leben mehr als einhundert Personen im Schloß; zeitweise zählen dazu auch die häufig zu Besuch weilende Mutter des Großherzogs, die Schwester des Königs und andere Verwandte. Ein Teil des Gartens ist in dieser Zeit für das

109 Denkmal für Prinz August in der Schlacht bei Kulm 1814. Foto um 1900

Publikum gesperrt. Nach dem Auszug des Mecklenburger Hofes vergibt der König wieder Sommerwohnungen, vor allem an Beamte der Hofverwaltung. Kronprinz Friedrich Wilhelm, der spätere Kaiser Friedrich III., nutzt Bellevue seit 1881 als Stadtquartier. – Vor dem Schloß wird der Spreeweg mit Gaslaternen ausgestattet, und der von Friedrich Wilhelm IV. ausgebesserte hölzerne Zaun am Aha wird durch ein eisernes Gitter ersetzt.

Die Versammlung der Denkmäler im Park erfährt zwei Neuzugänge. Zum 50. Jahrestag der Völkerschlacht bei Leipzig und zur Erinnerung an ihren Vater, den Prinzen August, bittet die Ehrenstiftsdame Mathilde von Waldenburg um die Erlaubnis, eine Bronzebüste des Prinzen aufstellen zu dürfen. Den gewählten Ort, neben der Beutekanone »Le Drôle« im Ehrenhof, genehmigt der König nicht, aber im Rosengarten darf sie die Büste auf einem hohen Postament errichten. Fünf Jahre später gestattet der König dem Fräulein von Waldenburg die Aufstellung eines zweiten Monuments, das die Heldentat des Prinzen in der Schlacht von Kulm in Erinnerung ruft.[38] Die Stiftsdame richtet das von ihr selbst entworfene Denkmal an einem der schönsten Plätze des Parks ein, auf dem Rasenplatz am Großen Stern, der zu der alten Sichtachse gehört, die von der Hofjägerallee zum Eiskellerhügel führt.

Zu den farbenprächtigsten Ereignissen im Schloß Bellevue gehören die Hochzeitszeremonien. Bereits 1854 zieht die Prinzessin Maria Anna von Anhalt-Dessau, die Gemahlin des Prinzen Friedrich Karl von Preußen, von Bellevue aus in Berlin ein, wo im Stadtschloß die Vermählungsfeierlichkei-

110 Ausfahrt der Kronprinzessin Cecilie aus Bellevue auf dem Weg zum Berliner Schloß. Foto von Louis Held, 1905. Im Hintergrund ist das Proviantmagazin des Heeres auf der Moabiter Spreeseite sichtbar.

ten stattfinden. Am 8. Februar 1858 begrüßt der schon umschattete König Friedrich Wilhelm IV. im Schloß die junge Gattin seines Neffen, des späteren Kaisers Friedrich, vor ihrem Einzug in Berlin. Das Paar hat zuvor in London geheiratet und ist nun auf dem Weg zum Stadtschloß. 1873 hält die Prinzessin Maria von Sachsen-Altenburg, die Braut des Prinzen Albrecht von Preußen, ihren feierlichen Einzug: Von Bellevue aus geht es ins Berliner Schloß, wo der prinzliche Gemahl sie bereits erwartet. Die Prozession wiederholt sich bei der 1889 begangenen Hochzeit des Prinzen Friedrich Leopold mit der Prinzessin Luise von Schleswig-Holstein, der Schwester der Kaiserin. Das letzte derartige Zeremoniell des Kaiserhauses erfolgt 1905 bei der Vermählung des Kronprinzen mit der Herzogin Cecilie von Mecklenburg-Schwerin.

Besonders opulent geht es 1881 anläßlich der Hochzeit des Thronfolgers zu, des späteren Kaisers Wilhelm II. Während der aufwendig inszenierten Hoffestlichkeiten residiert das Brautpaar in Bellevue. Bei ihrer Ankunft wird die Braut, Auguste Viktoria von Schleswig-Holstein-Sonderburg-Augustenburg, bereits von ihrer Mutter und der Kaiserfamilie erwartet; abends gibt es ein Souper, an dem allerdings das Regentenpaar nicht teilnimmt. Am nächsten Tag, es ist der 26. Februar, hält die Braut mit allem Pomp des jungen Kaiserreiches ihren Einzug in Berlin. Entlang der Bellevue-Allee geht es über den Kleinen Stern durch das Brandenburger Tor und die Linden hinunter zum Stadtschloß. Ein Beobachter erinnert sich an die Szene vor Bellevue: »Da flutete die Menschenmenge über alle Wege und Pfade hin bis zu dem Gitter des sonst so verlassenen Schlosses, an dessen Portal die über und über mit goldenen Schnörkeln bedeckte Brautkutsche hielt. Wie ging es da in raschem Zuge die lange Allee hinunter, während das Volk kaum Zeit fand, ob all dieser Pracht einen Blick auf den kostbaren Wagen zu werfen, hinter dessen mächtigen Krystallscheiben neben der Mutter des Bräutigams das liebliche Antlitz der Prinzessin Victoria sichtbar wurde. Das war ein Jagen und Knallen, eine Lust und ein Jubel! Und nun ist alles wieder stille geworden; aber die Erinnerung an diesen Tag hat sich noch nicht verloren. In dem größten der Säle des Erdgeschosses stehen noch die kostbaren Meißener Vasen, das Hochzeitsgebinde des Königs von Sachsen, die prächtige Uhr des Großherzogs von Baden, die seltensten Erzeugnisse der schlesischen Glasindustrie, eine von dem Prinzen Alexander dargebrachte alte herrliche Truhe, das kostbare Linnen der Frauen Schleswig-Holsteins und viele andere werthvolle Gaben.«[39] Später gelangt der größte Teil der Hochzeitsgeschenke in das Stadtschloß und das Potsdamer Marmorpalais, das dem Paar bis 1904 als Sommersitz dient. Überlegungen, Bellevue als Schloß für das Kronprinzenpaar einzurichten, werden der zu erwartenden hohen Kosten wegen eingestellt.

Doch solche Feierlichkeiten sind die Ausnahme, im Grunde weiß man nicht so recht, was mit Bellevue anzufangen ist. »Der stattliche offene Hof, auf dem in alten Zeiten reichgeschirrte Karossen sich drängten, heute liegt er verlassen da«, klagt ein Besucher 1887, »Gras schießt aus den Fugen des holprigen Pflasters hervor und deutet, wie die vernachlässigte Erscheinung des ganzen Palastes, darauf hin, daß das rührige Treiben des Hofes, das Lebenselement solcher Mauern, seit langem von dieser Stätte gewichen ist.«[40] Feiern können die Szenerie nur kurzfristig beleben, so bei einem Sommerfest des Kronprinzen Friedrich für die jüngeren Prinzessinnen: »... in ungebundener Lust flogen die kleinen Hoheiten über das glatte Parquet des großen Tanzsaales, bis der milde Abend Alles ins Freie trieb, in den schönen, großen, schattigen Park ...«[41] Bereits seit Beginn der siebziger Jahre vereinigt sich die Kronprinzenfamilie alljährlich zu Ostern mit den Kindern und deren Freunden im Bellevue-Park zum Eiersuchen. Besonders bevorzugte Personen, wie der Generalfeldmarschall Graf Moltke, erhalten

111 W. Geißler: Kaiserin Augusta im Park Bellevue.
1888

91

112 Franz Alexander Borchel:
Bellevue-Park mit dem alten
Treidelweg, vor der Errichtung
des eisernen Gitterzaunes.
Um 1860

dazu Einladungen und beteiligen sich an dem Kindervergnügen; in den oberen Räumen des Schlosses trinkt man danach Schokolade.

Die Kaiserin Augusta, Gemahlin Wilhelms I. und »würdigste Pflegerin der Überlieferungen des Hohenzollernhauses«, ist seit Anfang der achtziger Jahre eine eifrige Besucherin und Förderin des Parks. Während der Wintermonate und im Frühjahr pflegt sie den Park täglich um die Mittagsstunde zu besuchen. Um der gebrechlichen Dame auch an kalten Wintertagen eine geschützte Promenade zu bieten, legt der Tiergarteninspektor Hermann Geitner für sie einen mit Koniferen bepflanzten Weg an, der sich in Windungen von der Meierei in Richtung Brücken-Allee (wie Kleistens Allee seit dem Bau der Moabiter Brücke heißt) erstreckt. Ein entlang des Weges durch diesen »Wintergarten« installiertes, wetterfestes Geländer gibt der alten Dame Halt. »So oft die erhabene Frau in Berlin weilt«, notiert ein Beobachter, »benutzt sie fast jeden schönen Tag, den der hohe Beruf ihr frei gelassen, zu einem Besuche der köstlich duftenden Nadelpflanzung, die vor der Louisen-Meierei sich hinbreitet.«[42] Nach ihrem Tod bestimmt Augustas Enkel, Wilhelm II., daß der Pfad erhalten und zum Andenken Kaiserin-Augusta-Weg genannt werden soll. Der Park, »mit seinen vielen Wegen ein wahrer Irrgarten«, wie Geitner schreibt, wird insgesamt neu geordnet. Geitner versucht, durch große einfache Wegezüge dem ganzen ein gewisses System von Haupt- und Nebenwegen zu geben, so daß sich der Besucher leichter zu orientieren vermag.[43]

1872 wird endlich die leidige Treidelweg-Angelegenheit bereinigt. Die Königliche Garten-Intendantur und die Stadtgemeinde von Berlin vereinbaren, daß der Kronfideikommiß den an der Spree entlangführenden Weg kostenlos an die Stadt Berlin abtritt, während die Gemeinde die Unterhaltung des Weges, der Brücken und des Spreeufers übernimmt. Diese neue Situation erfordert nun eine feste Abgrenzung des Grundstücks gegen den Fußweg. Zu diesem Zweck erwirbt die Hofverwaltung das schmiedeeiserne Gitter, das auf der Stadtmauer von der Unterbaumbrücke bis zur Charité verläuft, und läßt es durch Neuanfertigungen ergänzen. Auch das alte Problem der Be- und Entwässerung des Parks kommt nun zu einer Lösung: Ab 1880 wird der Garten aus der städtischen Wasserleitung versorgt. Diese nicht ganz billige Aktion wird auch damit gerechtfertigt, daß die Berliner von der Erlaubnis, den Park zu besuchen, ausgedehnten Gebrauch machen, die Änderung sei darum auch im Interesse der Einwohner der Stadt. – Um diese Zeit werden die Ausbuchtung an der Spree sowie der an der Brücken-Allee gelegene Teich zugeschüttet, da man eine Erkrankung des Erbprinzen von Sachsen-Meiningen auf die in jenen Gewässern entstehende »Malarialuft« zurückführt. Die früheren Inseln ragen jetzt nur mehr als wellige Erhebungen aus dem Gelände heraus. »Die einzige Wasserzierde im Park ist ein auf Wunsch der Kaiserin Augusta vorn in der Nähe des Garten-Pavillons ausgegrabenes Bassin von kaum zwei Metern Durchmesser mit bindfadendünnem Wasserstrahl«, bedauert Krieger diese Veränderung, die allerdings eine großzügige, vereinfachende Umgestaltung des Parks durch Ferdinand Jühlke erleichtert. Durch die Vereinfachungen wird der bisher deutlich feiner gegliederte Bellevuepark dem naturnahen Tiergarten ähnlicher.[44] Als Ersatz für die nicht mehr vorhandene russische Rutsch-Eisbahn werden die Vertiefungen des einstigen Teiches im Winter mit Wasser gefüllt und in Gleitbahnen verwandelt.

Während die Gründung des Kaiserreiches das Schloß Bellevue zunächst gar nicht beeinflußt, sorgt das Wachstum der Industriestadt Berlin nach und nach für immer stärkere Beeinträchtigungen. Das sich mächtig regende Bürgertum ist dabei die treibende Kraft. Schloß und Park werden von der förmlich explodierenden Metropole mit ihren Fabriken, Mietshäusern und Verkehrsanlagen immer stärker bedrängt. Schon die Abtretung des Pfades entlang der Spree ist ein Zeichen in diese Richtung, bedeutsamer aber ist die industrielle Entwicklung. Industriebauten sind für Bellevue grundsätzlich nichts Neues, war doch der Spreeflügel zunächst selbst ein Fabrikgebäude. Auf der Moabiter Seite liegt das Pulvermagazin des Heeres, spreeabwärts die Wolffsche Kattunfärberei und die Gesundheits-Geschirr-Manufaktur, auf deren erweitertem Grundstück sich auch die Königliche Porzellan-Manufaktur niederläßt. Im Revolutionsjahr 1848 etabliert August Borsig seine Kesselschmiede und das Walzwerk, »Borsigs Eisen Hammer« genannt, ein wenig flußabwärts auf der anderen Spreeseite. Bereits 1850 kann Borsig das erfolgreiche Unternehmen, das sich bezeichnenderweise auf den Bau von Lokomotiven spezialisiert, durch Ankäufe weiterer Fabriken in Richtung Bellevue erweitern, schließlich verlagert er das in der Chausseestraße begründete Unternehmen ganz nach Moabit. 1853 wird westlich von Borsig die Porzellanfabrik Schomburg gegründet.

Mit der Anlage der neuen Stadtbahn erfolgt die schärfste Attacke: Zwischen der Spree-Überquerung und der Passage durch das neu entstehende Hansa-Viertel durchschneidet der Bahnviadukt den Bellevue-Park an seiner nordwestlichen Ecke. Dafür wird eine Fläche von 40,7 Ar verkauft und die Parzelle gegen den Park durch eine hohe Mauer abgeschlossen. Wilhelm I. genehmigt die Parkdurchquerung 1874, drei Jahre später den Bau des Bahnhofs Bellevue.[45]

Mit den Gleisanlagen des geschäftigen Lehrter Güterbahnhofs, die bis an die spätere Luther-Brücke heranreichen, mit ausgedehnten Hafenbecken und den Moabiter Fabriken hat sich auf der anderen Spree-Seite ein regelrechtes Industriegebiet etabliert, das akzentuiert wird durch das Zellengefängnis und das mächtige Proviantmagazin des Heeres direkt an der Spree, auf dessen Gelände zuvor ebenfalls eine Fabrik untergebracht war. »Ein besonders angenehmer Aufenthalt freilich ist Schloß und Park nicht mehr«, kommentiert ein Besucher im Januar 1884, »seit die Kesselschmiede der am gegenüberliegenden Spreeufer etablierten Maschinenbauanstalt mit ihrem Getöse die ganze Umgebung unbewohnbar macht. [...] Ich verstehe überhaupt nicht, wie man gestatten konnte, daß diese skandalige Anstalt der Kesselschmiede in dieser bewohnten Gegend, in allernächster Nähe der Johanniskirche, aufgebaut wurde.«[46] Und ein anderer Beobach-

113 Carl Eduard Biermann: Borsig's Maschinenbau-Anstalt zu Berlin. Öl auf Leinwand, 1847

114 Franz Alexander Borchel: Das Zellengefängnis zu Moabit bei Berlin. 1854

ter meint beim Blick aus dem Fenster im oberen Stock in den Park hinein und über die Spree: »Freilich, der Blick ist sehr stark beeinträchtigt: die Stadtbahn mit ihrem ruhelosen Treiben tritt auch in diese wonnige Einsamkeit hinein; über ihrem schlangenartig gewundenen Laufe, den zischend und pfeifend das Dampfroß im Fluge überwindet, ragen die unfreundlich rauchenden Schornsteine von Moabit herüber ... Wie soll da die Freude an der Natur nicht aus diesem Schlosse gebannt werden?«[47] Bald fällt sogar das Vorfeld des Cour d'honneur dem wachsenden Großstadtverkehr zum Opfer. Der vom Großen Stern kommende Spreeweg, der bisher (wie die heutige John-Foster-Dulles-Allee) weiter am Fluß entlang zu den Zelten verläuft, wird 1891–1892 verbreitert und über die neue Luther-Brücke mit der Moabiter Paulstraße verbunden. Für die notwendige Anrampung wird das Gelände vor dem Ehrenhof um mehrere Meter aufgeschüttet, so daß Spreeweg und Bellevue-Allee vor dem Schloß auf einem kleinen Hügel zusammentreffen und der Besucher sich dem Palais »von oben herab« nähert – ein der Schloßanlage wenig angemessener Effekt.

Die Bedrohung des Bellevue-Grundstücks und seiner namensgebenden Aussicht beginnt schon zu Augusts Zeiten. Bereits ihm, dann Friedrich Wilhelm IV. werden mehrfach Angebote gemacht, die angrenzenden Grund-

stücke zu kaufen, aber die Eigentümer lehnen dies stets ab. Zum Angebot der Erben des Rittergutsbesitzers Griebenow, die Wiesen jenseits der Spree zu übernehmen, läßt Wilhelm I. wissen: Die Bebauung dieses Geländes sei für die Sicht vom Schloß aus günstiger als der Anblick der so oft überschwemmten, sumpfigen Flächen. Es ist jener Platz, an dem bald der erwähnte, mächtige Block des Proviantmagazins entsteht. Der Bierverleger Gaertner, der an der Moabiter Brücke ein Café betreibt, erwirbt 1863 die an Bellevue grenzende Schülersche Besitzung mit der Badeanstalt und bietet das Grundstück umgehend der Garten-Intendantur zum Kauf an, nicht ohne darauf hinzuweisen, daß ihm bereits Angebote von mehreren Interessenten vorliegen, die dort Fabriken und Gerbereien anlegen wollen. Drei Jahre später geht es um die Wiesen, die zwischen Park und Brücken-Allee liegen; zu jenem Zeitpunkt kann man vom Park aus noch bis nach Charlottenburg sehen. Das Kronfideikommiß erwirbt die Wiesen nicht, da abzusehen sei, daß jenseits der Straße ohnehin gebaut und die Aussicht damit zerstört würde. Wilhelm I. genehmigt die Bebauung, geht aber davon aus, daß die rückwärtigen Fassaden »geschmackvoll« gestaltet werden. 1881 errichtet der Commissions-Rath Hübner seine Villa gleich neben dem »Belvedere«, wie die Erhebung des einstigen Otahitischen Kabinetts inzwischen

Königlicher Schlossgarten Bellevue.

115 Plan des Bellevue-Geländes (mit Wasserleitungen). Um 1900

heißt. Bereits zehn Jahre zuvor leitete die hauptsächlich von Hamburger Terrain-Spekulanten betriebene Berlin-Hamburger Immobilien AG die Bebauung des Hansaviertels in die Wege, und die Wiesen verschwinden bald unter hohen Mietshäusern. Als die Stadtbahn die Pferdebahn ersetzt und die Verbindung mit der City noch bequemer wird, ist der Erfolg des neuen Quartiers gesichert. Der Bellevue-Park wird im Zuge dieser Veränderungen Schritt für Schritt ein wenig kleiner. Nach den Abtretungen für den Spreeuferweg und die Bahntrasse fällt ein vier bis sechs Meter breiter Streifen an die Verbreiterung der Brücken-Allee, dann werden knapp 200 Quadratmeter am Großen Stern dem Tiergarten zugeschlagen, 1916 ca. 1.400 Quadratmeter für die Verbreiterung der Bahn abgegeben.

Mit dem Regierungsantritt Wilhelms II. im Jahr 1888 erhält Bellevue eine neue Aufgabe: Es wird nun hauptsächlich für die Söhne des Kaiserpaares genutzt, die sich auch im Winter, wenn der Hof sich nicht im Potsdamer Neuen Palais, sondern im Berliner

116 Kaiser Wilhelm II.

wohnungen und das Einmieten von Außenstehenden hört nun ganz auf, allein Graf Pückler bleibt noch bis zu seinem Tod im Sommer 1892 in seiner Parterrewohnung von neun Zimmern im Hauptgebäude wohnen. Später leben nur noch einige Hofbau- und Hofmarschallbeamte in den Nebengebäuden. Auf Einladung des Kaisers logiert der Schah von Persien, Nassir ed Din, im Juni 1889 mit Gefolge im Schloß, und während der Hochzeit der Prinzessin Margarete von Preußen vier Jahre darauf dient Bellevue als fürstliches Gästehaus. – Als Prinz Eitel Friedrich 1906 die Prinzessin Sophie Charlotte von Oldenburg heiratet, erhält das junge Paar das Obergeschoß des Hauptgebäudes zugewiesen.

Der in manchem segensreiche, gelegentlich bedenkliche Modernisierungs- und Gestaltungswille Wilhelms II. wird auch in Bellevue aktiv. Gleich nach seiner Inthronisierung läßt er in den Wohnungen Wasserleitungen verlegen und die gesamte Anlage winterfest ausstatten. 1893 beginnt er eine aufwendige, umfassende Erneuerung des

Schloß aufhält, in der frischen Luft bewegen sollen. Im Schloß erhalten sie, wie später auch die Prinzessin Viktoria Luise, vor allem Schulunterricht. Dafür wird zunächst in einem Zimmer sowie im Gartensalon eine Heizung installiert; nach und nach nutzt man das ganze untere Stockwerk, schließlich das gesamte Schloß. Der Garten bleibt während der Anwesenheit der kaiserlichen Prinzen für das Publikum geschlossen. Die Knaben können sich im Garten austoben, aber auch im Sinne des Vaters tätig werden: Unter der Anleitung ihres Onkels, des Prinzen Heinrich, errichten sie im Zuge der Militärausbildung ein kleines »Befestigungsbauwerk«, das sich als sehr stabil erweist und noch längere Zeit vorhanden ist.[48] Der Park liegt dem Kaiserpaar sehr am Herzen, er wird gern genutzt, wenn der Hof in Berlin residiert. Zutritt haben jetzt nur noch wenige bevorzugte Personen, der Bereich um das Schloß herum bleibt für die kaiserliche Familie reserviert. Der lange vernachlässigte Gemüsegarten wird in eine Parkanlage umgewandelt, und für ihr Hobby, die Zucht von Orchideen, Kamelien und Azaleen, erwirbt die Kaiserin auf einer Gartenbauausstellung in Treptow das mit dem ersten Preis ausgezeichnete Gewächshaus des Ingenieurs Peschke. »Beiden Majestäten ist der Park von Bellevue ein lieber Aufenthalt geworden«, schildert Bogdan Krieger seine Beobachtung. »Von dort aus pflegen sie bisweilen den Morgenspaziergang zu unternehmen, von dort reitet Ihre Majestät nach der Mittagstafel in den Tiergarten.«[49] – Die Vergabe der Sommer-

Baus, die sich über mehrere Jahre hinzieht; der Anschluß an die städtische Kanalisation ist erst 1909 beendet. Die Dächer werden neu gedeckt und die Fronten des Hauptgebäudes wie der Seitenflügel neu abgeputzt. Ein indifferentes Grau ersetzt nun das gewohnte rötliche Gelb. Der 1804 über die gesamte Fassade gezogene Fries, der die runden Ochsenaugen im Mezzanin über dem Obergeschoß halb verdeckt, wird entfernt, die Fenster werden freigelegt und erhalten eine Rahmung aus Schlußstein und seitlichen Konsolen. Vor allem bekommen die Ochsenaugen – die auf der linken Seite alle »blind« sind – eine längliche, barockisierende Form, die dem Schönheitsempfinden des Kaisers eher entspricht als die Kreisform und der klassizistisch-strenge Fries. Schließlich, und dies ist die im Äußeren bedeutendste Veränderung, läßt Wilhelm 1896–1899 die an den Außenfassaden der Seitenflügel immer noch vorhandenen Mansarddächer zu vollen Geschossen ausbauen und die Flügel mit Walmdächern, dem Hauptgebäude angepaßt, neu eindecken.[50] Damit haben die Flügel erstmals in der Geschichte des Schlosses auf allen Seiten gleiche Fassaden und eine einheitliche Bedachung. Einige Jahre später wird der morsche hölzerne Dachstuhl des ovalen Saals durch ein eisernes Hängewerk ersetzt, wobei Kimpfels Deckenmalerei verlorengeht; seitdem ist der Deckenspiegel leer. Die bisherige Farbgebung, die Krieger 1906 noch als »mattgelb« beschreibt, fällt einem flächendeckenden Weiß zum Opfer.

117 Schloß Bellevue, Empfangs- oder Speisesaal in der Umgestaltung durch Albert Geyer.
Foto um 1919. Rechts im Raum steht die Flöten-Standuhr von 1797.

Vermutlich kurz vor Beginn des großen Krieges beginnt Wilhelm mit der Neuausstattung einiger Bellevue-Räume.[51] Die Durchführung überträgt er dem Direktor der Schloßbaukommission, Albert Geyer (1846–1938), den wir heute vor allem durch seine große Publikation zum Berliner Schloß kennen. Zu Geyers architektonischen Arbeiten gehören die etwa zeitgleiche neobarocke Umgestaltung einiger Zimmer im Stadtschloß sowie Erweiterungen am Charlottenburger Mausoleum, am Schloß Babelsberg und an der Neuen Orangerie in Potsdam. Fotografisch dokumentiert ist der neugestaltete zentrale Erdgeschoßraum im Mittelrisalit, gelegentlich als »Konversationssaal«, jetzt als »Empfangsraum« bezeichnet. Der Raum wird getäfelt und im Geiste des Empire mit stilisierten Pflanzenmotiven ausgemalt. Die Decke verliert den gerundeten Übergang zur Wand und ist nun ganz flach gehalten. Die Bemalung wird ersetzt durch ein geometrisierendes Stuckrelief, ebenfalls mit Pflanzen- und Füllhornmotiven und einem umlaufenden Mäanderband. Auch die weißen, mit Gold abgesetzten Türen werden der Raumfarbe angepaßt, verlieren ihren Reliefschmuck und werden bemalt. Im Vergleich zur heiter-festlichen Eleganz der frühen Bellevue-Ausstattung zwischen Rokoko und Empire wirkt der Raum nun statisch und schwer. Geyers Umbau ist der erste Versuch einer Neugestaltung des Schlosses, die dem Klassizismus Tribut zollt, dabei aber keine klassizistische Kopie sein, vielmehr die aktuelle Kunstauffassung reflektieren will. Kompositionen dieser Art wird es noch viele im Schloß geben.

Dies ist wohl nicht das einzige Zimmer, das der Kaiser umgestalten läßt. In der Potsdamer Plankammer befinden sich Entwürfe Geyers, die wohl Bellevue, nicht aber diesem Raum zuzuordnen sind. Veränderungen in den kleineren Räumen rechts des Empfangssaals sowie im Entresol deuten darauf hin, daß das Kaiserpaar in Bellevue einen kleinen Hofstaat einrichtet. Neben mehreren Badezimmern und Toiletten entstehen in den Erdgeschoßräumen der rechten Seite eine Anrichte, zwei Adjutantenräume, Vortrags- und Arbeitszimmer sowie eine Tagesschlafkammer. Das Langhans-Kabinett ist nun mit einer Wanne eindeutig als Badezimmer erkennbar. Im Übergang zwischen Damenflügel und Hauptgebäude liegen die Garderobenräume des Kaisers, das zugehörige linke Portal, der traditionelle Haupteingang, ist schon seit längerem durch einen Glasdach-Vorbau geschützt.

1914 zieht Dona, wie Auguste Viktoria im Familienkreis genannt wird, in Bellevue ein, und in den letzten Kriegsjahren residiert auch der Kaiser im ruhig, aber nahe am politischen Geschehen liegenden Schloß – sofern er sich überhaupt in Berlin aufhält, was selten genug vorkommt, denn den weitaus überwiegenden Teil der Kriegsjahre verbringt Wilhelm in den wechselnden Hauptquartieren, oder er befindet sich in seinem gepanzerten Automobil oder im königlichen Sonderzug auf Inspektionsreisen, oft begleitet von der Kaiserin.[52] Erstmals seit dem Einzug der Franzosen und dem Besuch Napoleons vor mehr als einem Jahrhundert ereignet sich nun große Politik in Bellevue: Das Schloß ist Schauplatz der letzten Akte des Untergangs der Hohenzollerndynastie auf deutschem Boden. – Als General

von Ludendorff den Krieg verloren sieht, drängt er auf Waffenstillstandsverhandlungen mit den Kriegsgegnern; außerdem verlangt er eine Liberalisierung der Verfassung, die dem Reichstag größere Machtbefugnisse gibt: Das Allgemeine Wahlrecht soll eingeführt werden und die Berufung des Kanzlers von der Zustimmung des Parlaments abhängig sein, das außerdem die Entscheidungsgewalt über Krieg und Frieden und den Oberbefehl über die Armee erhält. Der tiefere Sinn dieser Maßnahmen: Die Oberste Heeresleitung will die sich abzeichnende militärische Niederlage einer parlamentarischen Regierung zur Last legen – es ist der Beginn der Dolchstoßlegende. Wilhelm gibt dem Verlangen nach, ernennt den liberalen Prinz Max von Baden, seinen Vetter, zum ersten demokratischen Kanzler des Deutschen Reiches und läßt sich das neue Kabinett am 3. Oktober 1918 in Bellevue vorstellen.

Drei Wochen später aus dem Hauptquartier im belgischen Spa nach Berlin zurückgekehrt, trifft Wilhelm in Bellevue mit den Abgeordneten des Reichstags zusammen und erklärt den durchaus beeindruckten Parlamentariern, er wolle gemeinsam mit ihnen das Land aus seinem gegenwärtigen beklagenswerten Zustand heraus zum Frieden und in eine bessere Zukunft führen. Zu diesem Zeitpunkt ist ihm bereits bewußt, daß die Entente auf seine Abdankung hinzielt, was er als Frechheit und Affront bezeichnet. Dona unterstützt ihn: Präsident Woodrow Wilson, »der Parvenu jenseits des Ozeans«, wolle ein jahrhundertealtes Fürstengeschlecht demütigen und ziele auf den Sturz der Monarchie.[53] Inzwischen ist die Oberste Heeresleitung jedoch von dem Gedanken eines Waffenstillstandsabkommens abgerückt und favorisiert einen Widerstand mit äußersten Mitteln, was wiederum Max von Baden zum Ultimatum veranlaßt: Ludendorff müsse sofort zurücktreten, andernfalls werde er selbst demissionieren. Als Ludendorff zusammen mit Hindenburg am 26. Oktober in Bellevue vor den Kaiser tritt, kommt es zu einer heftigen Auseinandersetzung, in deren Folge die beiden Generäle ihren Rücktritt anbieten. Das Angebot Ludendorffs akzeptiert Wilhelm, das Gesuch Hindenburgs lehnt er ab. Zwei Tage später trifft der Kaiser wieder im Hauptquartier in Spa ein. Er weiß inzwischen von der Absicht seines Kanzlers, ihn zum Thronverzicht zu bewegen, doch er braucht weitere zwölf Tage, bis er, getrieben von den Umständen, seine Abdankungserklärung unterzeichnet.

Nach der Erneuerung der Stadtbahn-Spreeüberquerung am Bahnhof Bellevue ist der Fußgängerverkehr auf dieser Brücke nicht mehr möglich; stattdessen wird 1917 ein bis heute vorhandener Steg eingerichtet. Sein Name wirkt wie ein Fanal für die neue, unruhige Zeit: Er ist nach Wilhelm Gericke benannt, einem langjährigen, ehrenamtlich tätigen Stadtverordneten, der sich insbesondere auf einem Feld große Verdienste erworben hat: Er war Mitglied einer Armenkommission.

Seit 1918

1918–1935

Mit der Abdankung des Kaisers und der Einrichtung seiner Exil-Residenz im holländischen Doorn bei Utrecht geht auch für Bellevue eine Epoche zu Ende. Im Rahmen der Fürstenabfindung fällt der Besitz mit dem Vertrag vom 6. Oktober 1926 zwischen Preußen und dem Haus Hohenzollern an den Staat. Im Gegensatz zu den meisten anderen Hohenzollernschlössern gelangt Bellevue jedoch nicht in die Obhut der 1927 gegründeten »Verwaltung der Staatlichen Schlösser und Gärten«, sondern wird nach langwierigen Verhandlungen am 14. August 1928 vom Kronfideikommiß an das Land Preußen übertragen und in der Folge vom Finanzministerium verwaltet.

Bereits lange davor, im September 1919, gehen 51 Eisenbahnwaggons mit Möbeln und Stückgütern von Berlin nach Holland, im November folgen drei weitere Waggons; zu den verbrachten Gegenständen gehören zwei Automobile, ein Motorboot sowie eine Krankenhausbaracke, die Wilhelm der Gemeinde Amerongen, seinem ersten Fluchtort, schenkt. Nachtransporte finden 1920, 1927 und 1928 statt. Das Preußische Finanzministerium billigt diese Überführungen ohne vertragliche Grundlage, da es sich zunächst um Gegenstände des persönlichen Gebrauchs, dann auch um die kaiserliche Vermögenssicherung und schließlich um die Ausstattung eines angemessenen Lebensstils im Exil handelt.[1] Die Einrichtungsgegenstände kommen hauptsächlich aus den zuletzt von der Kaiserfamilie bewohnten Schlössern, dem Berliner Stadtschloß, dem Potsdamer Neuen Palais und Bellevue, wo sie vornehmlich dem Erdgeschoß, der rechten Seite des Obergeschosses sowie dem Spreeflügel entnommen werden; es sind jene Räumlichkeiten, die das Kaiserpaar für sich oder das Gefolge nutzte.[2] Der Begriff »Leerstand« gilt nun für Bellevue in seinem wortwörtlichen Sinn, denn die Zimmer werden komplett ausgeräumt. Die verbrachten Möbel entstammen im wesentlichen zwei Epochen: Zum einen kommen sie aus der Zeit um 1800 und stellen z. T. Kostbarkeiten des preußischen Klassizismus sowie des Louis-seize-, Directoire- und Empire-Stils dar; zum anderen sind es historisierende Neuanfertigungen für Wilhelm II., wie das Schlafzimmer oder die Bibliothek des Kaisers. Auch die beliebten englischen Kupferstiche sowie Pastelle aus dem späten 18. Jahrhundert befinden sich in großer Zahl in Doorn.

Eine neue Bestimmung für Bellevue findet sich zunächst nicht. In den unruhigen Jahren der Weimarer Republik werden zwar viele Gedanken zum Schloß geäußert und viele Pläne für seine Verwendung geschmiedet, doch eine langfristige neue Aufgabe erhält es nicht, und bauliche Veränderungen finden in nur geringem Maß am Südflügel statt. Mal wird der Sitz des Reichspräsidenten, mal eine Unterkunft für Staatsgäste, dann wieder ein Hotel für Reichstagsabgeordnete ins Gespräch gebracht. Doch das Schloß ist nicht auf dem neuesten Stand der Haustechnik, es besitzt keine Zentralheizung, selbst Elektroleitungen fehlen in den meisten Räumen, es gibt nur eine kleinere elektrische Anlage aus den letzten Kriegsjahren. Die Gesamtkosten für die Modernisierung werden auf 500.000 Mark geschätzt – und die Instandsetzung unterbleibt.[3] So werden Abrißpläne ventiliert, das Schloß soll einem Hotelneubau weichen, der Park für eine Villenbebauung parzelliert und verkauft werden[4] – viele Gerüchte sind im Umlauf oder werden bewußt in die Welt gesetzt, denn Bellevue ist das einzige Schloß im Verfügungsbereich des Finanzministeriums, und die Geldnot des preußischen Staates ist groß. Immerhin finden einige größere Ausstellungen statt. Die Deutsche Gartenbaugesellschaft arrangiert zu ihrem hundertjährigen Jubiläum 1922 im Park eine umfangreiche Präsentation, für die eine große Halle entsteht; die Orchideenschau wird im Schinkel-Salon etabliert. Nach der Ausstellung »Das junge Deutschland«, die im Sommer 1927 den Zustand und die Probleme der Jugend in Gesellschaft, Kultur und vor allem Freizeit zur Diskussion stellt[5], zieht von 1929 bis 1933 trotz großer Bedenken der Denkmalpflege die traditionsreiche »Große Berliner Kunstausstellung« in das Schloß ein. Für die Veranstaltung steht der gesamte Hauptbau zur Verfügung. Nicht zuletzt die strengen Auflagen der Denkmalpflege führen dazu, daß die Künstlerschaft mit diesem Arrangement nicht zufrieden ist und ein neues Ausstellungsgebäude in der Nähe des Großen Sterns fordert.

Wie schon zu Zeiten des Prinzen Ferdinand, so sorgt der genehmigte oder untersagte Zugang zum Park auch in der Weimarer Zeit für allerlei Aufregung. Grundsätzlich gibt es nur einen, am Spreeweg gelegenen Eingang. Für eine Nebenpforte am Bellevue-Ufer nahe der Brückenallee werden vereinzelt Schlüssel vergeben, in erster Linie an Alte und Kranke, aber auch an Personen, die eine bevorzugte Behandlung erwarten dürfen, wie Parlamentarier, Militärs oder Ministeriumsbeamte. Diese nur im Sommer

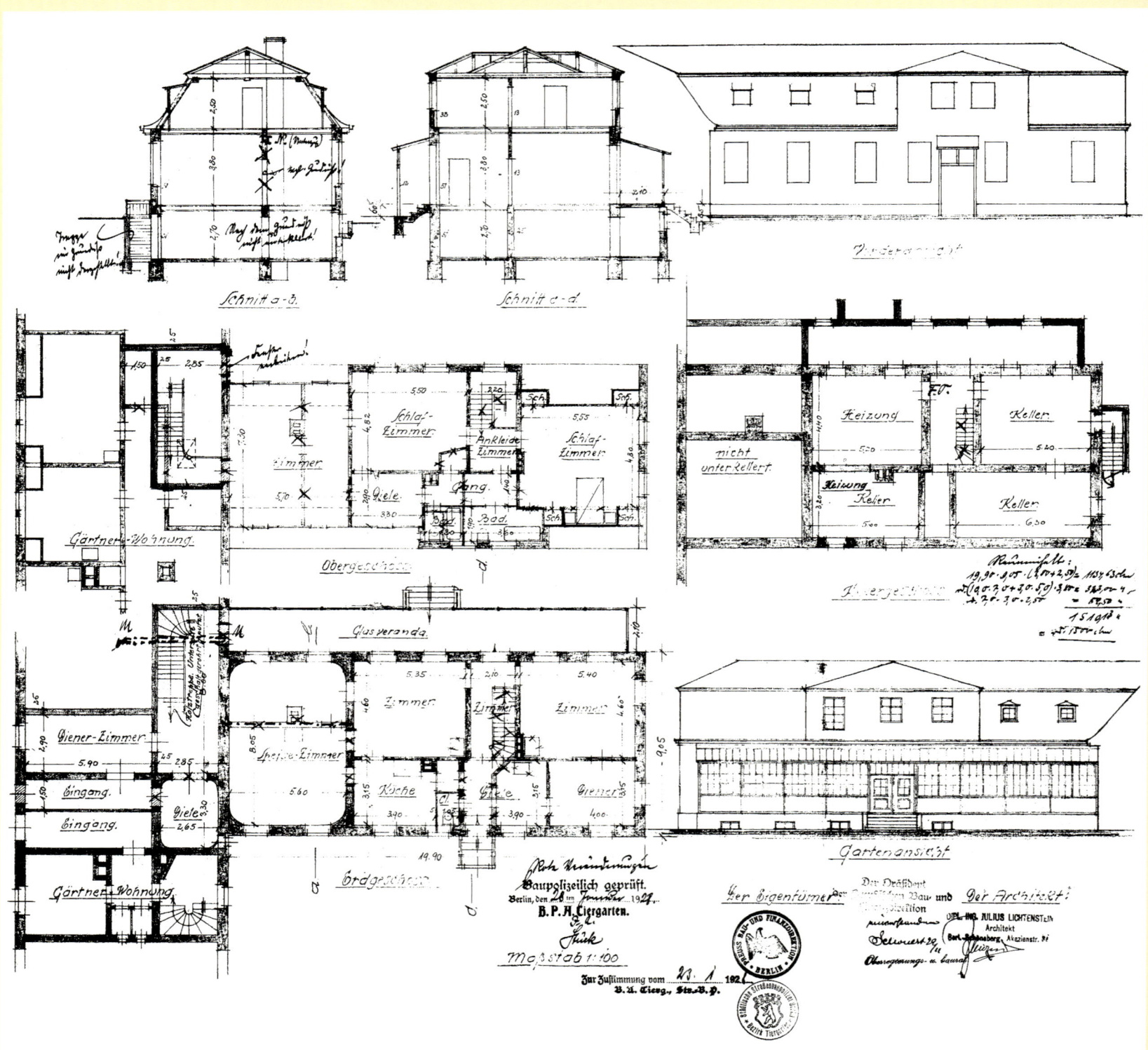

118 Julius Lichtenstein: Zeichnung zum Umbau des Gärtnerhauses im Park Bellevue. 1928

ausgegebenen Schlüssel müssen regelmäßig neu beantragt werden, und tatsächlich treffen die Gesuche jedes Jahr wieder ein; bis zu 60 Schlüssel sind zeitweise im Umlauf. Um die Situation zu entspannen, öffnet die Schloßverwaltung im Mai 1928 versuchsweise vier weitere Parktore, wogegen sich wiederum eine Bürgerinitiative wendet, die »Vereinigung Berliner Bürger zur Erhaltung des Bellevue-Parks«. Zu den Mitgliedern zählen Ärzte, Stadtverordnete und ehemalige Minister, auch der Sanitätsrat Magnus Hirschfeld ist darunter. Ihre Begründung gegen die allgemeine Öffnung: Man will die Ruhe des Parks »für leidende und gebrechliche Bewohner des Stadtteils« erhalten, »besonders für diejenigen, welchen die Mittel zu Bade- und Erholungsreisen fehlen.«[6] Am westlichen Ende des alten Küchengartens werden ab 1928 Parzellen zur privaten Nutzung vermietet; 1934 beläuft sich die Zahl der Pachtgärten auf fünfzehn.

Die Seitenflügel, aber auch die Nebenbauten sind weiterhin vermietet. 1930 wohnen im Beamtenwohnhaus am Spreeweg wenigstens drei Mietparteien, in der Großen Meierei zwei und in der Kleinen Meierei ein Mieter.[7] Im Oktober 1928, als 72 Öfen ausgebessert werden, hat die Schloßverwaltung mit 23 Mietparteien zu tun, es sind sowohl Privatpersonen als auch Verbände und Organisationen.[8] Die Nutzer spiegeln die wirtschaftlich und politisch turbulente Zeit: Zu ihnen zählen zunächst die Notgemeinschaft der Deutschen Wissenschaft (die bald ins Stadtschloß umzieht), dann das Zentralkomitee der »Arbeitsgemeinschaft der Deutschen aus Rußland und Polen e.V.«, die »Arbeitsgemeinschaft für Deutsche Handwerkskultur« sowie eine vom Deutsch-Evangelischen Frauenbund betriebene Volksküche, die in den fünf Räumen der Schloßküche im Spreeflügel eingerichtet ist und täglich bis zu 200 Personen versorgt. Die laufenden Reparaturen betreffen die Fenster, die elektrischen Anlagen, die Treibhäuser und den Brunnen der Kaiserin Augusta am Schinkel-Salon.[9] Auch kleinere Schönheitsreparaturen fallen an: »An der Mauer in der Brückenallee die Wahlanschriften abgekratzt, mit schwedischer Farbe passend alles 2 mal überstrichen«, heißt es in einer Malerrechnung vom 29.10.1930, die sich auf 10,44 RM beläuft.[10] Im Oktober 1931 werden 87 Öfen, 13 Kochherde und sechs Badeöfen repariert; die Schloßverwaltung hat zu diesem Zeitpunkt in den Seitenflügeln und Nebenbauten 21 Wohnungen und drei Büros vermietet.[11]

Im Damenflügel wohnt der Direktor des Monbijou-Museums, Dr. Arnold Hildebrand, und im November 1927 gesellt sich ein noch prominenterer Mieter dazu: Der große Regisseur Max Reinhardt, Direktor des Deutschen Theaters, bezieht Knobelsdorffs Gartenhaus, das bis 1918 der jeweilige Hofgärtner bewohnte und das der Architekt Julius Lichtenstein nun durch das Versetzen von Innenwänden geringfügig verändert. Vor allem läßt Reinhardt die Wohnung in den angrenzenden Marstall hinein ein wenig erweitern: Von der Gärtnerwohnung wird ein am Wirtschaftshof gelegenes »Dienerzimmer« abgetrennt, und das Dachgeschoß erhält einen zweiten Treppenzugang: Er führt über die Veranda, die vor der Hausfront liegt. Der auf dem Grundriß als »Speise-Zimmer« bezeichnete Raum im Erd-

geschoß markiert jenen frühen, noch von Prinz Ferdinand vollzogenen Lückenschluß zwischen Gartenhaus und Marstall, der zunächst als Obstkammer genutzt wurde; im Gegensatz zum Gartenhaus ist er nicht unterkellert. Im Sommer 1931 erfolgt eine zweite Erweiterung, im Stallgebäude kommen drei Zimmer mit Küche, Speisekammer und zwei Bädern sowie eine Garage hinzu. Dafür wird die Gärtnerunterkunft (wenigstens im Erdgeschoß) ganz der Reinhardt-Wohnung zugeschlagen, die nun – der Garage wegen – auch einen Eingang vom Wirtschaftshof erhält.[12] Das ursprüngliche, bescheidene Landhaus Knobelsdorffs mit seinen vier Räumen im Erdgeschoß und kleinen Dachgelassen hat sich damit in eine ansehnliche Residenz verwandelt, auch wenn sie im Vergleich mit Reinhardts Salzburger Domizil, dem prächtigen Barockschloß Leopoldskron, kaum mehr als Domestikenstandard hat.

Mit der Machtergreifung der Nationalsozialisten tritt Bellevue einmal mehr in eine neue Phase ein. Es beginnt eine Epoche kontinuierlicher Neubestimmung und Umgestaltung, eine Zeit der produktiven wie auch kriegerischen Zerstörung, des Wiederaufbaus und der Neueinrichtung, die erst sieben Jahrzehnte später ihren – vorläufigen? – Abschluß findet.

Staatliches Museum für Deutsche Volkskunde

»Wenn sich ein Volk in höchster Notzeit, in einer Zeit scheinbar unaufhaltbaren Niedergangs, durch das Auftreten und den Kampf eines Mannes aufgerüttelt, zu einer neuen besonderen Geisteshaltung erhebt, wenn es abschließen will eine Zeit der Zersetzung, der wahllosen Hereinnahme jedes auch völlig wesensfremden Gedankengutes, wenn es erwacht zur Erkenntnis seiner ureigenen Art, so darf nichts unterlassen werden, was auf diesem Weg Richtung zu geben geeignet ist.«[13] Mit diesen Worten begründet der Preußische Finanzminister Johannes Popitz die bald nach der Machtergreifung der Nationalsozialisten getroffene Entscheidung, der volkskundlichen Sammlung im Schloß Bellevue einen neuen, würdigen Platz zu geben. In der weiteren Ansprache des Ministers zur Eröffnung am 1. Oktober 1935 ist vom Artgemäßen, von der Stimme des Blutes und von der deutschen Erde die Rede: Es verwundert nicht, daß ein Museum, das der deutschen Volkskunst gewidmet ist, mit der nationalsozialistischen Blut-und-Boden-Ideologie nahtlos in Übereinstimmung zu bringen ist. Gleichwohl entsteht ein Ausstellungshaus, das modernsten museologischen und didaktischen Grundsätzen entspricht, und der Konservative Johannes Popitz, der später dem Widerstand angehört und nach dem Attentat des 20. Juli in Plötzensee gehängt wird, äußert nicht nur völkische, sondern auch aufklärerische Gedanken: Durch das Verständnis der eigenen Volkskultur soll das Museum jene Voraussetzung schaffen, von der aus erst das Verständnis der Kulturen anderer Völker möglich ist. So finden sich Volkskundler aus Frank-

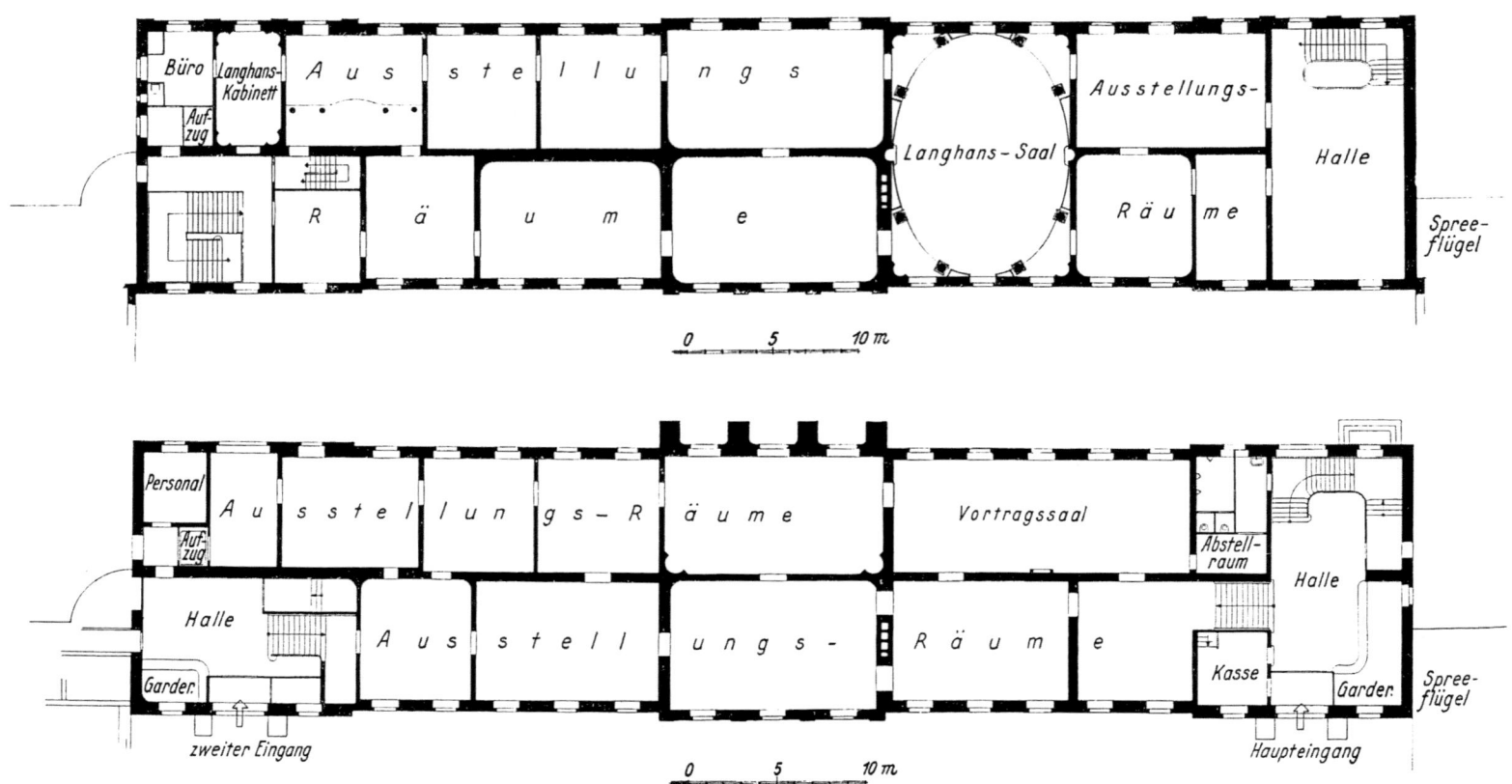

reich und Schweden zur Eröffnung als Gäste ein, und tatsächlich dient die Museumskonzeption als Vorbild für das 1937 im Pariser Trocadéro begründete Musée national des Arts et Traditions Populaires.[14] Die Eröffnungsausstellung ist der »Deutschen Bauernkunst« gewidmet, es ist die erste Veranstaltung dieses Themas im Reich. Eine Sonderschau gilt den Ostpreußischen Bauernteppichen.

Die Geschichte des Museums reicht nur wenige Jahrzehnte zurück. Das erste zentrale Volkskundemuseum in Deutschland wird 1889 in Berlin unter dem Namen »Museum für deutsche Volkstrachten und Erzeugnisse des Hausgewerbes« gegründet. Initiator ist die von Rudolf Virchow geleitete Gesellschaft für Anthropologie, Ethnologie und Urgeschichte. Das Institut wird provisorisch im Palais Kreutz in der Klosterstraße untergebracht und 1905 als eine Abteilung des Museums für Vor- und Frühgeschichte in den Verbund der Königlichen Museen integriert. Als die Nazi-Clique die Macht übernimmt, sieht der ebenso ehrgeizige wie wendige Kustode Konrad Hahm (1892–1943), der mit der etwas verschlafenen und verstaubten Situation in der Klosterstraße seit langem unzufrieden ist, seine Stunde gekommen. Er wechselt von der SPD zur NSDAP und kann die Regierung davon überzeugen, daß die volkskundliche Sammlung im Sinne der völkischen Weltanschauung aufgewertet werden muß. So beschließen Johannes Popitz und Reichskultusminister Bernhard Rust im Januar 1934 die Gründung eines eigenständigen »Staatlichen Museums für Deutsche Volkskunde« und seine Einrichtung im Schloß Bellevue. Hahm steigt die Karriereleiter hinauf und wird Direktor des neuen Instituts.[15]

Zwar gibt es, so Hahm, »schwere Bedenken«, in ein architektonisch wertvolles Schloß ein Museum einzubauen, das der bäuerlichen Kunst gewidmet ist. Die elementaren Gegensätze im Wesen der bäuerlichen und höfischen Kultur ließen sich gewiß nicht übersehen, doch sie müßten eben aufeinander abgestimmt und museumstechnisch in Einklang gebracht werden.[16] »Nicht die Stätte der Genies, der namensbekannten Führer betreten wir, wenn wir jenes Haus besuchen«, assistiert Popitz, »sondern die Stätte des Genius eines Volkes, des Wesens und Webens eines Geistes, der in den gesunden Körpern einer unübersehbaren Menge wohnte und in allen Zeiten wohnen wird.« Außerdem ist der »vornehm schlichte« Palast eng mit der preußischen Geschichte verbunden: »In diesem Haus hat der bei Saalfeld gefallene Prinz Louis Ferdinand von Preußen seine Jugend verlebt, das Geschütz, das wir trotz der neuen friedlichen Bestimmung des Schlosses haben stehen lassen, wurde vom Schloßherrn in der Schlacht bei Leipzig erbeutet, und wir können das Schloß mit der beziehungsreichen Erinnerung betreten, daß in ihm der Reichsfreiherr vom Stein, von dem zuerst der Gedanke ausgegangen ist, ein ›Museum der völkischen Kultur der Deutschen Stämme‹ zu errichten, häufig geweilt hat.«[17] Schließlich werde es dem seit langem leerstehenden Kunst- und Kulturdenkmal guttun, wenn es als Volksbildungsstätte eine Wiederbelebung erfahre.

◄ 119 Schloß Bellevue, Obergeschoß und Erdgeschoß nach dem Umbau zum Volkskundemuseum

120 Museum für Deutsche Volkskunde, Eingangshalle. Foto von Max Krajewski, 1935

Konrad Hahm strebt einen »neuen Museumstypus« an: das »bewegliche«, das »Arbeitsmuseum«.[18] Um dem Auftrag eines Zentralmuseums, das für das gesamte volksdeutsche Gebiet zuständig ist, gerecht zu werden, will Hahm die Präsentation eines ständigen Bestandes mit wechselnden Ausstellungen kombinieren; eine Forschungsabteilung mit Bibliothek, Archiven und Studienräumen soll den Schaubereich ergänzen. Die Sammlung mit ihren Hausmodellen und Bauernstuben sowie die Forschungsabteilung seien am besten in den Seitenflügeln unterzubringen, die Wechselausstellungen werden im Mitteltrakt installiert, der dafür angepaßt werden muß. In seinem »aktiven Museum« legt Hahm großen Wert auf Didaktik: Er will die Exponate »sprechen« lassen und dem Besucher etwas »mitgeben«. Zum anderen geht es ihm, ein ganz moderner Gedanke, um ein einheitliches Ausstellungsdesign. Es werden Räume geschaffen, in denen die einzelnen Elemente, wie Wandflächen, Beschriftung, Farbgestaltung und Vitrinen, aufeinander abgestimmt sind und zu einem einheitlichen Ganzen zusammenfinden. Besonders wichtig ist Hahm die Beschriftung. »Die Wände der Säle tragen in weißen, gestanzten, aufgesetzten Buchstaben die Hauptüberschriften des Saalthemas oder Wandthemas in Antiqua, jede Vitrine trägt eine auf der Kopfleiste aufgesetzte zusammenfassende Inhaltserklärung, jeder Gegenstand darin eine Einzel-Sacherklärung, beides in handgeschriebener Fraktur.«[19] Es ist das Ziel der Präsentation, die Einzelelemente knapp und übersichtlich zu halten und sie farbig und inhaltlich

so zusammenzufassen, daß sie einen »erträglichen« und »erinnerungsfähigen« Gesamteindruck ergeben.

Die Umgestaltung einer frühklassizistischen Schloßarchitektur in ein disponibles Ausstellungshaus ist für alle Beteiligten eine große Herausforderung. Hahm ist daran gelegen, »den Schloßcharakter als Architekturleistung, aber nicht als Standesmilieu zu erhalten.« Er will ein Gehäuse schaffen, in dem »ein feierlicher und zeitlos würdiger, wenn auch durchaus zeitlich gebundener Baugeist« vorherrscht. Die Neueinrichtung, bei der das Äußere unverändert bleibt, wird ausgeführt durch die Schloßbauverwaltung und die Hochbauabteilung des Finanzministeriums unter der Leitung des Oberregierungs- und -baurates Erich Schonert, der sich der Aufgabe »unter größter Schonung der klassizistischen Architektur« annimmt. Die Lösung besteht in den drei Schritten Erhaltung, Anpassung und Umbau.

- Zunächst geht es darum, einige wenige historische Räume, wie den ovalen Festsaal, das Chinesische und das Bibliothekszimmer, Langhans' Kabinett sowie die Treppe im linken Seitenrisalit zu erhalten und den weißgetünchten Saal in den Schinkelschen Farben »blau, weiß und chamois-lila« zu erneuern. Der ovale Raum, erläutert Hahm, »ist ein Festsaal geblieben und zum Ehrensaal der deutschen Volkskunde geworden. Es haben in den Nischen und an den Wänden die Bildnisse der Ahnen der deutschen Einheits- und Freiheitsbewegung, Jahn, Arndt,

121   Museum für Deutsche Volkskunde,
Ausstellungsraum »Germanische Trachten der Bronzezeit« (ehemaliger Empfangssaal).
Foto von Max Krajewski, 1935

122   Museum für Deutsche Volkskunde, Ausstellungsraum
»Holzgerät und Spielzeug« (ehemaliger »Hetrurischer Saal«).
Foto von Max Krajewski, 1935

123   Museum für Deutsche Volkskunde,
Glasvitrinen mit Brauttrachten.
Foto von Max Krajewski, 1935

Fichte, der Freiherr vom Stein, Grimm, Riehl u.a. einen Ehrenplatz erhalten, und zwischen ihnen steht die Büste des Führers und Reichskanzlers, des politischen Vollstreckers der völkischen Geschichts- und Weltanschauung.«[20] Die Alkoven-Säulenarchitektur des Schlafzimmers sowie die Bibliothek mit ihren Bücherschränken bleiben ebenfalls erhalten.[21]

- Dann werden die Räume, deren historischer Bestand erhaltenswert, doch für die Museumszwecke nicht nutzbar ist, behutsam verändert. Die früher mit farbiger Seide bespannten Wände erhalten hellgraue Rauhfasertapeten oder eine Bespannung in naturfarbenem Baumwollstoff, oder es werden durch Aufschrauben von Leichtbauplatten auf die vorhandenen Wände museumstaugliche Flächen geschaffen. Das betrifft etwa die beiden zentralen Säle an der Hofseite, den unter Wilhelm II. bereits umgestalteten Erdgeschoßsaal sowie den darüberliegenden Saal mit der »hetrurischen« Decke.

- Schließlich kommt es zu nicht unerheblichen Eingriffen in die Bausubstanz, die vor allem die Zusammenlegung kleinerer Räume betreffen. So entsteht aus den drei Erdgeschoßräumen rechts des Gartensaals ein großzügiger Arbeitsraum für hundert Personen, ausgestattet mit Projektionsapparaten, Lautsprecher, Schallplattenspieler, Zeichentischen, Wandtafeln und Präsentationswänden. Die gegenüber auf der Hofseite liegenden vier Räume einschließlich des mittleren Flurs bilden zwei Ausstellungssäle. Rechts davon entstehen Toiletten- und Kassenraum. In paralleler Weise werden im Obergeschoß rechts des Langhans-Saals mehrere kleine Zimmer zu zwei Ausstellungsräumen zusammengefaßt. Schließlich wird der Haupteingang in das rechte Portal verlagert und das Erdgeschoß als großzügige, »würdige« Eingangshalle völlig neu gestaltet. Die Treppe kommt an die Gartenseite; ein neuer Kern aus Eisenbeton wird mit den alten eichenen Stufen, Wangen und Geländern verkleidet. Geschmückt ist die Halle mit einigen Zeilen Stefan Georges, sie entstammen dem Poem »Der Dichter in Zeiten der Wirren« (1921) aus dem Zyklus »Das neue Reich« und können als eine Vorausahnung Hitlers verstanden werden:

»das neue reich.
ein jung geschlecht das [...]
den einzigen der hilft den Mann gebiert
der sprengt die ketten fegt auf trümmerstätten
die ordnung • geisselt die verlaufnen heim
ins ewige recht wo grosses wiederum gross ist
herr wiederum herr • zucht wiederum zucht • er heftet
das wahre sinnbild auf das völkische banner
er führt durch sturm und grausige signale
des frührots seiner treuen schar zum werk
des wachen tags und pflanzt das Neue Reich.«[22]

Der bisherige Hauptzugang im linken Seitenrisalit wird zum Nebeneingang. In der von Einbauten befreiten Halle entsteht eine zusätzliche, kleinere Garderobe, außerdem liegt hier der Fahrstuhl.

Die Neugestaltung der Seitenflügel ist für die kommenden Jahre vorgesehen. Vom Spreeflügel sollen lediglich die Außenmauern in der alten Form erhalten bleiben, im Innern dagegen sind große, durchgehende Schauräume für die Sammlung geplant. Der Damenflügel wird im Erdgeschoß für Verwaltungsräume, Bibliothek und Bildarchiv, Katalograum, foto- und restaurierungstechnische Räume hergerichtet. Schließlich kommt es zu allgemeinen Erneuerungsarbeiten. So werden eine Warmwasser-Pumpenheizung, ein Lastenaufzug und Toiletten eingebaut, und das gesamte Schloß erhält erstmals elektrische Beleuchtung. Der Dachstuhl wird teilweise neu gerichtet und das Dach völlig umgedeckt; die nicht mehr erforderlichen Schornsteine werden bei dieser Gelegenheit beseitigt. – Die Gesamtkosten für Umbau und erste Einrichtung belaufen sich auf 370.000 Reichsmark.

Gästehaus des Deutschen Reiches

Das Volkskundemuseum ist noch längst nicht vollständig installiert, da gibt es andere Überlegungen für Bellevue. Sie stehen im Zusammenhang mit der stadtplanerischen Neuordnung Berlins, die Hitler 1937 dem erst 33-jährigen Albert Speer überträgt. Ausgangspunkt ist eine neue Zweckbestimmung für das alte Palais des Reichspräsidenten in der Wilhelmstraße, in dem Hitlers Präsidialkanzlei untergebracht ist. Außerdem ist dem Führer an einer repräsentativen Unterkunft für die Gäste des Reiches gelegen, die bisher in verschiedenen Häusern, u.a. im Reichspräsidentenpalais oder im Palais des Prinzen Albrecht, einquartiert werden. Hitler will das Präsidentenpalais nun als Dienstwohnung des Außenministers herrichten lassen; als Standort des Gästehauses, das nach bisheriger Planung im Palais des Reichspräsidenten eingerichtet werden sollte, bestimmt er im Januar 1938 das Schloß Bellevue.

Diese Umgestaltungspläne tangieren auch den Chef der Präsidialkanzlei des Führers. Otto Meißner, der seit 1919 in verschiedenen Funktionen im Amt des Reichspräsidenten tätig und an der Ernennung Hitlers zum Reichskanzler durch Hindenburg nicht ganz unbeteiligt ist, wird seine bisherige Wohnung im Reichspräsidentenpalais aufgeben müssen, und er schlägt Hitler – wie er Speer selbst berichtet – vor, »beim Umbau des Schlosses Bellevue in einem Seitenflügel oder einem zu schaffenden Anbau eine Dienstwohnung für mich vorzusehen; ich führte zur Begründung aus, dass dieses Haus auf dem Etat der Präsidialkanzlei stehen und von ihr verwaltet werde. Es sei daher schon praktisch, wenn die Stelle, die die Verwaltung führt, auch in diesem Haus selbst wohne. Ferner aber erscheine es notwendig, dass, wenn Staats-Gäste in diesem Hause Wohnung hätten, jemand im

124   Schloß Bellevue, Modell des Umbaus durch Paul Baumgarten, Gartenseite.
Foto von Max Krajewski, 1938

Hause wohnen und ständig anwesend sei, der diese Gäste betreue und hierzu die erforderlichen Sprachkenntnisse und Erfahrungen besitze.

Der Führer hat in seiner Antwort meinen Vorschlag als die beste Lösung bezeichnet, die wohl in Frage käme, und auch ausdrücklich der Begründung zugestimmt.«[23] Damit ist entschieden, daß Bellevue um zwei Flügel erweitert wird.

Für die Installation des Gästehauses ist die Übertragung des Eigentums am Schloß Bellevue vom Land Preußen auf das Reich notwendig. Das Preußische Finanzministerium und die Reichsbaudirektion schätzen den Wert der Gebäude übereinstimmend mit 2.481.600 RM ein, beim Grund und Boden aber differieren die Verhandlungspartner: Preußen will 5.658.800 RM erzielen, die Reichsbaudirektion aber nur 4.573.800 RM geben. »Die Verhandlungen werden weitergeführt.«[24] Am 1. Juni 1938 geht das Schloß mit seinen Nebengebäuden und dem angrenzenden Parkgelände in das Eigentum des Reiches über; ein knappes Jahr später werden die Kosten für Ankauf, Umbau und Erweiterung des Schlosses mit 13,8 Millionen RM beziffert.[25] Als neuen Standort des Volkskundemuseums bestimmt Hitler einen Neubau an der Burgstraße Ecke Neue Friedrichstraße. Damit

ist das Institut in die Erweiterungsplanung der Museumsinsel am nördlichen Spreeufer einbezogen, und das Land Preußen erklärt sich bereit, das der Industrie- und Handelskammer gehörende Grundstück mit dem Erlös aus dem Bellevue-Verkauf zu erwerben. Doch diese Pläne zerschlagen sich, und schließlich findet das Museum eine neue Heimat im Prinzessinnenpalais neben der Staatsoper. Konrad Hahm fühlt sich von der Reichsführung getäuscht und empfindet den zweiten Umzug als schwere Niederlage. Er nimmt die Neueinrichtung vor, geht aber mehr und mehr auf kritische Distanz zum Regime. Tatsächlich spielt das Museum jetzt nur noch eine marginale Rolle. Im Krieg gehen 80 Prozent der Sammlung verloren, und erst 1992 entsteht mit der Zusammenführung der in Ost- und West-Berlin verbliebenen Restbestände erneut ein eigenständiges Museum für Volkskunde.

Hitler drängt, alles muß sehr schnell gehen, die Bauarbeiten sollen Anfang Mai beginnen und bis zum Spätherbst beendet sein. Doch Paul Baumgarten, von Speer mit den Arbeiten beauftragt, legt erst Ende Mai die Pläne vor. Ende Juni drängt der Führer erneut, er will Ergebnisse sehen. Erst Ende Juli sind die Stallgebäude und das Gartenhaus, an deren Stelle der

Meißner-Flügel entstehen wird, abgerissen.[26] Die vielen Bauvorhaben im Reich führen dazu, daß die Knappheit an Material, wie Baueisen und Steine, den Fortgang immer wieder stocken läßt, und nach Baumgartens entsprechendem Bericht an Hitler teilt Speer Meißner vom Obersalzberg aus mit: »Ich kann Ihnen allerdings nicht versprechen, daß die Schwierigkeiten in der Belieferung mit Steinen restlos beseitigt werden können. Wir selbst leiden bei unseren Bauten ebenfalls unter diesen Schwierigkeiten und können diese nur teilweise beheben.« Klagen gibt es auch von anderer Seite. Die Presse ist verstimmt darüber, daß offenbar nur kleine Zeitungen über die Vorgänge informiert würden. Daraufhin vereinbaren Speer und Meißner, das zentrale Deutsche Nachrichtenbüro einzuladen. Baumgarten »soll mit dem DNB (nur DNB) eine Presseführung machen. Der Aufsatz muß vor Herausgabe an die Presse Herrn Minister Meißner und Herrn Speer vorgelegt werden zur Genehmigung.«[27]

Paul Baumgarten ist nach Michael Philipp Boumann der Architekt, der die Gestalt des Schlosses am stärksten prägt. 1872 in Schwedt – dem Herkunftsort der Prinzessin Ferdinand – geboren, arbeitet er nach einem in Hamburg und Berlin absolvierten Studium zunächst in zwei der bedeutendsten Berliner Architekturbüros jener Zeit, beim Stadtbaurat Alfred Hoffmann sowie bei Alfred Messel. 1903 eröffnet Baumgarten ein eigenes Büro. Sein Stil, ein solider Klassizismus mit leicht barocken Tendenzen, entspricht ganz dem verfeinerten Wohnbedürfnis der begüterten Oberschicht. Baumgarten versteht es, eine gediegen-vornehme Bauform mit Wohnlichkeit und Bequemlichkeit zu verbinden. So steigt er auf zu einem der beliebtesten Villenarchitekten des wohlhabenden, zumeist jüdischen Bürgertums in den ersten beiden Jahrzehnten des 20. Jahrhunderts. Unter seinen Klienten befinden sich der Bankier Fürstenberg, der Großkaufmann und Kunstsammler Eduard Arnhold, der Bildhauer Louis Tuaillon – Baumgartens Schwiegervater –, Graf Eckard Hahn sowie Max Liebermann, dessen Sommerhaus am Wannsee (1909–1910) er nach Entwürfen des Künstlers ausführt. Auch die angrenzende Villa Johann Hamspohn entwirft Baumgarten, ebenso den nur wenige hundert Meter entfernt liegenden Landsitz des Fabrikanten Ernst Marlier (1914–1915), später Villa Minoux: Diese Anlage in der Tradition der Schloßarchitektur des 18. Jahrhunderts, in der Baumgarten auch den Garten gestaltet, ist die luxuriöseste und repräsentativste des Architekten. Bald wird die Villa als »Haus der Wannsee-Konferenz«, als Ort der »Endlösung der Judenfrage« zu trauriger Berühmtheit gelangen. Weitere bedeutende Projekte sind die Erweiterung eines von Friedrich Hitzig entworfenen Stadtpalais im Spreebogen, in dem seit 1920 die Schweizer Botschaft residiert, sowie das Bankhaus Oppenheim Unter den Linden (1919–1920).

Eine zweite Karriere des Architekten, der nun bereits die Sechzig überschritten hat, beginnt 1934 mit dem Verwaltungs- und Werkstättengebäude des Deutschen Opernhauses an der Bismarckstraße. Baumgartens Leistung stellt die nationalsozialistische Führungsriege so zufrieden, daß damit eine Serie von mehr als einem Dutzend Theaterneu- und umbauten beginnt, darunter der Neubau des »Gautheaters Westmark« in Saarbrücken, das der Führer aus Genugtuung über die Abstimmung der Saarländer

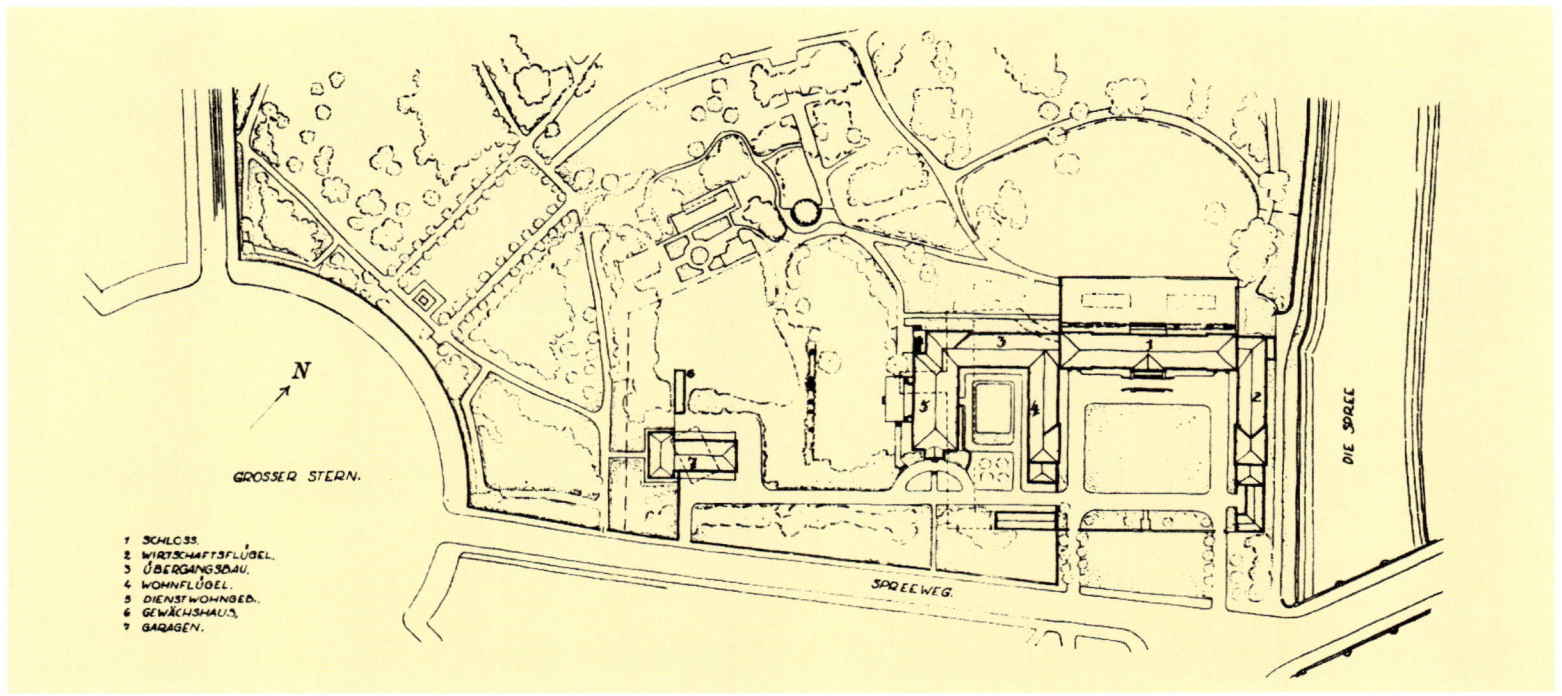

125 Lageplan der Umgestaltung zum Reichsgästehaus. 1940

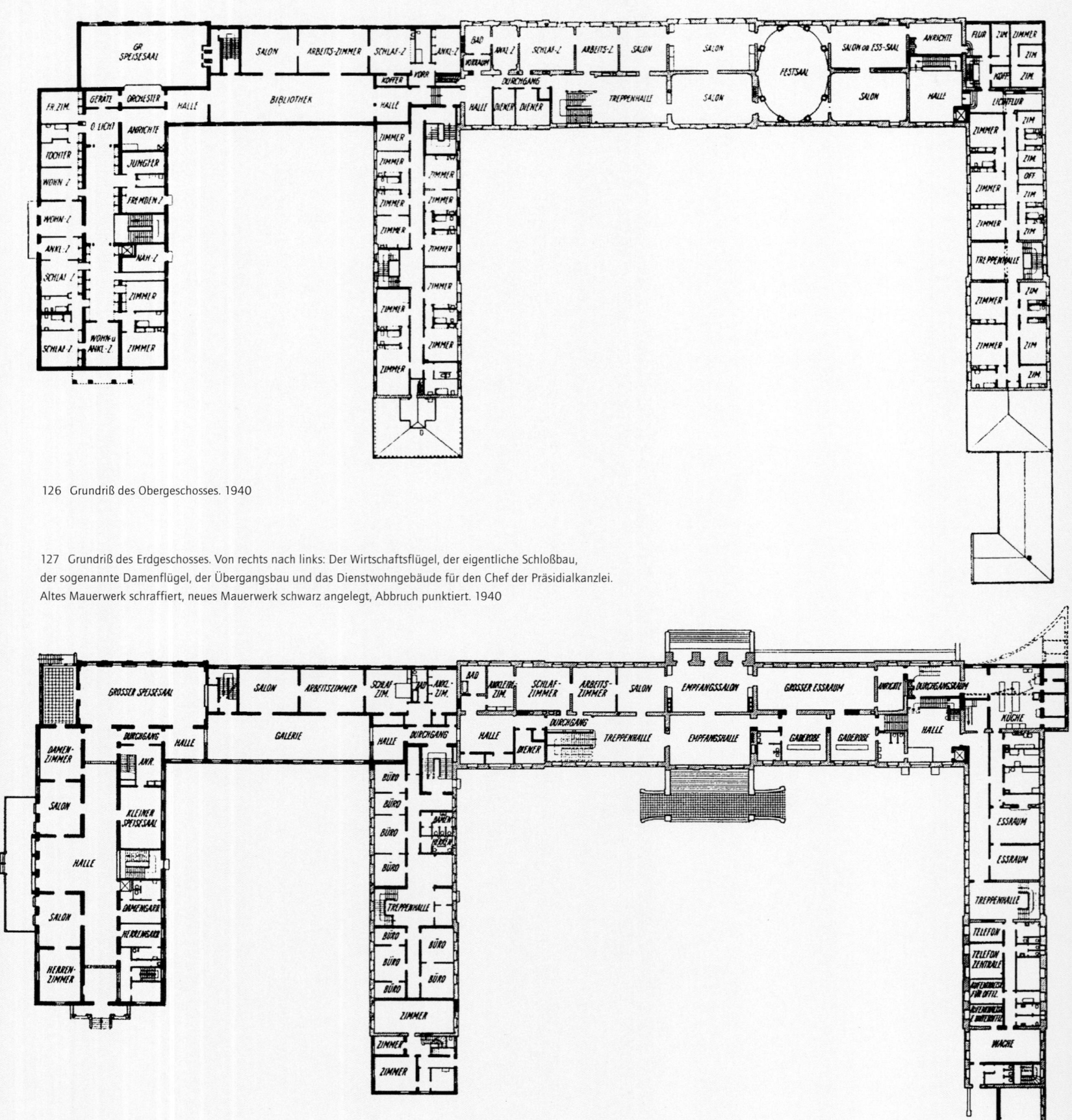

126 Grundriß des Obergeschosses. 1940

127 Grundriß des Erdgeschosses. Von rechts nach links: Der Wirtschaftsflügel, der eigentliche Schloßbau,
der sogenannte Damenflügel, der Übergangsbau und das Dienstwohngebäude für den Chef der Präsidialkanzlei.
Altes Mauerwerk schraffiert, neues Mauerwerk schwarz angelegt, Abbruch punktiert. 1940

zugunsten des Reiches spendiert. Zu den weiteren Theaterprojekten, die zumeist eine Modernisierung und den Einbau einer »Führerloge« umfassen, gehören das Schillertheater und der Admiralspalast in Berlin, das Nationaltheater Weimar und das Theater in Posen. Zum geplanten Theaterbau in Hitlers Geburtsstadt Braunau am Inn kommt es wegen des Krieges nicht mehr. In der Bellevue-Zeit, um 1938–1939, ist Baumgarten als entwerfender oder assistierender Architekt mit wenigstens acht großen staatlichen und privaten Projekten befaßt, darunter: das Verwaltungsgebäude der Luftfahrtindustrie in Berlin, die neue Reichskanzlei, Goebbels' Dienstpalais in der Hermann-Göring-Straße sowie der Umbau von Goebbels' Villa auf Schwanenwerder. Baumgartens enge Verbundenheit mit dem Regime ist unübersehbar, er gehört zu den bevorzugten Architekten des Führers. Er gilt nicht nur als Hitlers Theaterbaumeister, sondern sitzt seit 1935 auch im Reichskultursenat. Gleichwohl bezeugen in seinem Entnazifizierungsverfahren vielfältige Stellungnahmen immer wieder, daß der Architekt allein seine Kunst ausgeübt und sich niemals politisch betätigt habe.[28] Paul Baumgarten stirbt am 26. Februar 1946 in Berlin.[29]

Baumgartens Villenbauten, insbesondere die »Wannsee-Konferenz«-Villa Marlier, sind die beste Vorbereitung auf den Bellevue-Auftrag, geht es doch darum, hochrangigen Staatsgästen einen angenehmen Aufenthalt in einem großzügigen und kultivierten, dazu mit allen Bequemlichkeiten moderner Wohnkultur ausgestatteten Umfeld zu bieten. Aber die Herausforderung der Aufgabe reicht doch weit über Baumgartens bisherige Aufgaben hinaus, sie ist dreifach:

- Ein 150 Jahre altes Schloß ist den Erfordernissen des Tages anzupassen;
- das Baudenkmal ist durch einen Neubau zu ergänzen, der sich direkt an das historische Corps de logis anschließt;
- und schließlich muß das Ensemble als Staatsbau das Dritte Reich repräsentieren.

Im Zentrum der Maßnahmen steht die Einrichtung von dreifach abgestuften Wohnungen. Für herausgehobene Gäste werden vier in sich geschlossene Appartements geschaffen, die alle an der Gartenseite liegen, jedes bestehend aus Salon, Arbeitszimmer, Schlafzimmer, Ankleideraum und Bad. Die Räumlichkeiten für die Begleitung, die höheren Beamten, Offiziere, Adjutanten usw., enthalten jeweils einen Salon als Wohn- und Arbeitszimmer sowie einen Schlafraum mit Bad. Schließlich entwirft Baumgarten Einzelappartements mit einem kombinierten Wohn- und Schlafraum sowie einer im Schrank verborgenen Waschtoilette. Während die vier großen Appartements im alten Corps de logis links des Mittelrisalits und im Verbindungsbau liegen, der vom Schloß zur Meißner-Residenz hinüberführt, befinden sich die restlichen Räume in den Seitenflügeln. An der Spreeseite liegen die Gelasse für das Begleitpersonal und für die Dienerschaft, im Damenflügel jene für das Gefolge. In den Erdgeschossen befinden sich Büros, Wirtschafts- und Wachräume, die Telefonzentrale usw.

Neben den repräsentativen Neu- und Umbauten erfordern die Veränderungen auch eine Vielzahl eher unsichtbarer technischer Eingriffe. Die starken Umfassungsmauern der bestehenden Gebäude erweisen sich als nicht isoliert und werden trockengelegt. Das Haus bekommt eine neue Anlage für Heizung, Warmwasserbereitung und Wasserveredelung sowie neue Leitungsnetze für Starkstrom, Beleuchtung, Fernsprecher, Übertragungs-, Rundfunk- und Signalanlagen. Dabei werden alle Rohrführungen verdeckt angeordnet und die Heizkörper fast unsichtbar in die Wandtäfelungen integriert. Bei allen Eingriffen wird darauf geachtet, daß die »vorhandenen künstlerischen Werte«, etwa die zur Erhaltung bestimmten Decken, nicht beschädigt werden.[30] In der Nähe des Großen Sterns entsteht ein Garagengebäude für zwölf Fahrzeuge, ein schlichter Zweckbau, der auch Wohnräume für die Chauffeure enthält. Das Beamtenwohnhaus am Spreeweg wird abgetragen und in der alten Form, nun allerdings unterkellert, neu aufgeführt und – wie Baumgarten in der Beschreibung erläutert – »gutbürgerlich als Wohngebäude ausgestattet«.[31] Auch die beiden Meierei-Gebäude werden mit Bädern und Heizung auf den neuesten Wohnstandard gebracht. Den außerordentlichen Umfang der gesamten Baumaßnahmen kennzeichnen schlaglichtartig die sanitären Einrichtungen: Es werden nicht weniger als 66 Abortanlagen, 35 Bäder, 15 PP-Anlagen, 92 Waschanlagen und 8 Bidets installiert.[32]

Am Äußeren vollzieht der Architekt die wenigen Eingriffe an den Stellen, wo sich die bedauernswerten »défauts d'architecture« am heftigsten bemerkbar machen. Zum einen schließt Baumgarten den offenen Winkel zwischen Hauptbau und Spreeflügel und bringt im Erdgeschoß der Eckenfüllung eine moderne Großküche, im Obergeschoß einige kleinere Zimmer unter. Ein eingeschossiger Vorbau, im Plan als »Vorrat« und »Kühlraum« bezeichnet, akzentuiert diesen Lückenschluß. Die Nahtstelle zwischen dem alten Spreeflügel und der Ergänzung kennzeichnet Baumgarten, indem er hier den Abstand zwischen den Fenstern etwas breiter hält. Auf der gegenüberliegenden Seite am Damenflügel wird das Winkelproblem durch den Verbindungsbau gelöst. Die beiden geschwungenen, die Lücken kaschierenden Vorbauten verschwinden.

Die zweite, weitaus gewichtigere Veränderung betrifft den zentralen Eingang. Baumgarten korrigiert den Prinzen Ferdinand und setzt den Kollegen Boumann in sein Recht, indem er den Haupteingang im Mittelrisalit einrichtet. Dazu werden die vorhandenen drei Fenster bis zum Fußboden hinunter geöffnet und um eine Binnenwandung ein wenig erweitert; davor legt Baumgarten eine breite, über den gesamten Risalit reichende Freitreppe an. Die Zugänge sind als transparente Glastüren konzipiert, deren Sprossenlage sich an die Fenster anpaßt. Anstatt der von Boumann geplanten Skulpturen flankieren Leuchter die Freitreppe. Die etwas erhöht liegende Vorfahrtsrampe ist durch drei Stufen mit dem Hofniveau verbunden. Damit hat der Bau endlich jene – optische wie physische – »Erdung« gefunden, die er seit der Entstehung so schmerzlich vermissen mußte. Die beiden Seitenportale bleiben erhalten, dienen jedoch nur als Nebeneingänge; an

128 Schloß Bellevue,
Mittelrisalit.
Foto von Emil Leitner,
1939

der Gartenfassade sind die Pforten bereits seit dem Museumsumbau geschlossen.

Mit dieser Lösung verbindet Baumgarten gewissermaßen zwei Entwürfe seines frühen Vorgängers: Vom ersten, nicht ausgeführten Plan Boumanns übernimmt er den zentralen Zugang mit der breiten Treppe, vom tatsächlich Gebauten die Gleichförmigkeit der drei Öffnungen. Berücksichtigt man außerdem die den Fenstern angepaßten Glastüren, dann gelingt Baumgarten die harmonischste und ausgewogenste Lösung. Alles wirkt gastfreundlich und offen, mehr denn je hat das Palais mit den neuen Glas-

türen nun den Charakter eines Landhauses. Gewiß nicht zufällig erinnert die Eingangslösung an Schinkels Gartensalon. Daß Baumgarten sich für drei gleichförmige Türen entscheidet und nicht auf Boumanns ursprünglichen Entwurf mit einem herausgehobenen Mitteleingang zurückgreift, ist immerhin bemerkenswert. Tatsächlich hat ja die nationalsozialistische Architektur eine Vorliebe für mehrtürige Eingänge, nur in Ausnahmefällen setzt der Führer-Staat auf das eine, herausgehobene Portal.

Mit dem neuen Eingang im Mittelrisalit beginnt Baumgartens Raumprogramm, das über die anschließende Empfangshalle geradeaus zum

129 Gartenseite mit
großer Terrasse.
Foto von Emil Leitner, 1939

130 Eingangshalle.
Foto von Emil Leitner, 1939

131 Große Treppenhalle, Blick vom Mittelpodest.
Foto von Emil Leitner, 1939

132 Rechte Nebentreppe, Obergeschoß.
Foto von Emil Leitner, 1939

Baumgarten ist auf der einen Seite um weitestgehenden Erhalt der vorhandenen Bausubstanz und um Ergänzungen bemüht, die sich vom Altbau kaum unterscheiden. Auf der anderen Seite greift er rücksichtslos durch, um sein Programm zu realisieren. So erfährt der zentrale Erdgeschoß-Saal an der Hofseite, der ehemalige »Blaue Salon«, innerhalb von zwei Jahrzehnten seine dritte Neugestaltung. Wilhelm II. ließ den »Konversationssaal« um 1915 ganz neu einrichten (Abb. 117), in der Museumszeit wurden die Wände mit Platten abgedeckt (Abb. 121), und Baumgarten verkleidet die Wände des nun als Eingangshalle dienenden Raumes mit hellem, poliertem Auerkalkstein und belegt den Fußboden mit schlesischem Marmor. Die Tür zum Gartensaal erhält eine massive Rahmung aus Halbsäulen und mächtigem Gebälk. Allein die stuckierte Decke bleibt erhalten und repräsentiert weiterhin das Schönheitsideal des Kaisers. Bei den sonstigen Veränderungen stützt Baumgarten sich weitgehend auf die Umbauten für das Volkskundemuseum. So verwandelt er den großen Vortragssaal in ein Speisezimmer, die Ausstellungsräume rechts der Empfangshalle werden zu Toiletten und Garderoben, die Räume links des Gartensaals werden zusammengelegt und bilden ein Gästeappartement. Der Eingang und die Treppenanlage im linken Seitenrisalit bleiben erhalten. Im rechten Seitenrisalit wird der breite Museumsaufgang entfernt und die Treppe in einer verkleinerten Halle ganz neu angelegt. Den oberen Übergang zum Spreeflügel, der in der Museumszeit nicht vorgesehen war, ermöglichen einige weitere Stufen.

Einen tiefen Einschnitt gibt es auf der linken Seite der Empfangshalle. Zwei Räume – einst Vor- und Speisezimmer, dann Ausstellungssäle – werden zu einer steinverkleideten Halle zusammengefaßt, in deren Mitte die neue Haupttreppe in das Obergeschoß führt. Naturgemäß verschwinden im ersten Stock die entsprechenden Räume, nur ihre Decken werden nicht angetastet. Im zentralen Raum an der Hofseite, dessen Wände für die

»hellen Gartensaal« führt, dem »eigentlichen Empfangsraum des Hauses«[33]. Auf der linken Seite erreicht der Gast durch eine weitere Halle hindurch und über eine ganz neue Treppenanlage das Obergeschoß. Die Garten-Terrasse wird monumental erweitert: Sie erstreckt sich nun über die gesamte Breite des Corps de logis und ist so ausgedehnt, daß sie zwei große, rechteckige Blumenbeete enthalten kann. Sie liegt erheblich tiefer als der Hauptbau, mit dem sie durch eine breite Treppe verbunden ist, und hält zu ihm – um die Kellerfenster freizulassen – einen gewissen Abstand. Wie an der Vorfahrt auf der Hofseite führen drei weitere Stufen hinunter zum Terrain-Niveau.

133 Große Treppenhalle,
Erdgeschoß.
Foto von Emil Leitner, 1939

134 Gartensaal, Erdge-
schoß, mit Blick in den
Großen Speisesaal.
Foto von Emil Leitner, 1939

135 Großer Speisesaal im Erdgeschoß.
Foto von Julius Wilcke

136 Saal mit »Hetrurischer Decke«, Obergeschoß.
Foto von Emil Leitner, 1939

◀ 137 Konferenzzimmer,
ein rechts des Langhans-Saals
neu geschaffener Raum.
Foto von Emil Leitner, 1939

138 Kleines Eßzimmer (oder Konferenzzimmer) an der Gartenseite.
Foto von Emil Leitner, 1939

Museumszwecke abgedeckt wurden (Abb. 122), bleibt die »hetrurische« Decke erhalten, desgleichen das umlaufende Paneel. Die Wand wird mit beigefarbenem Samt bespannt, der Abschluß oben und unten durch Mäanderbänder markiert. Rechts des Langhans-Saales werden zwei hofseitige Museumsausstellungsräume zu einem »Konferenzzimmer« zusammengelegt und mit gerundeten Raumecken, Deckenkehlen und einem ovalen Rokoko-Deckengemälde dem Stil des Schlosses angeglichen. Der daneben zum Garten gelegene Ausstellungsraum wird zum kleinen Eß- oder Konferenzzimmer. Die Räume links des einstigen Balkonzimmers – die Bibliothek (Abb. 36), das Chinesische (Abb. 37) und das Schlafzimmer (Abb. 40) – sind ursprünglich die neben dem Festsaal am aufwendigsten ausgestatteten Räume im Schloß. Baumgarten fügt sie zu einem Gästeappartement zusammen und räumt dafür deren kostbare Interieurs rücksichtslos aus. Lediglich einige der bemalten Pergamenttapeten des Chinesischen Zimmers werden in einem »kleineren Verbindungsraum« neu installiert.[34] Ob auch das kleine Langhans-Kabinett (Abb. 72) aufgelöst wird, ist ungewiß. Der einzige Raum, der alle Veränderungen unbeschadet übersteht und aus dem Umbau frisch renoviert hervorgeht, ist erneut der ovale Festsaal von Langhans.

Das zweistöckige, repräsentative Dienstwohngebäude des Chefs der Präsidialkanzlei liegt ungefähr dort, wo sich Knobelsdorffs Landhaus sowie die anschließenden Ställe und Wirtschaftsräume befanden. Den Zusammenhang mit dem Corps de logis stellt ein Verbindungsbau her, in dem sich zwei Gästeappartements sowie weitläufige Galerien befinden. Die im Obergeschoß mit einem Kamin ausgestattete Galerie wird als Bibliothek eingerichtet. Im Schnittpunkt von Verbindungsbau und Residenz liegt der über zwei Geschosse reichende Große Speise- und Festsaal, dessen Decke eine Reliefdarstellung mit Diana, Hirsch und Hunden schmückt, eine Reverenz an das alte Jagdgebiet des Tiergartens, aber auch an Pesnes Ausmalung des Knobelsdorffschen Landhauses. Dieser Saal ist sowohl vom Meißnerbau als auch vom Corps de logis aus bequem zu erreichen. Der Haupteingang zu Meißners Residenz liegt am Spreeweg, wo der Besucher das Haus durch einen Pfeiler-Portikus betritt. Über einen Windfang gelangt er in die Halle, die – parallel zu Salons, Herren- und Damenzimmer und Kleinem Speisesaal – den gesamten Bau bis zum großen Saal durchläuft. In ihrer Mitte führt links ein mit Säulen abgegrenztes, geräumiges Vestibül hinaus in den Garten, an der rechten Seite geht es hinauf in die Privaträume des Obergeschosses und durch eine weitere Pforte in den Hof zwischen Meißner- und Damenflügel.

Im Äußeren ist Baumgarten augenscheinlich bemüht, dem alten Schloß Respekt zu zollen und sich seiner Gestalt weitgehend anzupassen. Dies geschieht nicht zuletzt durch die Größenverhältnisse: Der Neubau ist niedriger als das Hauptgebäude und orientiert sich in der Höhe an den Seitenflügeln; das hebt insbesondere an der Gartenseite das Corps de logis als den dominierenden Bauteil der Gesamtanlage deutlich hervor. Der Verbindungsbau setzt das Hauptgebäude in gleicher Breite fort. An der

139 Haupteingang des
Meißner-Flügels.
Foto von Emil Leitner,
1939

140 Südliche Garten-
fassade des Meißner-
Flügels, links die
eingeschossige Veranda.
Foto von Emil Leitner,
1939

141 Windfang des
Meißner-Flügels
Foto von Emil Leitner
1939

142 Meißner-Flügel,
Getäfeltes Arbeitszimmer.
Foto von Emil Leitner, 1939

143 Erster Salon des
Meißner-Flügels.
Foto von Emil Leitner, 1939

144 Gartenvestibül und
Halle des Meißner-Flügels.
Foto von Emil Leitner, 1939

145 Empire-Salon des
Meißner-Flügels.
Foto von Emil Leitner, 1939

146 Großer Speise- und
Festsaal des Meißner-Flügels.
Foto von Emil Leitner, 1939

147 Veranda vor dem
Großen Saal des
Meißner-Flügels.
Foto von Emil Leitner, 1939

Gartenseite sind die Maßverhältnisse der Fassade so angelegt, daß der Verbindungsbau mit seinen elf Achsen ungefähr der halben Schloßlänge entspricht. Gegenüber dem fünfachsigen großen Speisesaal und dem Corps de logis ist der Verbindungstrakt etwas zurückgesetzt, so daß der Speisesaal und das Corps de logis wie Risalite wirken und die lange, insgesamt 38 Fensterachsen umfassende Gartenfront etwas aufgelockert wird. Die gegenüberliegende Fassade am neuen Hof zwischen Damenflügel und Meißnerbau hat exakt dieselbe Ausdehnung wie am Hauptbau die Strecke von der Gebäudekante bis zum Beginn des Mittelrisalits. Die zum Großen Stern hin ausgerichtete 13-achsige Südfassade weist mit der Betonung der mittleren drei Fensterachsen, die als Türen ausgebildet sind und auf eine breite Terrasse führen, sowie mit dem darüberliegenden Balkon eine große Ähnlichkeit mit der Gartenfassade des Corps de logis auf. Eine breite, flache Treppe führt von der Terrasse hinab in den Garten. Unter der Terrasse liegt ein »bombensicherer Luftschutzraum«[35], weitere Schutzräume befinden sich unter den Gästewohnungen im Verbindungstrakt. – Wie ein beziehungsreicher architektonischer Scherz mutet es an, wenn Baumgarten in der Ecke zwischen Südfassade und großem Speisesaal einen leeren Winkel entstehen läßt, der auffallend jenen leeren Winkeln gleicht, die ursprünglich zwischen Schloßhauptgebäude und Seitenflügeln lagen. Doch während Baumgarten jene »défauts d'architecture« selbst beseitigt, scheint er hier Gefallen daran zu finden, diesen Winkel zu betonen, indem er dort eine einstöckige Veranda unterbringt, die im übrigen seinem kleinen Küchenvorbau an der Nord-West-Seite des Schlosses entspricht.

Im Gegensatz zur Gleichwertigkeit der beiden Geschosse im Corps de logis macht Baumgarten im Meißner-Flügel Unterschiede: Die französischen Fenster mit schmiedeeisernen Balustraden weisen im Erdgeschoß auf den offiziösen Charakter dieser Räume hin, während die Privatgemächer im ersten Stock herkömmliche Fenster haben. Die Ecken sind durch Scheinfugen akzentuiert, wie wir sie schon von den Risaliten an der Gartenseite des Corps de logis kennen, und auch die Fensterbänke im Obergeschoß und die flachen Fensterverdachungen im Erdgeschoß orientieren sich an ähnlichen Formen des Hauptbaus. Entsprechendes gilt für die Fenster des flachen Kellergeschosses, das sich mit seinen Natursteinen gegenüber der verputzten Fassade abhebt und deutlicher als im Corps de logis als ein niedriger Sockel ausgebildet ist. Die dreiachsige Ostfassade des Meißnerbaus, die Hauptzugangsseite, wird nobilitiert durch einen Portikus mit vier kannelierten jonischen Pfeilern und einem Dreiecksgiebel, der geschmückt ist mit dem Partei- und Reichsemblem aus stilisiertem Reichsadler und einem lorbeerumkränzten Hakenkreuz. Es ist übrigens, soweit heute ersichtlich, das einzige Hakenkreuz, das Bellevue aufzuweisen hat. Der zwischen Damenflügel, Verbindungs- und Meißnerbau neu entstandene Hof erhält gegen den Spreeweg einen gewissen Abschluß durch eine Pergola. – Der Park ist weiterhin zugänglich und wird nur bei Staatsbesuchen rund um das Schloß gesperrt. Für die nötige Abtrennung sollen Hecken gepflanzt werden; die den Park umschließende Mauer verschwindet. Der

Wunsch des Soldatenkönigs an den Plantagenbesitzer Jean Bechier Fayé, anstatt eines Zaunes eine Hecke anzulegen, wird damit nach 220 Jahren doch noch Realität, und mehr denn jemals zuvor in seiner 150-jährigen Geschichte ist der Schloßpark Bellevue ein offener, integrativer Bestandteil des Tiergartens.

Bei der Gestaltung und Anpassung seiner Neubauten ist Paul Baumgarten, es wurde schon gesagt, auffallend um eine feinfühlige Rücksichtnahme gegenüber dem vorhandenen Baudenkmal bemüht. Gerade auch im Vergleich mit seinen sonstigen Villenbauten wirkt die Gestaltung sehr zurückhaltend, sogar karg. Dabei hatte Speer angesichts der ersten Pläne Baumgartens nicht nur eine Anlehnung an die Architektur des Schlosses empfohlen, sondern auch darauf gedrängt, die Fassaden »reicher« auszustatten.[36] Gleichzeitig wird im direkten Vergleich doch sehr deutlich, daß der stets etwas trockene Klassizismus des Dritten Reiches gegenüber dem Detailreichtum und der Eleganz des Frühklassizismus um 1785 nur verlieren kann. Wenn etwa Baumgartens frugaler Portikus gegenüber Boumanns feierlich-reichem Mittelrisalit so deutlich abfällt, so liegt das nicht allein an der demonstrativen, um nicht zu sagen: »revolutionären« Schlichtheit der Naziarchitektur, die sich mehr an Gilly als an Schinkel orientieren mag. Es sind Details, wie die winzigen ionischen Volutenkissen, die zwischen Pfeiler und Giebel förmlich zerquetscht werden, oder auch die wie Pappmaché aufgeklebten kannelierten Pfeilerplatten, die erkennen lassen, daß dieser Klassizismus eben nur hohles Pathos ist und keine Architektur der »inneren Notwendigkeit«. Auffallend in den Neubauten sind die langen und weiten Passagenräume, wie die Galerien im Verbindungstrakt und die das gesamte Gebäude durchziehende Halle im Meißnerbau, Ausdruck der nationalsozialistischen Vorliebe für Repräsentatives und Zeremoniales, das in Speers Neuer Reichskanzlei auf die Spitze getrieben wird. Mit dem dortigen Runden Saal, dem Scharnier zwischen Mosaiksaal und Marmorgalerie, bezieht sich Speer übrigens deutlich auf den Schinkel-Pavillon im Bellevue-Park.

Bei der Gestaltung des Inneren, an der die »Meisterräume«, eine Berliner »Gesellschaft für repräsentative Wohnkultur«, maßgeblich beteiligt sind, kollidiert das Bemühen um Solidität und Gediegenheit gelegentlich mit dem Wunsch, durch aufwendige Inszenierung und kostbare Materialien die Potenz des Dritten Reiches zu demonstrieren. Die Wände sind mit poliertem Naturstein verkleidet oder mit »edlen deutschen Hölzern« getäfelt, wie etwa die Bibliothek mit gekälktem Eichenholz. Ansonsten werden sie vielfach von Holzpaneelen gegliedert, die auch als Pilaster ausgebildet sein können; dazwischen erstrecken sich »wertvolle alte Tapeten«, neue Seidendamastgewebe oder auch Samt.[37] Mit wenigen Ausnahmen werden alle alten Decken durch »sorgfältig abgewogene Stuckdecken« ersetzt.[38] Zeitgenössische Berichterstatter sind des Lobes voll: »Die Innenräume repräsentieren unsere deutsche Wohnkultur neuzeitlicher Art, die auf der Tradition fußend in ihren Formen weiter entwickelt worden ist. Neben den zeitgemäß abgewandelten, unseren Bedürfnissen angepaßten Stilformen sind in heutigem solid-vornehmen Sinne wohnlich eingerichtete Räume

148 Galerie im Erdgeschoß
des Verbindungsbaus.
Foto von Emil Leitner, 1939

geschaffen worden. Der hohe Stand des heutigen deutschen handwerklichen Schaffens hat hier einen Leistungsbeweis in mannigfaltigster Art erbracht, so daß die Innenausstattung im ganzen als ein Dokument unseres Meisterschaffens bezeichnet werden darf.« Besonders hervorgehoben wird die im Erdgeschoß des Verbindungsbaus gelegene Galerie, »die allein durch ihre Raumverhältnisse ein Musterbeispiel für den intimen vornehmen Gesellschaftsraum ist, der mit seinen feinen Farbstufen der Wände, Sessel, Vorhänge, des Fußbodens, des Wandschmucks und der Möbel besonders in der milden Raumbeleuchtung abends (indirektes Licht!) sehr behaglich wirkt, ohne dadurch weniger festlich zu sein.«[39]

Tatsächlich ist dem Ganzen ein gewisser Effekt, gelegentlich sogar Eleganz, nicht abzusprechen. Baumgarten bemüht sich sehr, die Grundstruktur des Hauses zu respektieren und mit dem angestrebten Charakter eines luxuriösen Privathotels zu vereinbaren. Auffallend ist die großzügige Verwendung von Gobelins, die mehrere Bedürfnisse abdecken: Sie haben die Würde alter, bedeutsamer Kunstwerke, erzählen bildhafte Geschichten, dienen als großflächige Wandbespannung und sorgen in ihrer dichten Stofflichkeit für eine warme Atmosphäre. Bei genauerem Hinsehen kommt diese »repräsentative Wohnkultur« jedoch auf recht schweren Füßen daher und wirkt wie festgezurrt an einer immer wieder beschworenen Tradition, sei sie fiktiv oder real. Offenbar orientiert sich Baumgarten am Übergangscharakter der Bellevue-Entstehungszeit, wenn er Spuren des Rokoko etwa

im Deckenornament und in den Beleuchtungskörpern aufscheinen läßt. Andererseits setzt er ganz auf »Klassizismus«, der in vielfältigen Variationen den gesamten Komplex durchzieht und den Vorteil hat, sowohl der Gründungsstil des Schlosses als auch die bevorzugte Ausdrucksform der Auftraggeber zu sein. Alles wirkt auf eine schlichte Weise erhebend, festlich und groß, nichts Verspieltes stört den strengen Grundton, der allenfalls gemildert wird durch das Bemühen um bequeme Wohnlichkeit. Die Ausstattung ist geprägt von einem etwas gestelzten, »hoheitsvollen« Vornehmen, das sich in den vielen nach oben ragenden, schmalen Gestaltungselementen ausdrückt. Die kostbaren Materialien und aufwendigen Verarbeitungen wissen wenig miteinander anzufangen. Die vielen Hände, die offenbar an der Ausgestaltung mitwirken, wollen so recht zu keinem einheitlichen Stil zusammenfinden, wenn etwa der helle und klare, am geometrischen Jugendstil orientierte Wandschrank neben fülligen Draperien, »altdeutschem« Mobiliar und plüschigen Sitzgruppen mit, pardon, kleinbürgerlichen Tischdecken steht. Hinzu kommen die als Fundstücke implantierten Dirksen-Räume des venezianischen Rokoko und der norditalienischen Renaissance, von denen gleich noch die Rede sein wird. Der bodenständige, geflochtene Haarkranz paßt in der Tat besser in diese Interieurs hinein als ein kostbares Diadem. Insgesamt erscheint die Gestaltung des Neubaus gelungener weil einheitlicher als die des Corps de logis, hat der Architekt hier doch völlig freie Hand. In welche Abgründe die Einrich

149 Galerie im Oberge-
schoß des Verbindungs-
baus. Bibliothek mit
»Fugger-Kamin« aus der
Sammlung von Dirksen.
Foto von Emil Leitner, 1939

tung stürzt, wenn die Bewohner ganz bei sich sind, demonstriert eindrucksvoll der Wintergarten, dessen Gummibäume bereits den nahtlosen Übergang zum Geschmack der fünfziger Jahre ankündigen.

Einen erheblichen Anteil an der eklektischen Wirkung hat die Sammlung des Willibald von Dirksen (1852–1928), die bei der Einrichtung eine
entscheidende Rolle spielt. Der vermögende Kaiserliche Legationsrat und
Gesandte – bis 1903 im Auswärtigen Dienst tätig, danach Mitglied des
Preußischen Abgeordnetenhauses, dann des Herrenhauses – ist einer der
bedeutenderen Sammler von Kunstwerken und Objets d'Art im Berlin der
Kaiserzeit. In engster Kooperation mit dem Chef der Skulpturen- und Gemäldesammlung, dann Generaldirektor der Staatlichen Museen, Wilhelm
von Bode, trägt er in den Jahren um 1900 eine umfangreiche Kollektion
zusammen.[40] Jeder Kauf und Verkauf wird eng mit Bode abgestimmt,
Dirksen läßt ihn sogar verhandeln und die Preise drücken; das Finanzielle
wird stets über Bodes Konto abgewickelt. Schließlich agiert Bode auch als
Dirksens Einrichtungsberater: »... sah das Ergebnis Ihrer gütigen Arbeit im
Billardzimmer«, heißt es in einem der vielen Schreiben an Bode, »das Arrangement hat ungemein gewonnen, haben Sie vielen Dank für Ihre Mit-
wirkung.«[41] Symbiotischer kann die Zusammenarbeit eines Privatsammlers
mit dem Direktor eines staatlichen Museums nicht sein. Bode läßt sich auf
diese dubiose Form der Kooperation in der Hoffnung ein, die von ihm be-
treute Sammlung eines Tages als Geschenk an das Museum in Empfang

nehmen zu können, aber in diesem Fall, wie in manchem anderen, erfüllt
sich die Hoffnung nur zum geringen Teil.[42]

Dirksens Ankäufe zeugen von breit gefächerten Interessen. Den Kern
bilden italienische Skulpturen der Renaissance und des Barock; die Floren-
tiner Bronzesammlung ist vor allem durch Giovanni da Bologna vertreten.
Zwar kreuzen die großen Namen seinen Weg, von Tiepolo und Veronese ist
die Rede, von Cellini, Lotto, Pontormo und Sebastiano del Piombo, auch
von Giorgione, Tizian und Tintoretto; doch nicht alles wird erworben, und
manches stellt sich am Ende als nicht echt, nicht original heraus. Dirksens
besondere Vorliebe aber gilt kleinen Bronzen und großen Gobelins, end-
losen Serien von Tischen, Stühlen, Sofas und Sesseln, von Vasen, Majoliken,
Vitrinen und Truhen, von Läufern und Teppichen. Die Unterbringung der
erworbenen Schätze in seinem privaten Umfeld ist von zentralem Interesse:
Die Ankäufe erfolgen nicht zuletzt im Hinblick auf die Plazierung in seinen Wohnräumen, zunächst für sein Haus in der Potsdamer Straße, dann
für einen Neubau in der gerade angelegten Margaretenstraße, die vom
Viktoria-Platz nahe der Matthäikirche zur Potsdamer Straße führt. Dirksens
1913 von W. Schanzer erbaute Villa stand etwa dort, wo sich heute die
Tiefgaragenzufahrt der Staatsbibliothek befindet. Das vom Berliner Kunst-
und Auktionshaus Lepke im Dezember 1928 erstellte Inventar umfaßt
879 Nummern mit mehreren tausend Gegenständen, der Wert wird auf
760.354 Mark geschätzt.[43]

150 Gästeappartement, Wandschrank eines Ankleidezimmers. Foto von Emil Leitner, 1939

151 Gästeappartement im Verbindungsbau, Salon. Foto von Emil Leitner, 1939

Nach Willibald von Dirksens Tod läßt die Witwe, Viktoria von Dirksen, die zweite Ehefrau des Verstorbenen, ihren Erbanteil im April 1931 bei Lepke versteigern, doch von den 560 Nummern werden nur 264 zugeschlagen, der Erlös von knapp 150.000 RM bleibt weit unter den Erwartungen.[44] Spätestens jetzt stellt sich auch die zweifelhafte Herkunft mehrerer Objekte heraus, ob »frühe Elfenbeinarbeiten«, ein kleiner »Cima«, die »Mantegna-Decke« oder ein »Tintoretto«: So manches ist von minderer Qualität, wenn es sich nicht gar um moderne Fälschungen handelt.[45] Doch nicht nur die Qualität der Werke oder die wirtschaftlich schwierige Zeit begründen den mäßigen Verkaufserfolg. Die dem Okkulten zuneigende Viktoria von Dirksen, in erster Ehe mit dem Industriellen von Paleske verheiratet, ist eine glühende Anhängerin Hitlers und enge Vertraute der Familie Goebbels, und sie nutzt ihr großes Vermögen, um die nationalsozialistische Partei und den Aufstieg des Führers nach Kräften zu fördern. Noch als Reichskanzler erscheint Hitler regelmäßig bei ihr zum Tee, und das Zusammentreffen zwischen ihm und der Exilkaiserin Hermine, der zweiten Frau Wilhelms II., bei dem es um die Annäherung zwischen Kaiserhaus und Partei geht, findet in ihrem Haus in der Margaretenstraße statt. So kommentiert ein Beobachter das Auktionsergebnis: »Etwas habe ich das Gefühl, dass die politische Betätigung Ihrer Exzellenz [Viktoria von Dirksen] der Auktion nicht förderlich war. Die Kunsthändler rekrutieren sich nun einmal erfahrungsgemäß nicht aus den Kreisen der Nazis, und es ist durchaus denkbar, daß die Kunsthändler recht wenig geboten haben, weil sie von den politischen Soirées in der Margaretenstrasse mehr oder weniger wissen.«[46] Doch die Nähe zu Hitler, die der Viktoria von Dirksen jetzt möglicherweise schadet, wird ihr in der gleichen Sache später von Nutzen sein.

Das nicht versteigerte Auktionsgut, darunter allein etwa sechzig Sessel, Schemel, Lehn-, Klapp- und sonstige Stühle des 17. Jahrhunderts, wartet immer noch auf seine weitere Verwertung, als Albert Speer die Umgestaltung Berlins in Gang setzt. Die Arbeiten an der monumentalen Nord-Süd-Achse beginnen im Juni 1938 mit Abrißmaßnahmen für die Anlage des Runden Platzes, dem Zentrum des »Kulturforums«, dem auch die Dirksen-Villa in der Margaretenstraße weichen soll (tatsächlich fällt sie später feindlichen Bomben zum Opfer[47]). Vermutlich in diesem Zusammenhang reifen die Pläne, große Teile der Sammlung von Dirksen, vor allem die fest installierten Räume und Ausstattungen, in die Bellevue-Neugestaltung einzubeziehen. Der enge Umgang »Toris« – wie die ungeliebte Stiefmutter in der Familie genannt wird – mit den führenden Nazipersönlichkeiten, insbesondere mit Hitler selbst, wird dabei eine Hilfe sein. Die Transaktion findet nicht vor dem Frühjahr 1939 statt[48]; dieser späte Zeitpunkt ist um so erstaunlicher, als einiges, wie das »Morosini-Zimmer« sowie mehrere Decken, Kamine und Türen, in die Räumlichkeiten eingepaßt werden muß und der Um- und Neubau bereits weit fortgeschritten ist. Eines aber haben alle Objekte gemeinsam: Sie dienten dem Repräsentationsbedürfnis des

152 Gästeappartement,
Arbeitszimmer.
Foto von Emil Leitner, 1939

Sammlers nicht weniger als seinem Wunsch nach Kunstgenuß, und ihre »Wohntauglichkeit« haben sie in seiner Villa nachhaltig bewiesen.

So bietet sich die einzigartige Gelegenheit, für die Ausstattung von Gästehaus und Meißner-Residenz einen kompletten, überaus opulenten Satz von Objekten des repräsentativen Wohnens zu übernehmen und damit viele Einrichtungsfragen und -probleme auf einen Schlag zu lösen. In den zeitgenössischen Berichten werden erwähnt: eine bemalte Holzdecke aus dem 16. Jahrhundert im Stile Mantegnas mit den Porträts römischer Kaiser, ein Kamin »aus dem Palazzo Chigi« und einer von den Fuggers, der seinen Platz in der Bibliothek findet, eine Ulmer und eine Lindauer Holzdecke, schließlich »Paneele, Türen mit Intarsienarbeit und zahlreiche kostbare Möbel« sowie eine Reihe von Teppichen, alles »erlesene Stücke echter alter Herkunft«. Der umfangreichste Raumtransfer betrifft das »Morosini-Zimmer«, ein seidenbespannter Raum des 18. Jahrhunderts, wohl aus einem Palazzo der weitverzweigten venezianischen Familie dieses Namens.[49] Anhand des Auktionskataloges von 1931 lassen sich einige Gemälde bestimmen. Es sind: ein Porträt der Laura de Danti von Tizian, von Bode als Sebastiano del Piombo erworben[50]; Sir Peter Lelys »Junge Dame als heilige Cäcilie am Klavier« und ein bemaltes florentinisches Stuccorelief aus der zweiten Hälfte des 15. Jahrhunderts, Maria mit dem Kinde darstellend. Das Brustbild eines graubärtigen Mannes wird Jacopo Tintoretto zugeschrieben.[51] Diese Bilder gelangen in das Zimmer mit der »Mantegna«-Decke, das damit – neben dem Morosini-Zimmer – als herausgehobener Raum des Schlosses definiert ist. Aber vermutlich finden nicht nur die größeren Objekte im Reichsgästehaus Einlaß, sondern insbesondere auch die vielen kleinen dekorativen Gegenstände, wie Vasen und Schalen, Bronzefiguren und Tonbüsten, selbst Samtdecken, Papeterien und Aschenbecherständer. Und auch wenn die Sammlung Willibald von Dirksens am Ende nur einen kleinen Teil der Einrichtung ausmacht: Insgesamt wirkt das Haus wie eine vergrößerte, etwas reichere Variante der Villa des Barons.

Der Erwerb der Dirksen-Sammlung ist für den Auftraggeber offenbar von größter Bedeutung. Immerhin werden ganze Räume und Raumteile transloziert, während Baumgarten originale Prachträume des Schlosses, wie die Bibliothek oder das Chinesische Zimmer, bedenkenlos opfert. Es wäre sowohl denkmalgerechter als auch billiger gewesen, den vorhandenen Bestand zu aktivieren, als fremde Interieurs, die stilistisch und zeitlich in keiner Weise zum Schloß passen, neu zu installieren. So liegt die Vermutung nahe, daß der Auftrag von Hitler selbst kommt. Es mag der Wunsch dahinterstehen, eine alte Schuld ein für allemal abzutragen, denn die frühe Förderin und Verehrerin Viktoria von Dirksen ist dem Führer mit ihrer großen Anhänglichkeit inzwischen etwas lästig geworden. Aber auch der Nutzer des neuen Dienstgebäudes ist nicht unbeteiligt. Da offenbar eine große Zahl der eher nippesartigen Gegenstände in die Gesellschafts- und Privaträume Otto Meißners gelangt, erfährt der Erwerb der Dirksen-Sammlung durch ihn wohl tatsächlich jene »tatkräftige Unterstützung«, von der ein Kommentator berichtet.[52]

153 Gästeappartement,
Salon mit »Mantegna-Decke«
aus der Sammlung
von Dirksen.
Foto von Emil Leitner, 1939

154 Gästeappartement,
»Morosini-Zimmer« aus der
Sammlung von Dirksen.
Foto von Emil Leitner, 1939

155 Villa Gustaf Gründgens,
Ansicht vom Garten.
Foto von Max Krajewski, 1940

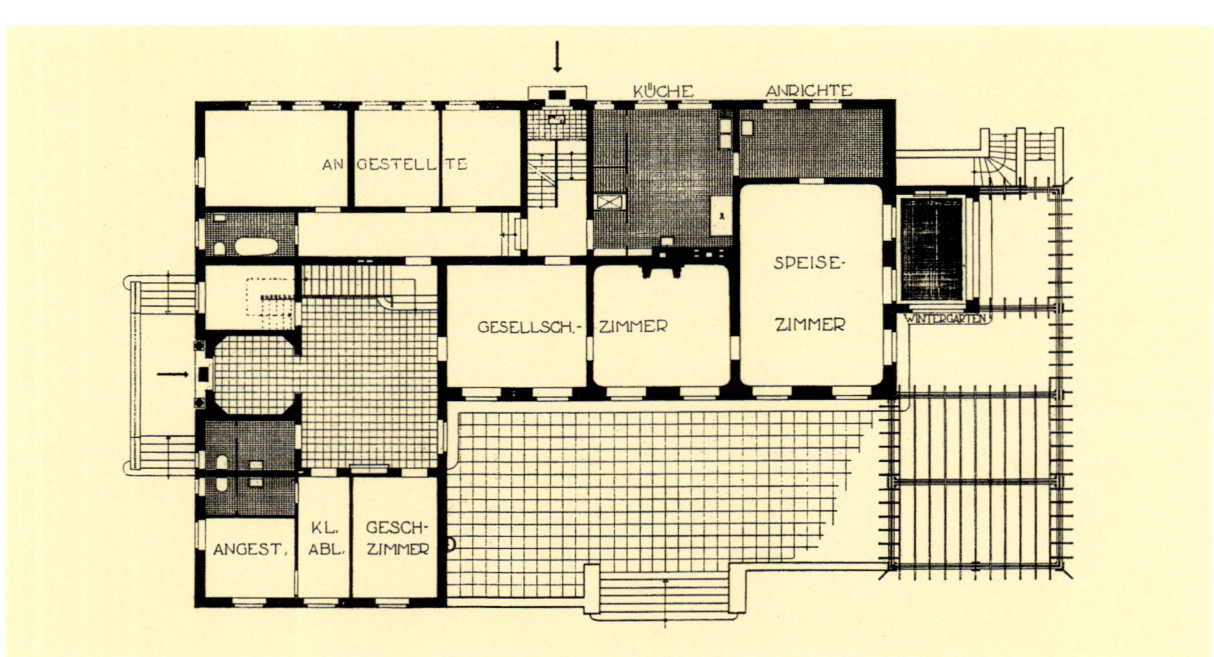

156 Villa Gustaf Gründgens,
Grundriß. 1940

Im Schloßpark entsteht ein weiterer Neubau: Es ist das Ersatzgebäude für Knobelsdorffs Gartenhaus, das dem Meißner-Flügel weichen muß. Im Herbst 1938 liegen die Pläne vor, am 11. Juli 1939 wird Richtfest gefeiert und vermutlich Ende des Jahres ist das Haus fertiggestellt. – Max Reinhardt, Bewohner des Knobelsdorff-Hauses seit 1927, verliert unter der Nazi-Herrschaft nach und nach seine Ämter und zieht sich nach Österreich zurück. Als er die angetragene »Ehren-Arierschaft« zurückweist, wird ihm auch das Vermögen entzogen, und er muß in die USA emigrieren. Sein

Nachfolger im Gartenhaus wird Gustaf Gründgens. Reinhardt holte ihn 1932 an sein Berliner Theater und bot ihm die Rolle an, die ihn berühmt machen wird: die des Mephistopheles in Goethes »Faust«. Gründgens' eigener »Mephisto«, Hermann Göring, ernennt den Schauspieler bereits im Februar 1933 zum künstlerischen Leiter, ein Jahr später zum Intendanten des Preußischen Staatstheaters. Seine wenn auch nicht unangefochtene, so doch von Göring stets gehaltene Stellung erlaubt es dem Staatsrat, einen durchaus aufwendigen Neubau zu fordern, auch wenn der beauftragte

157 Villa Gustaf Gründgens, Halle.
Foto von Max Krajewski, 1940

◀ 158 Villa Gustaf Gründgens, Empfangsraum mit Deckenbild von Pesne.
Foto von Max Krajewski, 1940

◀ ▼ 159 Villa Gustaf Gründgens, Speisezimmer.
Foto von Max Krajewski, 1940

160 Villa Gustaf Gründgens, Empfangsraum mit Kamin.
Foto von Max Krajewski, 1940

Architekt Erich Schonert, jener Oberregierungsrat und Vorstand der Schloß-bauverwaltung, der bereits den Umbau zum Volkskundemuseum leitete, darauf hinweist, daß sein Entwurf nur »etwa die gleiche Anzahl von Räumen vorsieht, wie sie das bis in den Marstall hinein erweiterte ehemalige Knobelsdorff-Haus enthalten hatte.«[53] Mag die Zahl der Zimmer gleich sein: Am Ende ähnelt Gründgens' »Dienstwohnhaus« eher einem üppig ausgestatteten Herrensitz als dem alten bescheidenen »Tusculum«; allein die Terrasse erstreckt sich über 200 Quadratmeter. Schwierigkeiten bereiten nun allerdings Hitlers Kriegsvorbereitungen, die vor allem Rohstoff- und Arbeitskräftemangel auslösen. »Knobelsdorff hat es gewiß leichter gehabt ohne Eisenkontingentierung«, meint Schonert etwas wehmütig, aber die Generalbauinspektion hilft, auch mit Zwangsarbeitern aus dem Sudetenland.[54] Speers Angebot an Gründgens, aus seinem eigenen Kontingent Baumaterial zur Verfügung zu stellen, kann dieser darum dankend ablehnen.[55]

Als Standort wird im Juni 1938 ein 90 x 60 Meter großes Grundstück am westlichen Ende des einstigen Küchengartens ausgewählt. Mit seiner Terrasse schaut das »in einer von Bäumen und Buschwerk umfriedeten Enklave« errichtete Haus nach Süden, zur Altonaer Straße, wohin sich auch der formale Garten erstreckt. Die auf L-förmigem Grundriß errichtete, einstöckige Villa mit ausgebautem Mansarddach tritt nach außen hin recht zurückhaltend auf. Der auf einem Sockel aus ockerfarben geädertem Muschelkalk errichtete Putzbau zeigt kaum Schmuckelemente, allein das seitlich gelegene Eingangsportal wird von zwei Säulen flankiert, und die zur Terrasse sich öffnenden sieben Fenstertüren deuten einen gehobenen Lebensstil an. Der gelbliche, grobkörnige Putz erhält durch Zusatz von Marmorsplitt einen besonderen Glanz, und das Dach wird mit »alten, bei Berliner Abbrüchen gewonnenen und gut ausgesuchten Biberschwänzen« gedeckt. Seine Trümpfe spielt das Haus im Inneren aus, das sich ganz an der Rokokozeit des Knobelsdorff-Landhauses orientiert, aus dem Teile von Pesnes Bemalung übertragen werden. Der Empfangsraum folgt in seinen Ausmaßen der Pesne-Decke, so daß dieses Zimmer und auch der folgende, gleich große Raum dem alten Landhaus recht nahe kommen. Allerdings werden die beiden Räume erheblich aufgewertet durch »die alten kostbaren Tafelböden, die aus einem Petersburger Schloß stammen«.[56]

Die Privaträume des Ehepaares Gustaf Gründgens und Marianne Hoppe liegen im Obergeschoß, das Erdgeschoß ist ganz der Repräsentation gewidmet. Durch einen Windfang gelangt der Besucher in eine geräumige Diele, von der aus die Treppe in das Obergeschoß führt; ihr altgoldenes Geländer mit schwarzem Handlauf wurde nach Motiven im Knobelsdorff-Haus geschmiedet. Der erste der nun folgenden Gesellschaftsräume ist mit Pesnes Putten-Decke und einer Wandvertäfelung in zart-blaugrünem Schleiflack ausgestattet. Den zweiten Gesellschaftsraum schmückt ein Rokoko-Kamin aus weißem Pavonazzo-Marmor, die silbergrauen Wände sind mit taubenblauer Zierleiste abgesetzt. Altes Tafelparkett findet sich auch im folgenden, großen Speisezimmer, in dessen hellgraue Wände alte hol-

ländische Malereien mit Schäferszenen und landschaftlichen Motiven eingelassen sind; zwischen den Gemälden hängen ebenfalls alte, vergoldete Schnitzereien. Diese drei Repräsentationsräume werden durch Warmluft beheizt, die aus den darunterliegenden Kellern durch Gitterroste emporsteigt. – Dem Speisesaal ist zur Terrasse hin ein Wintergarten angegliedert, dessen Wände mit gelblichem Trosselfels-Marmor verblendet sind; der Fußboden ist mit gold-weißem Mosaik ausgelegt. Ein versenkbares, breites Fenster mit Motorenantrieb ermöglicht einen fließenden Übergang zur Terrasse, in deren östlichem Teil eine Pergola vor der heißen Sommersonne schützt. In der Mitte der Terrasse führt eine breite, abgestufte Treppe in den streng gegliederten Garten hinunter. – An der Nordseite des Hauses liegen Personal- und Küchenräume, die durch einen Aufzug mit dem Obergeschoß verbunden sind; etwas entfernt steht eine geräumige, beheizte Garage.[57]

Wie schon bei den Bellevue-Um- und Neubauten fällt die Spannung zwischen bewahrender Tradition und neuester Ausstattung und Gestaltung auf: So gehören die L-Form des Grundrisses, die auf der Terrasse einen schützenden Winkel schafft, sowie das versenkbare Wintergartenfenster zu den modernen Errungenschaften der Zeit, während schon im Äußeren das etwas schwerfällige Mansarddach das von Schonert so häufig erwähnte »Alte« repräsentiert. »Ein Traditionsbau« sollte entstehen, so Schonert, »der eine bescheidene Erinnerung wach halten soll an den Baumeister des alten Fritzen, Knobelsdorff.«[58] – Vor allem aber setzt die Villa die an diesem Ort von Knobelsdorff begründete und von Prinz Ferdinand weitergeführte Tradition des Landhauses in einer zeitgenössischen, großbürgerlichen Ausprägung fort.

Blicken wir noch einmal zurück zum Beginn dieser Umgestaltung des Bellevue-Komplexes. Hitlers Entscheidung, das Reichspräsidentenpalais seinem Außenminister zu überlassen und das Gästehaus des Reiches im Schloß Bellevue einzurichten, zeitigt umfangreiche und äußerst kostspielige Konsequenzen. Das Revirement umfaßt im einzelnen folgende Maßnahmen:

- die Herrichtung des Reichspräsidentenpalais für von Ribbentrop,
- die Umgestaltung von Bellevue,
- die Übertragung des Grundstücks vom Land Preußen auf das Reich,
- den Neubau für den Chef der Präsidialkanzlei des Führers,
- den Neubau eines Wohnhauses für Gustaf Gründgens, und schließlich
- die Verlegung des Volkskundemuseums in das Prinzessinnenpalais.

Es ist sicher möglich, diese aufwendigen Unternehmungen in einem allgemeinen Sinn als Bestandteil der Neuordnung Berlins und Ausdruck des gesteigerten Repräsentationsbedürfnisses der Partei- und Staatsführung zu sehen. Aber: Muß es dann ausgerechnet Bellevue sein, wo mit großem Aufwand ein Museum gerade seinen Platz gefunden hat, das dem Regime doch auch am Herzen liegt? Hätte es nicht an einem anderen Ort eine preiswertere Lösung gegeben? Eine Antwort ergibt sich aus dem spezifisch politischen Zusammenhang.

Für die bereits begonnene Nord-Süd-Achse und die geplante monströse Versammlungshalle im Spreebogen müssen die dort vorhandene Siegessäule sowie die Denkmäler Bismarcks und der Generäle Moltke und Roon weichen. Speer läßt sie am Großen Stern, dem zentralen Punkt der Charlottenburger Chaussee, neu aufstellen. Straße und Platz werden monumental erweitert, der Große Stern im Umfang verdoppelt. So entsteht hier, parallel zum neuen »Forum des Großdeutschen Reiches« im Spreebogen, das »Forum des alten Reiches«. Die Arbeiten beginnen zeitlich parallel zu den Vorbereitungen für den Bellevue-Umbau im April 1938, ein Jahr später, am Abend des 19. April 1939 »eröffnet der Führer die festlich beleuchtete und geschmückte Ost-West-Achse«.[59] Die Erweiterung von Straße und Rondell greift tief in den Park des Schlosses Bellevue ein, der hier direkt an die Ost-West-Achse angebunden ist. Etwa 25.000 Quadratmeter Parkgelände werden dafür geopfert, und das gewaltige Bismarck-Denkmal findet seinen Platz im Park selbst, es steht auf der Wiese, die als Verlängerung der Hofjägerallee eine entscheidende Sichtachse im Park bildet, eben dort, wo Mathilde von Waldenburg zum Gedenken an ihren Vater das Denkmal für die Schlacht von Kulm errichtet hatte.

Die Siegessäule, die die erfolgreichen »Einigungskriege« gegen Dänemark (1864), Österreich (1866) und Frankreich (1870–1871) feiert, erhält am neuen Ort eine imposantere Gestalt: Der Unterbau wird verbreitert und erhöht und der Säulenschaft um eine Trommel verlängert. Die Viktoria schaut jetzt nicht mehr nach Süden, sondern nach Westen. In die Kanneluren der Siegessäulen-Trommeln sind erbeutete und vergoldete Geschützrohre eingefügt, und der »Reichsgründer« Fürst von Bismarck, im Waffen-

rock mit Helm und Degen dargestellt, wird flankiert von den Generälen, die die genannten Feldzüge zum Sieg führten. Auf der Rückseite des Bismarck-Denkmals verweist eine das Schwert schmiedende Assistenzfigur deutlich auf die kriegerische Grundlage der Reichseinigung. Die Botschaft dieser Inszenierung ist unmißverständlich: Hier wird an die militärische Stärke Preußens sowie an die Vereinigung der deutschen Stämme im Kaiserreich, dem »Zweiten Reich«, erinnert, die erst durch die Armee und den Sieg über den »Erbfeind« Frankreich möglich wurde. Maßgeblicher Antrieb für Hitlers Eroberungspolitik ist der Wunsch, die Scharte der Niederlage gegen Frankreich im Weltkrieg auszuwetzen und die »Schmach von Versailles« zu tilgen, indem er die vorausgegangene Niederwerfung des Feindes wiederholt. Somit deutet die Ikonographie des Großen Sterns als Tableau des »Zweiten Reichs« auf ein zentrales Politik- und Kriegsziel Hitlers hin: die Revanche gegen Frankreich und die in weiteren Feldzügen zu beweisende Übermacht des »Dritten Reichs«.

Das neben dem Großen Stern gelegene Schloß Bellevue ist nicht nur durch die räumliche Nähe in diesen Bedeutungszusammenhang einbezogen. Mit der vom Prinzen August eroberten und vor dem Ehrenhof höchst prominent plazierten französischen Kanone »Le Drôle« enthält es auch ein weiteres Zeugnis der militärischen Stärke Preußens und des Sieges über die französische Armee. War nicht diese kühne Eroberung bereits so etwas wie eine kleine Revanche gegen die Besetzung Preußens durch Napoleon? So wird an dieser Stelle ein großer Bogen geschlagen von 1806–1815 über 1870–1871 und 1918–1919 bis zu den Plänen der gegenwärtigen Reichsführung. – Staatsgäste, die in Zukunft über die Ost-West-Achse zur Siegessäule und zum angrenzenden Schloß Bellevue geführt werden, erhalten vielfache Signale über Ruhm und Macht des preußischen Militärs wie auch

161 Adolf Hitler mit dem jugoslawischen Prinzregenten Paul und Prinzessin Olga im Schloß Bellevue. 1939

162 Der Tiergarten mit Schloß und Park Bellevue. Luftbild, 1941. Rechts unten der Große Stern mit Siegessäule und Bismarck-Denkmal, das in den Park hineinragt. Etwa in der Bildmitte liegt die Gründgens-Villa.

über die Tradition und die Rolle, in der Hitler das »Dritte Reich« sieht. Sein Emblem, das über dem Meißner-Bau prangende Hakenkreuz, nimmt die Mitte zwischen den Siegeszeichen am Großen Stern und dem Beutestück der französischen Kanone vor dem Schloß ein. Wie schon bei seiner Gründung, ist Bellevue erneut in einen »Großen Plan« eingebunden, nun allerdings geht es nicht mehr allein um die Topographie des Tiergartens und der Stadt Berlin, sondern in erster Linie um die Ideologie eines kriegslüsternen Regimes. Diese Ideologie schlägt sich im übrigen auch in der Berichterstattung über den Umbau nieder, in der vor allem drei Personen erwähnt werden: Prinz Louis Ferdinand, der »von hier im Herbst 1806 gegen Napoleon in die Schlacht bei Saalfeld« zog; Carl von Clausewitz, »der große Lehrmeister aller Feldherren der Nachzeit«; sowie »jener Prinz August, den man seit 1813 ›den Draufgänger von Kulm‹ nannte [...] Im Befreiungskrieg von 1813 eroberte er mit seiner Brigade eine ganze Reihe französischer Geschütze ...«[60]

Die ersten Staatsgäste, der jugoslawische Prinzregent und seine Gemahlin Olga, werden am 1. Juni 1939 vom sichtlich stolzen Führer und Reichskanzler persönlich in das neue Gästehaus geleitet. Bevor er mit ihnen die neue Reichskanzlei besichtigt, plaudert er mit seinen Gästen in

Bellevue, und der Gedanke ist nicht ohne einen gewissen Reiz, daß sie sich um denselben Tisch, dieselbe Spitzenklöppeldecke versammeln, vielleicht sogar ihren Tee aus jenen Tassen trinken, die Hitler bereits aus der Dirksen-Villa vertraut sind. Die hohen Gäste bewohnen u.a. das Morosini- und Mantegna-Zimmer, was die Bedeutung der Dirksen-Erwerbung unterstreicht. – Es folgen nicht viele weitere Gäste. Am 1. September tritt Hitler mit dem Überfall auf Polen den Zweiten Weltkrieg los, und bereits im Sommer darauf werden die beiden vom Kriegsgeschehen weniger bedrohten Schlösser Schwarzburg in Thüringen und Klesheim bei Salzburg als Gästehäuser des Führers umgebaut und neu eingerichtet.[60] Wenige Monate danach geht die nicht einmal zwei Jahre währende Epoche des Reichsgästehauses Bellevue zu Ende. Am 10. April 1941 um ein Uhr nachts werden Schloß und Nebengebäude von Brandbomben getroffen. Die Decken über der Treppenanlage sind zerstört, der Langhans-Saal und der große Festsaal stehen in Flammen.[62] Es bleiben nicht die einzigen Zerstörungen. Die linke Seite des Corps de logis sowie der Mittelrisalit stehen bald ganz ohne Dach, die Bomben schlagen bis zum Keller durch. Der Meißner-Flügel und die rechte Schloßhälfte brennen aus, und die verkohlten Dachbalken ragen schwarz in den Himmel.[63]

1945–1990

Nach der Katastrophe des Hitler-Faschismus stellt sich erneut die Frage: Was tun? Was anfangen mit einem Trümmerfeld, das deutliche Spuren der schändlichen Naziherrschaft trägt? Man ist pragmatisch und setzt angesichts der großen Wohnungsnot zunächst die weniger beschädigten Seitenflügel instand. Ab September 1948 wird der Spreeflügel notdürftig hergerichtet, 1951 enthält er 21 Wohnungen, in der Regel mit einem bis drei Zimmern. Der Damenflügel ist im Juni 1949 im Erdgeschoß bewohnt und wird weiter ausgebaut. Die Sicherung des Hauptgebäudes kann nicht verhindern, daß am Abend des 12. Februar 1950 im linken Teil des Mittelrisalits ein Teil der Front einstürzt und weitere Abbrüche befürchtet werden.[64] 1952 wird das Dach über dem Langhans-Saal, der zwar schwer getroffen, aber nicht völlig zerstört ist, neu abgedeckt, um weitere Schäden zu verhindern; von den Architekturteilen werden Abgüsse genommen. Auch »Le Drôle«, die Beutekanone des Prinzen August, ist beschädigt. Ende 1946 wird sie nach Paris verfrachtet und im Armeemuseum aufgestellt. Für das leere Podest, es ist immerhin die prominenteste Stelle im Cour d'honneur, schlägt das Bauamt Tiergarten 1952 die Einrichtung einer Teppichklopfstange sowie einer Müllsammelstelle vor.[65]

Die Diskussion um die zukünftige Nutzung ist bis hin zum Vorschlag des Abrisses und der Einebnung aller Gebäudereste eine Wiederholung der Diskussion nach 1918 – und sie wird nicht erleichtert durch das politische Umfeld: Nach dem Schweigen der Waffen beginnt umgehend der Kalte Krieg, der zur Spaltung Europas führt und in Berlin sein Zentrum hat; in der

163 Schloß Bellevue, Attikafiguren und Giebel von hinten, Ruine. 1951

164 Schloß Bellevue als Ruine. Foto vom 3. Oktober 1946

165 Schloß Bellevue als Ruine, Gartenseite

166 Das notdürftig gesicherte Schloß. Foto um 1954

Blockade der Berliner West-Sektoren erreicht er seinen ersten Höhepunkt. Der Eiserne Vorhang, der bald zur unüberwindlichen Mauer wird, verläuft nur wenige hundert Meter vor dem Schloß. Mit der Gründung der DDR am 7. Oktober 1949 wird die Trennung von West- und Ost-Berlin, von West- und Ost-Europa festgeschrieben. Auf der anderen Seite des Brandenburger Tores setzen die Machthaber Zeichen für den Umgang mit der feudalen Vergangenheit: Das vom älteren Boumann erbaute Palais des Prinzen Heinrich, das bereits 140 Jahre zuvor seine neue Aufgabe als Universität gefunden hatte, an der Hegel lehrte, Marx studierte und Engels hospitierte, setzen die kommunistischen Machthaber bald wieder instand, während sie die Residenz der brandenburgischen Kurfürsten, preußischen Könige und deutschen Kaiser mit großem Aufwand und gegen heftigsten Protest 1950 aus dem Berliner Stadtbild sprengen; das Potsdamer Stadtschloß folgt 1959. Aber auch im Westen meint man noch 1960, die Geschichte durch Abriß bereinigen zu können: Das Braunschweiger Schloß beherbergte eine SS-Junkerschule, und seine Ruine wird deswegen beseitigt. Das Charlottenburger Schloß hingegen, obwohl auf das schwerste getroffen, wird ab 1950 wiederhergestellt. Der erste Landsitz des Prinzen Ferdinand, das außerhalb der Stadt gelegene Schloß Friedrichsfelde, hat den Krieg unbeschadet überstanden, aber sein Hauptwohnsitz, das Palais des Johanniter-Ordens am Wilhelmplatz, in dem Goebbels' Propagandaministerium untergebracht war, ist bald ebenso verschwunden wie der gesamte Platz.

Neun Jahre nach Kriegsende fällt die Entscheidung zum Wiederaufbau von Bellevue[66], am 10. November 1954 wird das Richtfest gefeiert. Doch es ist längst nicht geklärt, welche Aufgabe der Bau zukünftig haben wird. Darum soll das Corps de logis zunächst nur im Rohbau erstehen; der endgültige innere Ausbau einschließlich des Umbaus und der Instandsetzung der Flügelbauten ist für einen zweiten Bauabschnitt im Rechnungsjahr 1955 geplant, »nach erfolgter Entscheidung über die Zweckbestimmung«. Das Schloß soll »in seiner alten Form« wiedererstehen, wenigstens im Äußeren. Das heißt: Man will vor den Ausbau zum Reichsgästehaus zurück. Als erstes verschwindet der ruinöse Meißner-Flügel einschließlich des Verbindungstraktes, und auch die Beseitigung des zentralen Eingangs im Mittelrisalit mitsamt der breiten Freitreppe ist vorgesehen; der Haupteingang soll zurück in das rechte Seitenportal[67] – dort lag er allerdings nur in der knapp dreijährigen Museumszeit. Die erste, noch provisorische Wiederherstellung erfolgt unter der Leitung des Denkmalpflegers Hinnerk Scheper (1897–1957). Der ehemalige Bauhäusler ist seit 1945 (West-)Berliner Landeskonservator, die Orientierung geht in dieser ersten Bauphase also eindeutig in Richtung Substanzerhalt und Denkmalpflege.

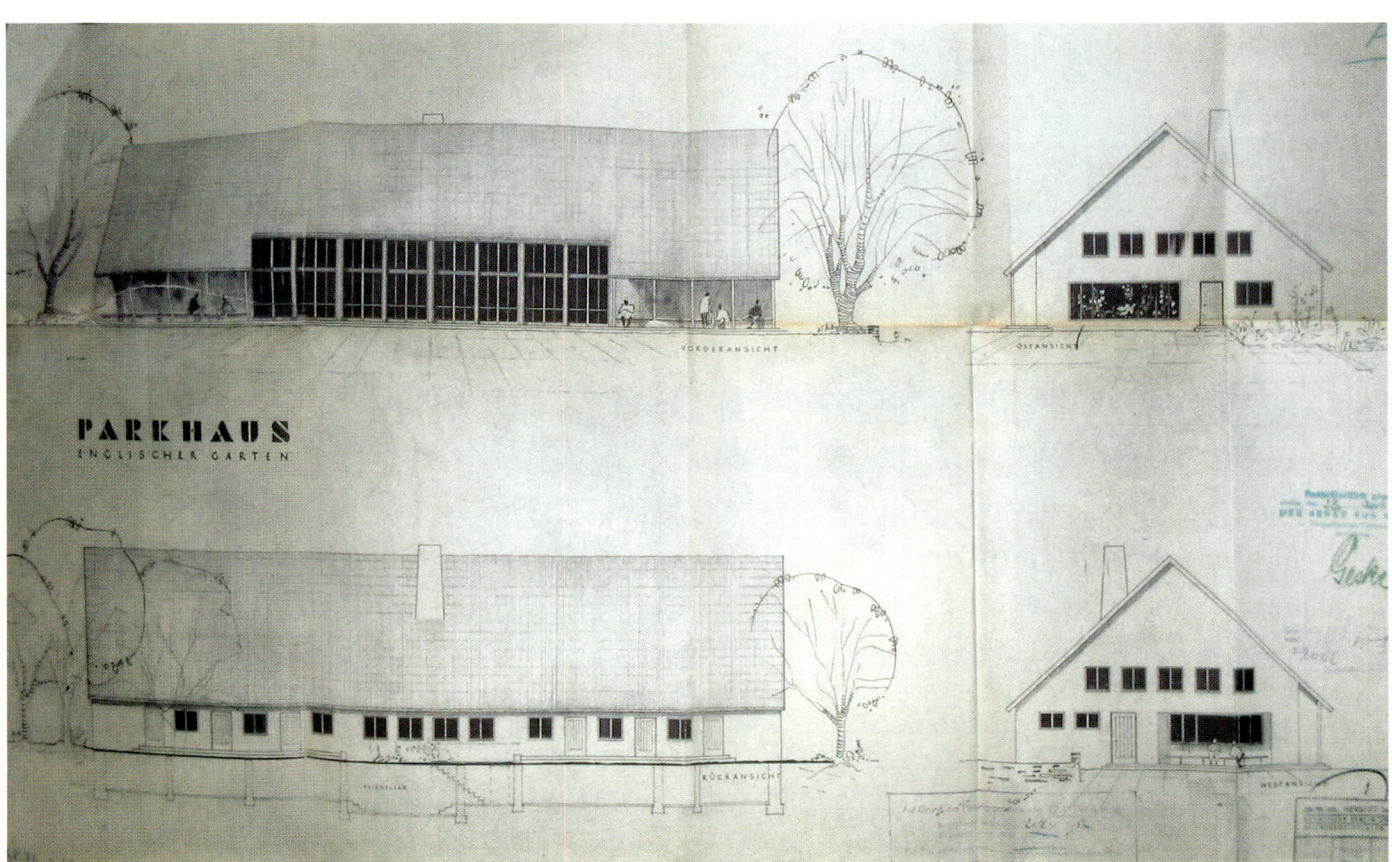

167   Herbert Noth: Teehaus im Park Bellevue. 1952

168 Schloß Bellevue, Mittelrisalit. 1959

ist der Park wieder gepflegt, der Rasen gemäht, das Wegenetz erneuert, und südlich des Meißnerflügels entsteht sogar ein Konzertplatz. 1952 wird im Areal um das Gründgens-Haus herum ein neuer »Englischer Garten« eingerichtet, mit dem diese Bezeichnung eine zweite Bedeutung bekommt, denn die Anlage bezieht sich auf ihren Initiator, den Britischen Stadtkommandanten General Bourne, der mit dem Park an die gute britisch-deutsche Zusammenarbeit während der Blockadezeit erinnern will, und die Pflanzen werden zum großen Teil von der englischen Bevölkerung und ihrem Königshaus gespendet. Als Leiter der Tiergartenverwaltung ist Willy Alverdes (1896–1980) mit der Neugestaltung betraut, er entwickelt einen um das neue Teehaus angelegten Garten mit fünf Abteilungen: den Naturgarten, den Teich mit Uferpartien, den Steingarten, den formalen Garten und eine alle Teile verbindende Terrassenanlage. Der mit zwei Inseln bestückte Teich liegt etwa an derselben Stelle wie sein um 1790 angelegter Vorgänger, allerdings hat er eine geringere Ausdehnung.

Das im Zentrum der Anlage stehende Teehaus ist ein zweistöckiger strohgedeckter Bau, den der Berliner Architekt Herbert Noth auf den Fundamenten der Gründgens-Villa errichtet.[70] In seiner Mitte befindet sich ein großer, mit einem Kamin ausgestatteter Lese- und Veranstaltungs-Saal, der sich wie der Vorgängerbau mit hohen Glastüren zur Terrasse öffnet. Über die Seitenrisalite, in denen ein Gärtner- und ein Verkaufsraum liegen, reicht das Dach tiefer hinunter und bietet den vor dem Haus stehenden Bänken Schutz. Damit ähnelt das Haus ein wenig Gillys Meierei und auch dem »Hangar« der Prinzessin Ferdinand (Abb. 55). An der Rückseite sowie im ersten Stock liegen Wirtschaftsräume und zwei Wohnungen. Das 34 x 13,3 Meter messende Teehaus ist etwas breiter und sein linker Flügel etwas kürzer als der Gründgens-Bau; an der rechten (östlichen) Seite reicht er bis an die Außenmauer der Terrasse. Der neue Lesesaal entspricht ungefähr den drei Gesellschaftsräumen im Erdgeschoß. Das heutige Postament ist mit dem des Vorgänger-Baus identisch, auch das davor liegende Parterre hat die alte Ausdehnung.

Der Bellevue-Park, soweit nicht bereits für die Privatgärten freigemacht oder in den »Englischen Garten« einbezogen, wird 1954 von Trümmern, Schutt und Munitionsresten freigeräumt. Nun verschwinden auch die Ruinen der Gilly- und Schinkel-Bauten sowie die Reste des Meißner-Flügels. Zu weiteren Arbeiten kommt es zunächst nicht, denn das Parkgelände, wie auch das Schloß selbst, wird in die 1957 stattfindende »Interbau« einbezogen, die große, international besetzte Architekturausstellung, die das gesamte, seit 1953 wiederaufgebaute Hansaviertel südlich des S-Bahn-Bogens füllt.[71] Der in Berlin täglich aufs neue ausgetragene Wettbewerb zwischen dem »freien Westen« und dem »kommunistischen Block« ist auch Anlaß dieser Veranstaltung: Dem groß in Szene gesetzten sozialistischen Städtebau der Stalin-Allee mit seinem historisierenden »Zuckerbäcker-Stil« wird ein freiheitlich-demokratisches, an der Weißen Moderne orientiertes Modell entgegengestellt. Etwas außerhalb des Hansaviertels, in den Zelten, baut Hugh Stubbins die Kongreßhalle, die als Geschenk der Amerika-

Der Park liegt nach dem Krieg ebenfalls in Trümmern. Das Meierei-Gebäude und die Gründgens-Villa sind schwer getroffen, von Schinkels Gartensalon steht nur noch ein Teil der rückwärtigen Wand. Angesichts des desolaten Zustands wird vorgeschlagen, den Schloßpark ganz aufzugeben, dort eine »Gartenstadt Bellevue« zu entwickeln und das Schloß als Gartenbauhaus herzurichten.[68] Ein anderer Plan sieht vor, die alten Parkstrukturen aufzulösen und das Areal ganz in den Tiergarten einzubeziehen.[69] Immerhin ist das Gelände 1947 so weit instandgesetzt, daß es parzelliert und als Gartenland genutzt werden kann, und schon ein paar Jahre später

ner gewissermaßen das Äquivalent zum Englischen Garten darstellt. Eine Seilbahn, in der die Besucher vom Bahnhof Zoo direkt in den Bellevue-Park schweben, ist so etwas wie ein Symbol für die Gesinnung der Interbau, die sich von allem Alten und Schweren abwendet und das Neue, Leichte und Heitere feiert. Das neue Hansaviertel ist ein radikaler Gegenentwurf zur traditionellen Blockrandbebauung der hochverdichteten, steinernen Stadt. Der überkommene Stadtgrundriß wird weitgehend aufgegeben zugunsten von kleineren Straßen, wie die Händel- und Bartning-Allee, die sich wie die Wege im Englischen Park »schlängeln«; mit der Brücken-Allee verschwindet auch die Spur der 1790 als Umrundung des Bellevue-Parks angelegten Neuen Promenade. Zwischen den Punkt-Hochhäusern bleiben Freiräume, in die der Tiergarten hineinragt, so daß Park und städtische Bebauung fließend ineinander übergehen. Damit ähnelt das neue Hansaviertel auffallend dem frühen Bellevue-Park, der sich mit seinen Pavillons und Brücken auf eine ganz ähnliche Weise mit dem offenen Tiergarten verband. Im Englischen Garten und im Bellevue-Park entstehen einige Ausstellungs-Pavillons, im größten findet die Schau »Die Stadt von morgen« statt. Im Schloß selbst wird die Ausstellung »Wiederaufbau deutscher Städte« arrangiert, die Abteilung Berlin kommt im Langhans-Saal unter. Auf den Grundmauern des Meißner-Baus entsteht ein Café.

Der Entscheidungsprozeß über die zukünftige Zweckbestimmung des Schlosses zieht sich länger hin als gedacht, entsprechend dauert der Wiederaufbau länger als vorgesehen, und er zeitigt ein etwas anderes Ergebnis als zunächst geplant. Denn der Eingang im Mittelrisalit bleibt schließlich doch erhalten, erfährt allerdings eine nicht unwesentliche Veränderung: In einem Akt von »kreativer Denkmalpflege« erschafft Scheper eine neue Lösung, indem er die beiden seitlichen Glastüren in Fenster zurückverwandelt und die mittlere Glastür durch ein massives Holzportal ersetzt. Damit entspricht der Mittelrisalit nun weitgehend Boumanns ursprünglichem Gedanken, der einen Unterschied zwischen der offenen, dreitürigen Gartenfassade und der geschlosseneren Hoffront macht. Ob Scheper auch von der Überlegung geleitet wird, ein Stück »faschistischer« – allerdings sehr offen-heiterer – Architektur zu beseitigen, sei dahingestellt. Doch beschreitet er den Weg zurück zum ersten Boumann-Plan nur halbherzig, denn er schreckt davor zurück, die Portale in den Seitenrisaliten gänzlich zu beseitigen und durch Fenster zu ersetzen, so daß einmal mehr ein wenig geglückter Kompromiß entsteht: Scheper behält die Öffnungen bei und fügt Sockel sowie Französische Fenster mit Balkonen ein. Da sich jedoch die Bogenform der Öffnung an ihrer Gesamthöhe orientiert, passen Höhen- und Breitenverhältnis jetzt nicht mehr zusammen. Daran können auch die schönen, schmiedeeisernen Balkongitter nichts ändern. – Die »Baumgarten-Ecke«, die Winkelfüllung zwischen Spreeflügel und Corps de logis, bleibt bestehen, allerdings verschwindet der niedrige Küchenvorbau. Auf der anderen Seite des Corps de logis, wo sich der Verbindungstrakt zum Meißnerflügel anschloß, wird eine entsprechende Lösung gefunden: An der Parkseite bleibt das vierfenstrige Flügelende – exakt wie Baumgar-

tens Füllung – gegenüber der Fassadenflucht ein wenig zurück, nach Süden hin wird die Ergänzung mit dem vorhandenen Flügel ohne »Baunaht« zu einer vereinheitlichten Lösung zusammengeführt. Ansonsten bleibt das Äußere unverändert.

Bereits 1955 sind im Südflügel Gästezimmer als provisorische Unterkunft für den Bundespräsidenten vorgesehen[72], doch erst mit der Entscheidung, das Schloß Bellevue als seinen zweiten Amtssitz zu nutzen, beginnt 1957 die endgültige Innengestaltung. Die Bundesbaudirektion überträgt die Arbeiten an Carl-Heinz Schwennicke, Professor für Innenraumgestaltung an der Technischen Universität Berlin. Nach den Veränderungen durch Schonert und Baumgarten und nach den Kriegszerstörungen sieht Schwennicke eine Art Tabula-rasa-Situation vor sich: Das nebenan im Hansaviertel demonstrierte Bemühen, das »Alte« zu verdrängen und ganz neu anzufangen, gilt nun auch für Bellevue. Es hätte eines sehr festen und

169 Schloß Bellevue, linker Seitenrisalit

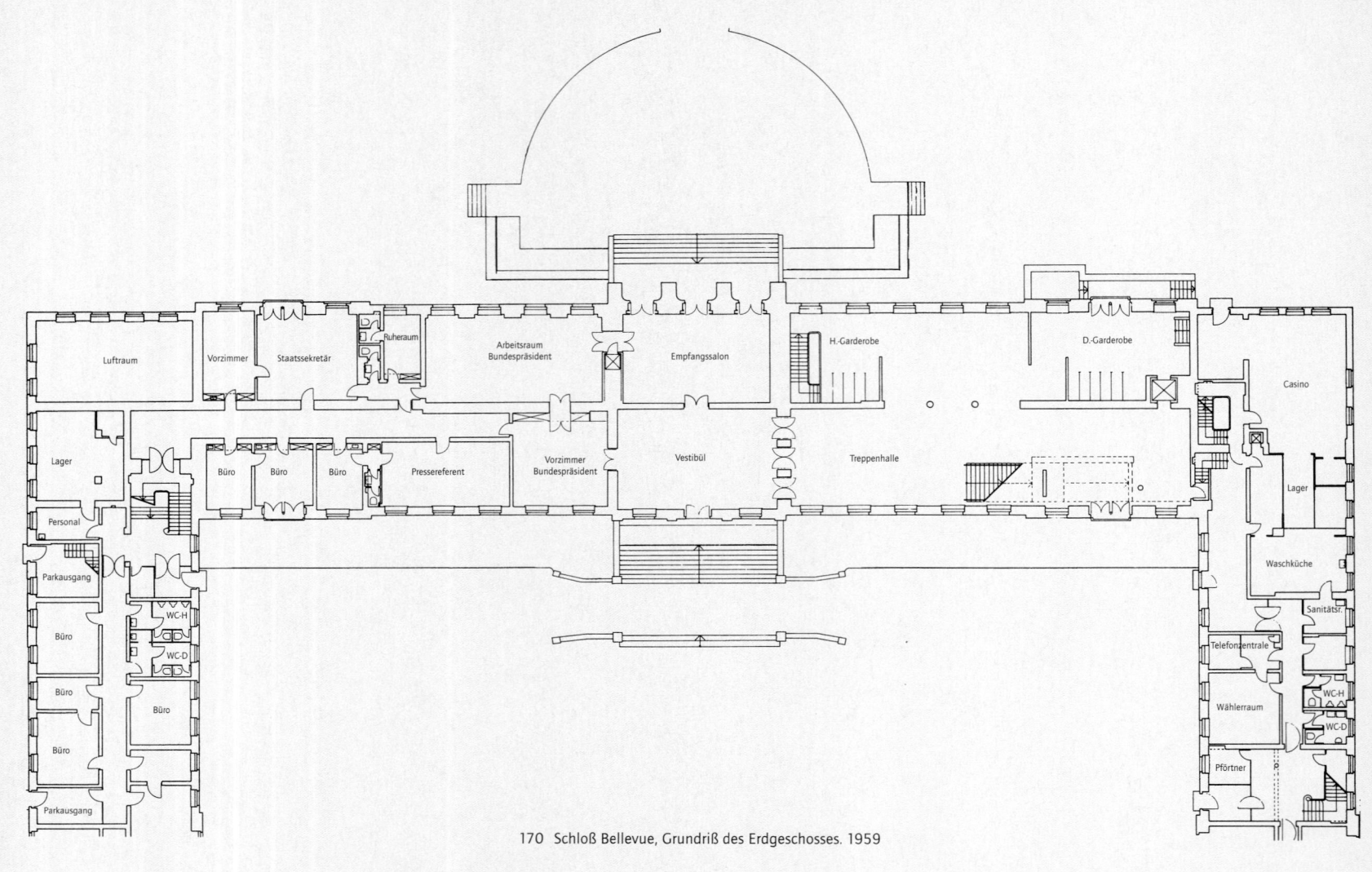

170 Schloß Bellevue, Grundriß des Erdgeschosses. 1959

widerständigen Willens bedurft, die von Boumann und Prinz Ferdinand geschaffene Struktur zu rekonstruieren. Am Ende ist das wiederhergestellte Äußere kaum mehr als die historische Hülle für einen neu gestalteten Inhalt, und wieder einmal geht der Langhans-Saal als einziger Raum frisch restauriert aus der umfassenden Erneuerung hervor.

Im Erdgeschoß bleibt allein der Grundriß des Mittelrisalits mit Vestibül und »Gartensaal« – oder »Empfangssalon« – erhalten. Auf der linken Seite liegt der abgeschlossene Präsidialbereich. Das Büro des Bundespräsidenten erstreckt sich – einschließlich eines Ruheraums – über die fünfachsige Rücklage der linken Gartenfront, dahinter folgt der Staatssekretär mit Vorzimmer. An der Hofseite liegen die Antichambre zum Präsidentenbüro sowie die Räume des Pressereferenten und weitere Büros. Rechts des Mittelrisalits greift Schwennicke am stärksten durch: Die gesamte achtachsige, bis zum Spreeflügel reichende Partie wird komplett ausgeräumt und als offener Passagenraum neu definiert. An der Gartenseite liegen die Garderoben und ein helles, luftiges Vestibül. Die Haupttreppe aus braunrotem schwedischem Granit gestaltet Schwennicke als freies, skulpturales Element und setzt sie an die Hofseite. Die Gartenterrasse wird erheblich verkleinert und halbkreisförmig neu angelegt, behält jedoch die von Baumgarten reduzierte Höhe bei, so daß man zu ihr weiterhin über eine Treppe hinuntersteigen muß.

Im Obergeschoß gelangt der Besucher aus dem Treppenhaus sogleich in den Ovalen Saal oder – an der Gartenseite – in die danebenliegenden Gesellschaftsräume. Im Mittelrisalit befinden sich ganz traditionell zwei Salons; es sind – neben dem Ovalen Saal – die einzigen Räume auf dieser Etage, die ihre ursprüngliche Höhenausdehnung behalten, alle anderen werden um das Mezzanin-Geschoß erweitert, so daß sich die Proportionen gründlich verändern. Das gilt insbesondere für den anschließenden Kleinen Speisesaal, der bemerkenswert unglückliche Maßverhältnisse aufweist: Er ist nur zwei Fensterachsen breit, dafür nun ungewöhnlich hoch, und er erstreckt sich über die gesamte Gebäudetiefe. Im folgenden Bereich finden noch umfassendere Eingriffe statt. Hier ist der größte Raum des Schlosses entstanden: Die gesamte, sechsachsige linke Schloßseite einschließlich des Seitenrisalits wird zu einem ausgedehnten, bis zu 150 Gästen Platz bieten-

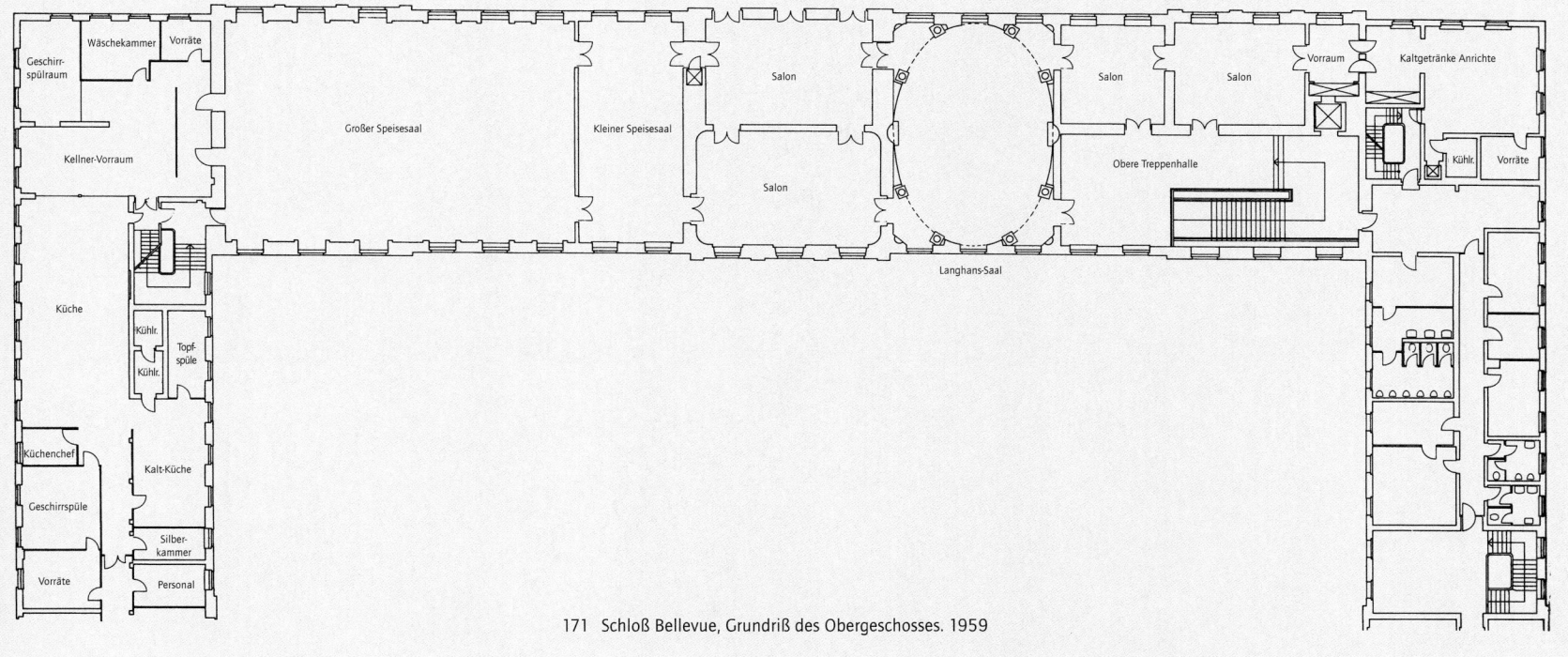

171 Schloß Bellevue, Grundriß des Obergeschosses. 1959

den Speise- und Veranstaltungssaal zusammengefaßt; auch hier wird das Mezzaningeschoß in die Saalhöhe einbezogen. Da dieser Saal mit der ursprünglichen, viel differenzierteren Schloßstruktur nicht übereinstimmt, müssen Kompromisse gefunden werden: Die hinteren, am Seitenrisalit liegenden Ochsenaugen sind nur als geschlossene Nischen ausgebildet, da außen an dieser Stelle ein Gebälk verläuft, und die Abstände zwischen den Fenstern haben unterschiedliche Ausdehnungen. Dieser Saal ist etwas wirklich Neues: Einen Raum seiner Ausdehnung gab es bisher im Schloß nicht, sogar der Festsaal im Meißnerflügel war kleiner. Er sprengt alle überkommenen Dimensionen und degradiert den traditionell größten und prachtvollsten Raum, Langhans' ovalen Festsaal, zum bloßen Foyer. Der Charakter des Langhans-Saales als historisches Objekt trouvé in einer fremden Umgebung wird damit noch unterstrichen.

Bei der Inneneinrichtung bewegt sich Schwennicke auf einem noch schmaleren Grat als Paul Baumgarten 20 Jahre zuvor. Konnte der sich noch ganz auf einen um 1900 selbst entwickelten und 1938 hochaktuellen, im weitesten Sinne klassizistischen Stil verlassen, so will Schwennicke je-

de historisierende Stil-Kopie ebenso vermeiden wie klassizistische Formen, die an den Nazi-Stil erinnern könnten. Er muß die maßstabsetzende Bauhaus-Moderne reflektieren und den neuesten Stand der Innenarchitektur demonstrieren, gleichzeitig aber auch das Bedürfnis nach Glanz, Festlichkeit und Repräsentation bedienen, ohne allzu häufig auf antiquarische Objekte zurückzugreifen oder gar in Stil-Nostalgie zu verfallen. Die nebenan gefeierte Interbau stellt zudem den *point de résistance* für Schwennickes eigene Modernität dar. Es sind der Vorgaben zu viele. Der traditionell schwierigste Einrichtungsgegenstand, die Beleuchtung, demonstriert das Dilemma: Von scheinvergoldeten Decken hängen Kristallleuchter in Form von Röhren, Brummkreiseln, Eistüten, Goldregen und Petticoats, und »klassizistische« Kronleuchter prunken vor Türen mit Rhomben-, Raster- und Motten(!)-Intarsien. Bunte florale Teppiche beißen sich mit kräftigen Parkettornamenten, Tapetenmuster changieren zwischen Streifen und klassizistischen Lorbeerkränzen, »Empire 1959«[73]; Biedermeier-Sofas stehen in Sichtweite geschwungener Cocktail-Sessel, und dazwischen hängen abstrakte Gemälde. Die zeitgenössischen Gobelins im Großen Saal, Darstel-

▲ 172 Schloß Bellevue, Treppenhalle. 1959

173 Schloß Bellevue, Balkonzimmer. 1959

▼ 174 Schloß Bellevue, Salon I, 1959, in der restaurierten Fassung von 1987

lungen der Vier Jahreszeiten, lassen uns sehnsuchtsvoll an die Wandteppiche des Baumgarten-Interieurs zurückdenken. Die Höhenausdehnung auch in den kleinen Räumen in das Mezzanin-Geschoß hinein – die im Ursprungsbau ja ausschließlich im ovalen Festsaal vorhanden war und ihn damit zusätzlich nobilitierte – sorgt einerseits für die angestrebte Wirkung einer ausgedehnten Weite, im übertragenen Sinn von »Freiheit«, hintertreibt aber das vertraute menschliche Maß und trägt so zu einem gewissermaßen abstrakten Charakter bei, der sich überall im Schloß bemerkbar macht. Im Präsidenten-Büro, das mit einer Lichtvoute und stufenlos verstellbarer Helligkeit prunkt, verschwindet der Schreibtisch ganz hinter der voluminösen Polstergarnitur und unterstreicht damit das Bemühen, die Arbeitsatmosphäre hinter den Eindruck eines entspannten, gastfreundlichen Ortes zurückzudrängen.

Angesichts dieses Resultats spart die Öffentlichkeit nicht mit Kritik. Der Architekturhistoriker Ulrich Conrads spricht in einem vielbeachteten »Bauwelt«-Artikel von einem Filmstar-Sanatorium, von Eisdiele, neudeutschem Tanzschulsaal und peinlichem Kinoeffekt und fragt: Ist der Hausherr ein Boulevard-Cafetier?[74] Das Interieur repräsentiere ein Schönheitsideal nach »der Maxime von Elstern: Was blank ist, ist schön; was blitzt, ist noch schöner; was blitzblank ist, ist am allerschönsten.« Aus dem Charlottenburger Schloß, das – »den Wünschen nach historischer Anmut folgend« – mit Prinzessinnen-Porträts aus der Pesne-Werkstatt und mit Teppichen des 18. Jahrhunderts aushilft, hört man von »schauerlichen Gemäldekopien« und »zusammengetrödelten Antiquitäten«. Der Direktor der Staatlichen Schlösser und Gärten spricht von einem Interieur, »das nur als die Geschmacksorgie eines zu schnell reich gewordenen Unternehmers der Wirtschaftswunderepoche zu verstehen« sei, von einer »Provinzoperettenwelt

175 Schloß Bellevue, Salon II, 1959, in der restaurierten Fassung von 1987

176 Schloß Bellevue,
Vorraum zum Großen Saal.
1959

177 Schloß Bellevue,
Großer Saal. 1959

178 Der Regierende
Bürgermeister von Berlin,
Willy Brandt, überreicht
dem Bundespräsidenten
Theodor Heuss das Geschenk
des Berliner Senats anläßlich
der Wiedereröffnung am
18. Juni 1959

liebigen Strukturen, Stilen und Inhalten gefüllt werden kann. Aus heutiger Sicht gehört die vielgescholtene große Eingangshalle, mit der Schwennickes Planung bezeichnenderweise einsetzt[78], zu den geglückteren Partien, weil der Innenarchitekt sich dort weitgehend von historischen Vorgaben löst und ganz der dezidiert modernen Architektursprache seiner Zeit verpflichtet ist. »Was aber kann bestellt werden«, fragt Conrads, den bellevuetypischen Dauerzustand ins Herz treffend, »wo Kompromisse die einzige Arbeitsmöglichkeit darstellen?« Angesichts der Ausgangssituation mit einem erhaltenen klassizistischen Äußeren und einem zerstörten Inneren hätte Bellevue »zu einem *neuen* Ort werden können [...] wo sich das Wesen unseres freien Staates dank vorgefundener Form ohne Zögern binden kann an Kräfte der Vergangenheit.« Das zuständige »Ministerial- und Diplomaten-Genre« habe es nicht verstanden, die einmalige Chance zu nutzen und den 1938 aus Berlin vertriebenen Ludwig Mies van der Rohe, »den einzigen noch unter uns lebenden ›Klassizisten‹ einzuladen« und das Innere ganz neu gestalten zu lassen.[79]

179 und 180   Fest zur Wiedereröffnung
am 18. Juni 1959

aus Kunstgewerbe, Stilmöbeln und Stilmöbelkopien, Deckenvergoldung, Intarsientüren und Stuckmarmorwänden«.[75] Die etwas unglückliche Situation, daß die Haupttreppe auf dem oberen Absatz geradewegs zur Damentoilettentür führt, ist Anlaß für reichlich Spott und Häme, Conrads erinnert sogleich an die Altberliner Mietshaustradition vom »Außenklo auf halber Treppe«.[76] Auch ein Garten-Detail wird von der Kritik nicht ausgenommen: Auf die schmalen Stufen, die von der Terrasse zur Rasenfläche hinunterführen, so der Gartenarchitekt Besserer, hätte man verzichten sollen: »Hier wurde ein Hausgartenmotiv vor eine festliche Schloßfassade gesetzt. Dies ist zweifellos ein Maßstabfehler.«[77]

Das Bellevue der fünfziger Jahre präsentiert sich eindrucksvoll als Dokument stilistischer Unsicherheit, als ein Abbild der gesellschaftlichen wie historischen Ungewißheit der jungen Bundesrepublik. Und es ist zugleich ein Schulbeispiel dafür, daß eine historische Hülle nicht ungestraft mit be-

181 Bundespräsident Heinrich Lübke und
Ehefrau Wilhelmine im Großen Saal. 1960

In den Seitenflügeln liegen Büroräume, Wohnungen für Angestellte, die Polizeiwache und eine moderne Küchenanlage, in der »Baumgarten-Ecke« wird im Erdgeschoß ein vom Park aus zugängliches »Casino« eingerichtet, daneben entsteht später, in der Amtszeit Gustav Heinemanns, ein separater »Kasinogarten« mit einer kleinen Wasseranlage. Im zweiten Stock des Südflügels wird die immer nur für wenige Tage gedachte, darum recht bescheidene Wohnung des Bundespräsidenten eingerichtet, die nach Süden, zum privaten Präsidentengarten hin, einen Balkon erhält; der Zugang erfolgt über den Ehrenhof. Die Präsidenten-Wohnung erweist sich schnell als wenig angemessen; Theodor Heuss plädierte schon 1955 dafür, die Residenz in einem Neubau im Park westlich des Schlosses unterzubringen. Bei der Ausstattung orientiert man sich an den Vorlieben des ersten Bundespräsidenten, einem Intellektuellen und Literaten, und legt ein besonderes Augenmerk auf die etwa 300 Bände umfassende Bibliothek, die »neben den üblichen Standardwerken und Werken der Weltliteratur besonders Bücher über die Mark Brandenburg und die übrigen Länder der sowjetisch besetzten Zone in historischer, kultureller, wirtschaftlicher und literarischer Hinsicht« enthält und dadurch »eine besondere Note« bekommt.[80] Theodor Heuss zieht in seinem letzten Dienstjahr, am 18. Juni 1959, mit einem opulenten Fest in Bellevue ein. Der Regierende Bürgermeister Willy Brandt überreicht das Eröffnungsgeschenk des Berliner Senats: ein Porzellan-Service der KPM, Modell Rocaille, Dekor Breslauer Stadtschloß, für 150 Personen, zum Preis von knapp 100.000 DM (ermäßigt um den 25-prozentigen Behörden-Rabatt).

Der große Bellevue-Park ist nun im wesentlichen zweigeteilt. Für den Präsidialbereich reserviert ist das Gelände unmittelbar um das Schloß herum, das wie bisher zum ehemaligen Reichsvermögen gehört, sowie ein weiter nach Westen gehender Abschnitt, der bis kurz hinter die ersten Eiskeller-Hügel reicht und vom Land Berlin auf den Bund übertragen wird. Beide Areale umfassen jeweils ca. 50.000 Quadratmeter. Vor der Bebauung des Hansaviertels bleibt ein breiter, mit einem Kinderspielplatz ausgestatteter Streifen frei, der sich vom Englischen Garten bis zur Spree erstreckt. Das übrige Gebiet, mehr als die Hälfte des ursprünglichen Bellevue-Parks, gehört nun zum Tiergarten und steht jedermann offen, während der präsidiale Park nur bei Abwesenheit des Präsidenten zugänglich ist. 1958 ergeht der Auftrag der Bundesbaudirektion an den Gartenarchitekten Bernhard Besserer (1907–1976), den Bellevue-Park zu gestalten. »Es ist an die Traditionen des landschaftlichen Parks um die Wende des 18. zum 19. Jahrhundert anzuknüpfen und diese mit modernen Auffassungen zu verbinden«, beschreibt Besserer sein Vorhaben, das mit der Räumung eines umfangreichen vergrabenen Lagers von Bomben und Munition beginnt.[81] Doch der Rückgriff auf die alte Parkstruktur ist kaum mehr als eine Absichtserklärung, allzu oft wurde der Park verändert, zuletzt 1938–1939 das Wegenetz radikal vereinfacht, dann der Garten parzelliert. Eine wirkliche Gartenarchäologie findet nicht statt, die »modernen Auffassungen« mit weiten Rasenflächen und nur zwei Rundwegen dominieren. Bäume werden analog der allgemeinen Vorliebe für Abstraktes in Kugelform beschnitten, und der Trompetenbaum, das Modegewächs der sechziger Jahre, hält bald seinen Einzug. Am Anfang der Arbeiten stehen neben der Beseitigung des Bomben- und Munitionslagers auch prähistorische Grabungen: Unvermutet wird eine vorgeschichtliche Siedlung entdeckt.[82]

Drei der fünf Sichtschneisen im Park bleiben erhalten, sie sind allerdings bald weitgehend zugewachsen; die Achsen über die Spree hinweg nach Moabit werden aufgegeben. Zwei vor der Terrasse liegende Bombentrichter, so will es die Legende[83], erhalten eine neue Verwendung als Teich in der modischen Nierenform. Die ruhige Wasserfläche übernimmt die Funktion eines »Spiegelweihers« für die Schloßfassade. Vor dem Südflügel und der Präsidentenwohnung legt Besserer den intimeren und etwas abgeschirmten privaten Präsidentengarten an, mit weiter, schiefergedeckter Terrasse, einer schützenden Pergola und einem über mehrere Stufen plätschernden, munteren Wasserspiel, das in einen Seerosenteich mündet. Über die davor sich erstreckende Rasenfläche sind einige Linden, Robinien und Ahornbäume verstreut. Um die etwas eintönige Fassade des Südflügels abzudecken, pflanzt Besserer davor eine Reihe von Linden. Im »immergrünen Bereich« zwischen Park und Präsidentengarten legt der Gartenarchitekt einen flachen Brunnen mit drei Quellsteinen, darum herum einen Sitzplatz an. Die hier im Krieg vergrabenen Skulpturen der »Siegesallee« werden 1978 geborgen und warten seitdem im Lapidarium des Landeskonservators auf eine museale Präsentation. – Der Übergangsbereich zwischen Bellevue-Park und Englischem Garten wird von Alverdes gestaltet,

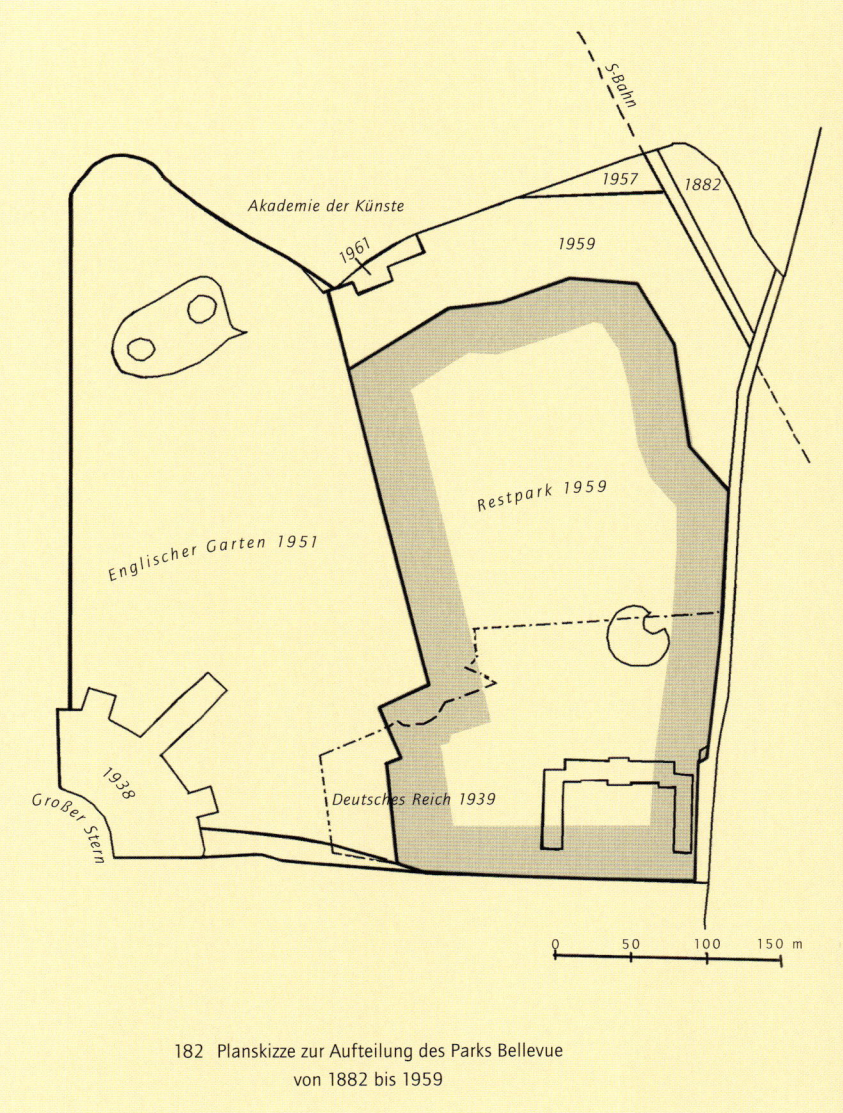

182 Planskizze zur Aufteilung des Parks Bellevue
von 1882 bis 1959

der östlich des Teehauses einen Rosengarten anlegt. Das Areal auf der anderen Spreeseite, wo sich seit 1887 das gewaltige Proviantmagazin des Heeres erhob und die Firma Binder inzwischen einen Schrottplatz betreibt, erhält eine neue Funktion als Parkplatz.

Im Laufe der Jahre verschiebt sich die Aufgabe des Bellevue-Schlosses. Seine Eigenschaft als Amtssitz tritt immer mehr zurück: Seit dem 1971 vereinbarten Viermächteabkommen sind den offiziellen Handlungen des Bundespräsidenten in Berlin enge Grenzen gesetzt, doch durch häufige Besuche unterstreicht der Präsident die Bindungen zwischen Stadt und Bund. Auf diese Weise verfestigt sich der Charakter des Schlosses als repräsentatives Wohngebäude. Gleichzeitig wächst der Wunsch, zum einen die Präsenz des Bundespräsidenten stärker im Bewußtsein der Berliner Öffentlichkeit zu verankern, zum anderen das Schloß für Veranstaltungen des

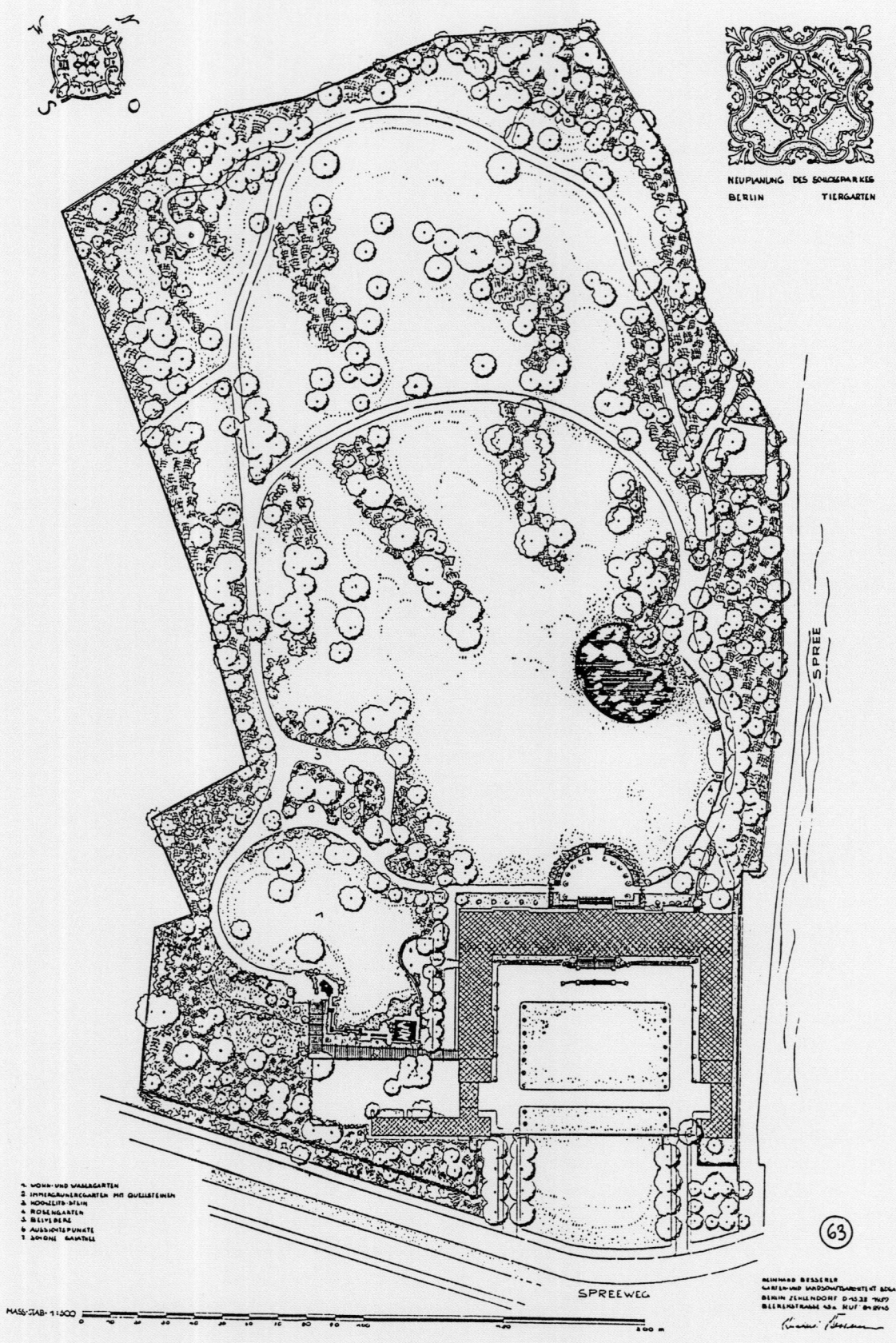

183 Bernhard Besserer: Plan des Parks Bellevue. 1959

184 Der private Präsidentengarten

Bundes, der Länder und des Berliner Senats zu öffnen[84], denn West-Berlin, so wird argumentiert, hat nach den Kriegsverlusten zu wenig historische Substanz und eine zu geringe Zahl an Orten mit etwas Glanz und ein wenig Glorie für repräsentative Veranstaltungen. Das von Senat und Bundesregierung gelegentlich in Anspruch genommene Schloß Charlottenburg erweist sich als zu klein und ist unter denkmalpflegerischen Gesichtspunkten sehr gefährdet. Schließlich ist die technische Einrichtung erneuerungsbedürftig. Dies alles ruft nach einer erneuten Umgestaltung. Richard von Weizsäcker – nach Theodor Heuss, Heinrich Lübke, Gustav Heinemann, Walter Scheel und Karl Carstens der sechste Inhaber des hohen Amtes – nutzt die günstige Gelegenheit der Berliner 750-Jahr-Feier, die viel Geld in die Stadt spült, und geht die Arbeiten an. Die Maßnahmen beginnen im Januar 1986 und sind pünktlich zum Beginn der Feierlichkeiten im Sommer 1987 vollendet. Die Ausführung überträgt die Bundesbaudirektion an Otto Meitinger (geb. 1927). Mit dem Wiederaufbau der Münchner Residenz vollzog der Architekt, Denkmalpfleger und nachmalige Präsident der Münchner Technischen Universität genau das, was im Bellevue der frühen

Jahre unerwünscht war: eine weitestgehende Annäherung an den ursprünglichen historischen Bestand.

Die Ziele sind einmal mehr hoch gesteckt: Wiederum soll die Ursprungszeit im neuen Bellevue ebenso erkennbar sein wie »die Gestaltungsmerkmale unserer Zeit«. Außerdem haben die fünfziger Jahre inzwischen Denkmalstatus erlangt und verlangen Berücksichtigung. Am Ende soll sich alles »zu einer möglichst einheitlichen Raumfolge«, zu einer »Harmonisierung der Formensprache« zusammenfügen, wie es im Bericht der Bundesbaudirektion über die eingeleiteten Baumaßnahmen heißt. Der gegen schärfsten Protest des Landeskonservators – »Nur über meine Leiche!« – erzielte Kompromiß sieht vor, in zwei Salons die Ausstattung der fünfziger Jahre zu erhalten, alle anderen Räume jedoch ganz neu einzurichten. Die innere Struktur soll sich dem äußeren Erscheinungsbild, etwa den Risaliten, anpassen, die tragende Mittelwand auf der rechten, nördlichen Seite stärker in Erscheinung treten, die Treppe einen sinnvolleren Ort bekommen. Bemerkenswerterweise findet diese Hinwendung zu Tradition und Historie statt, als eine neue Bauausstellung, die IBA, das traditionelle Stadtmodell

185 Bundespräsident Richard von Weizsäcker
und Ehefrau Marianne. 1984

mit Verdichtung und Blockrandbebauung revitalisiert. – Die Maßnahmen beginnen jedoch mit einer Umformung *gegen* den Gründungsbau: Der Eingangsbereich wird durch Entfernung der Wand zwischen Vestibül und Gartensaal, der bisher zum Bereich des Präsidenten gehörte, erweitert, so daß eine offene, bis zur Gartenterrasse durchgehende »Sala terrena« entsteht. Die bisherige Wand ist nur noch durch zwei schlichte, statisch notwendige Säulen markiert. Die Garderoben- und Treppenhalle auf der rechten Seite wird verkleinert, die mittlere Wand durchgezogen und das eigentliche Treppenhaus abgetrennt. Die Garderoben erstrecken sich nun über die gesamte Gartenseite und verdrängen das bisherige offene Foyer. Das Treppenhaus füllt die hofseitige Hälfte des rechten Seitenrisalits, die Brüstung der zweiläufigen, mit Eichenholz verkleideten Treppe orientiert sich an der alten (spätestens seit 1955 nicht mehr vorhandenen) linken Seitentreppe (Abb. 24). In der »Baumgarten-Ecke«, wo zuvor das Casino lag, befinden sich nun die Damentoiletten; der Herrenabtritt liegt im Spreeflügel.

Wieder einmal werden neue, am Klassizismus orientierte, »bewußt vereinfachte, abstrahierte Stilelemente« entwickelt, jedoch »keine historischen Details direkt übernommen«. Die Architekturelemente, wie zum Beispiel Wandgliederungen und Gesimse, orientieren sich im weitesten Sinne am Langhans-Saal, dem Maß aller gestalterischen Dinge. Auch der Große Saal tritt in seiner harmonisierenden neuen Gestalt hinter das historische Objet trouvé zurück; er bekommt neue Wandgliederungen und eine »in maßvoller Zurückhaltung« angelegte, die bisherige »falsche Vergoldung« ersetzende Deckenarchitektur im Stuckrelief. Damit kann er sich als durchaus eigenständige und abgerundete Form in seiner besonderen Maßstäblichkeit behaupten. Die Stirnseiten füllen zwei für diesen Raum entstandene Farbraumkörper Gotthard Graubners (geb. 1930) namens »Begegnungen«; sie unterstreichen mit ihrer heiteren und differenzierten, gestischen Farbigkeit die insgesamt zurückhaltende Schlichtheit des großen Raumes. Der bisherige Kleine Speisesaal wird zum Foyer für den Großen Saal. Mit der Entfernung der abgehängten Decke und einem monumentalen Schinkel-Gemälde nimmt er die Herausforderung seiner unglücklichen Proportionen mutig an. Das Eßzimmer für kleine Gesellschaften wird im Balkonraum an der Gartenseite neu eingerichtet. Die Türen der fünfziger Jahre werden – mit Ausnahme der Stil-Räume – durch neu-»alte« Profiltüren ersetzt, die sich allerdings nicht an der Originalausstattung des Schlosses orientieren. Die modernen Lüster und Kronleuchter verschwinden, einige finden andernorts, etwa in der Botschaft in Ankara, eine neue Verwendung; die Bellevue-Beleuchtungskörper sind Neuanfertigungen im klassizistischen Stil. Die Salons bekommen einen ebenfalls »maßvoll klassizistischen« neuen Stuck. Der größte Teil der alten Möbel, die das Schloß nun schmücken, kommt aus dem Kasseler Schloß Wilhelmshöhe.

Das angestrebte Ziel einer stärkeren stilistischen Vereinheitlichung der Raumfolgen wird durchaus erreicht, die Gestaltung wirkt abgewogen und harmonisch, an einigen Stellen – und bei aller Notwendigkeit der Repräsentation – sogar wohnlich, womit sie an den ursprünglichen, privaten

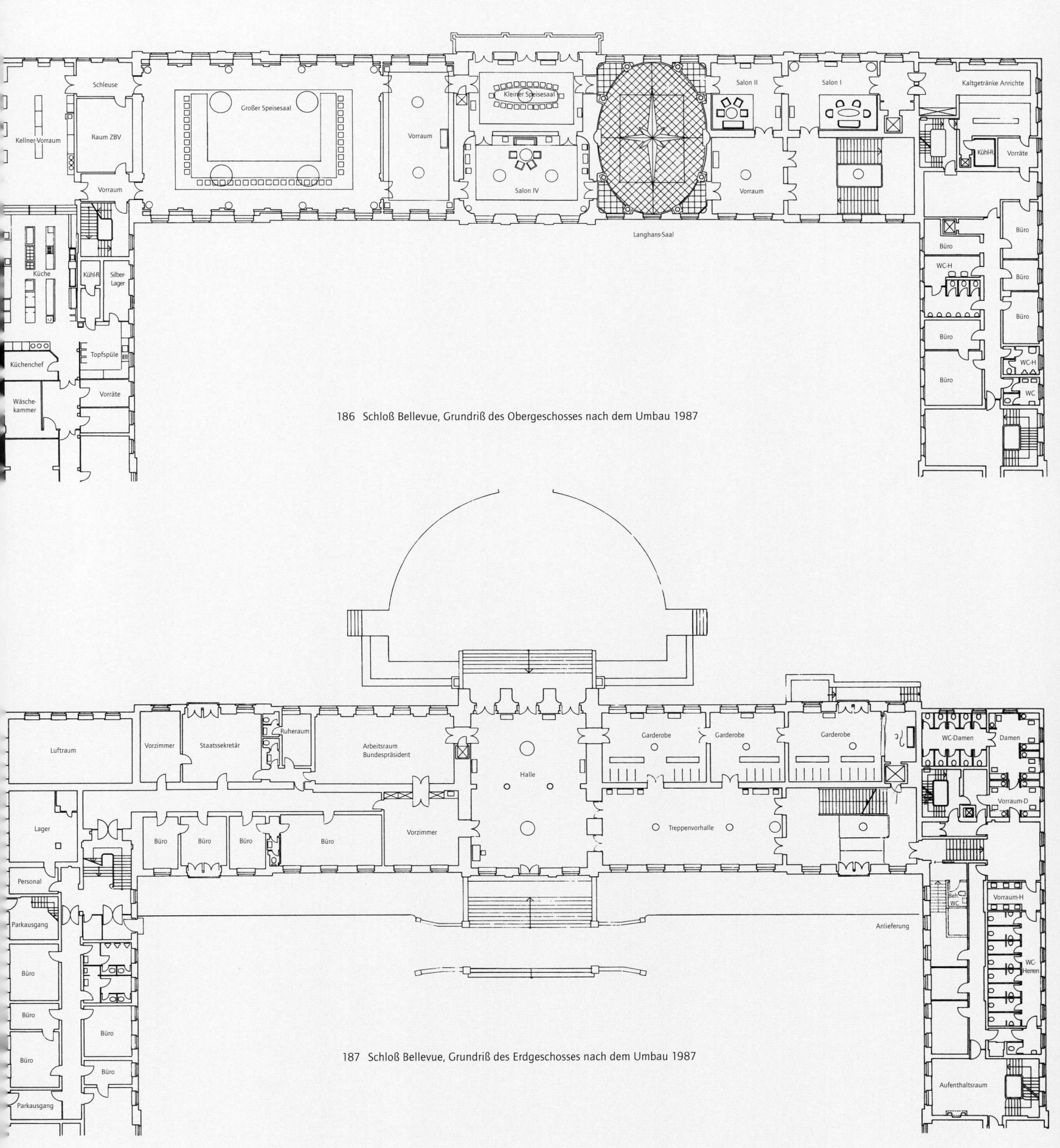

186 Schloß Bellevue, Grundriß des Obergeschosses nach dem Umbau 1987

187 Schloß Bellevue, Grundriß des Erdgeschosses nach dem Umbau 1987

Labels in figure 186 (Obergeschoss):
Schleuse · Raum ZBV · Kellner-Vorraum · Vorraum · Großer Speisesaal · Vorraum · Kleiner Speisesaal · Salon II · Salon I · Kaltgetränke Anrichte · Kühl-R · Vorräte · Salon IV · Langhans-Saal · Vorraum · Büro · WC-H · Büro · Büro · Büro · WC-H · WC · Büro · Küche · Kühl-R · Silber-Lager · Küchenchef · Topfspüle · Wäsche-kammer · Vorräte

Labels in figure 187 (Erdgeschoss):
Luftraum · Vorzimmer · Staatssekretär · Ruheraum · Arbeitsraum Bundespräsident · Garderobe · Garderobe · Garderobe · WC-Damen · Damen · Halle · Vorraum-D · Lager · Büro · Büro · Büro · Büro · Vorzimmer · Treppenvorhalle · Personal · Parkausgang · Vorraum-H · Büro · WC-Herren · Anlieferung · Büro · Büro · Büro · Büro · Parkausgang · Aufenthaltsraum

188 Eingangshalle mit Durchblick zum Park

189 Bundespräsident Johannes Rau geht aus dem Vestibül in sein Amtszimmer. 2002 ▸ ▲

190 Sitzgruppe im Amtszimmer des Bundespräsidenten ▸

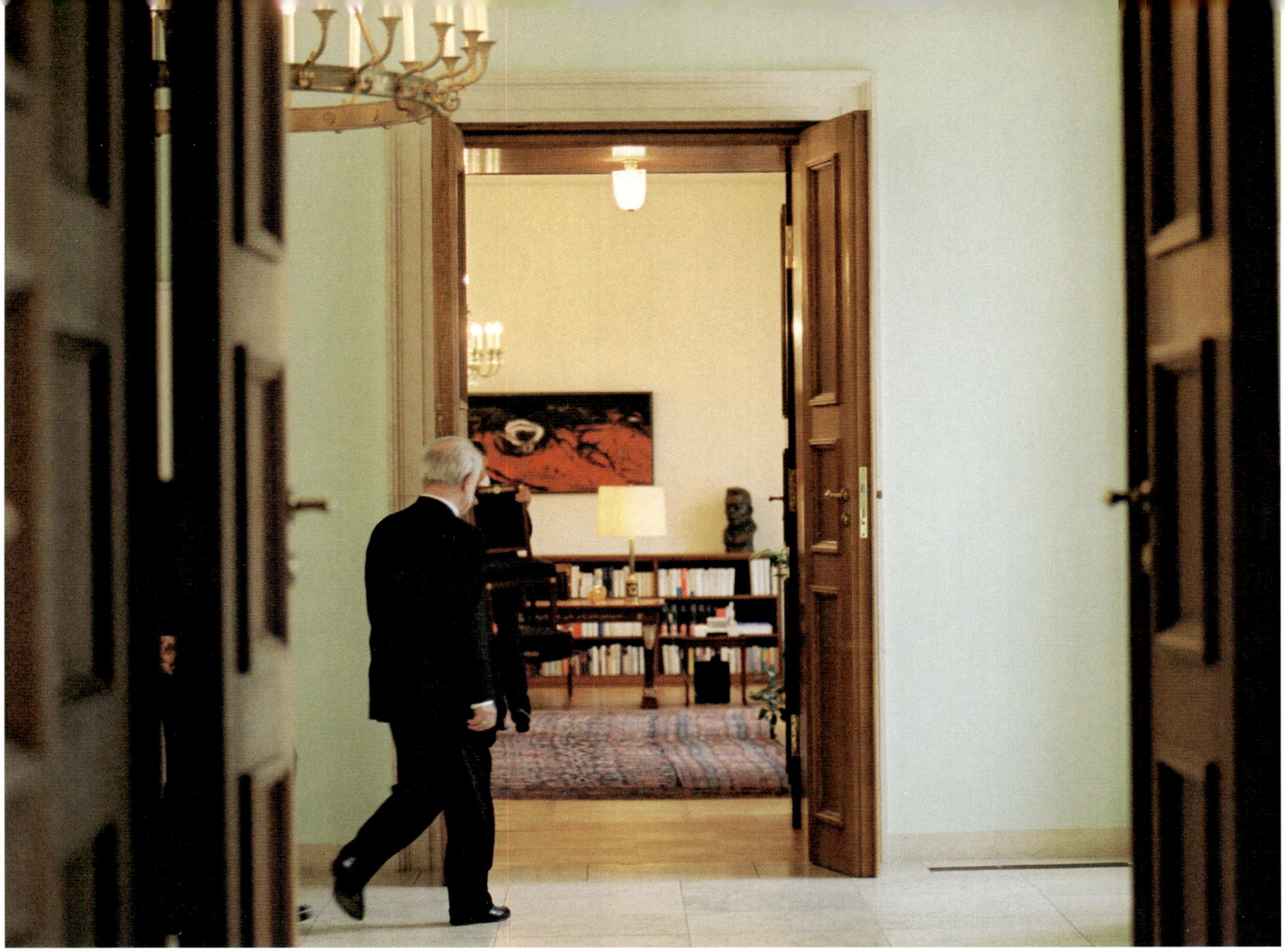

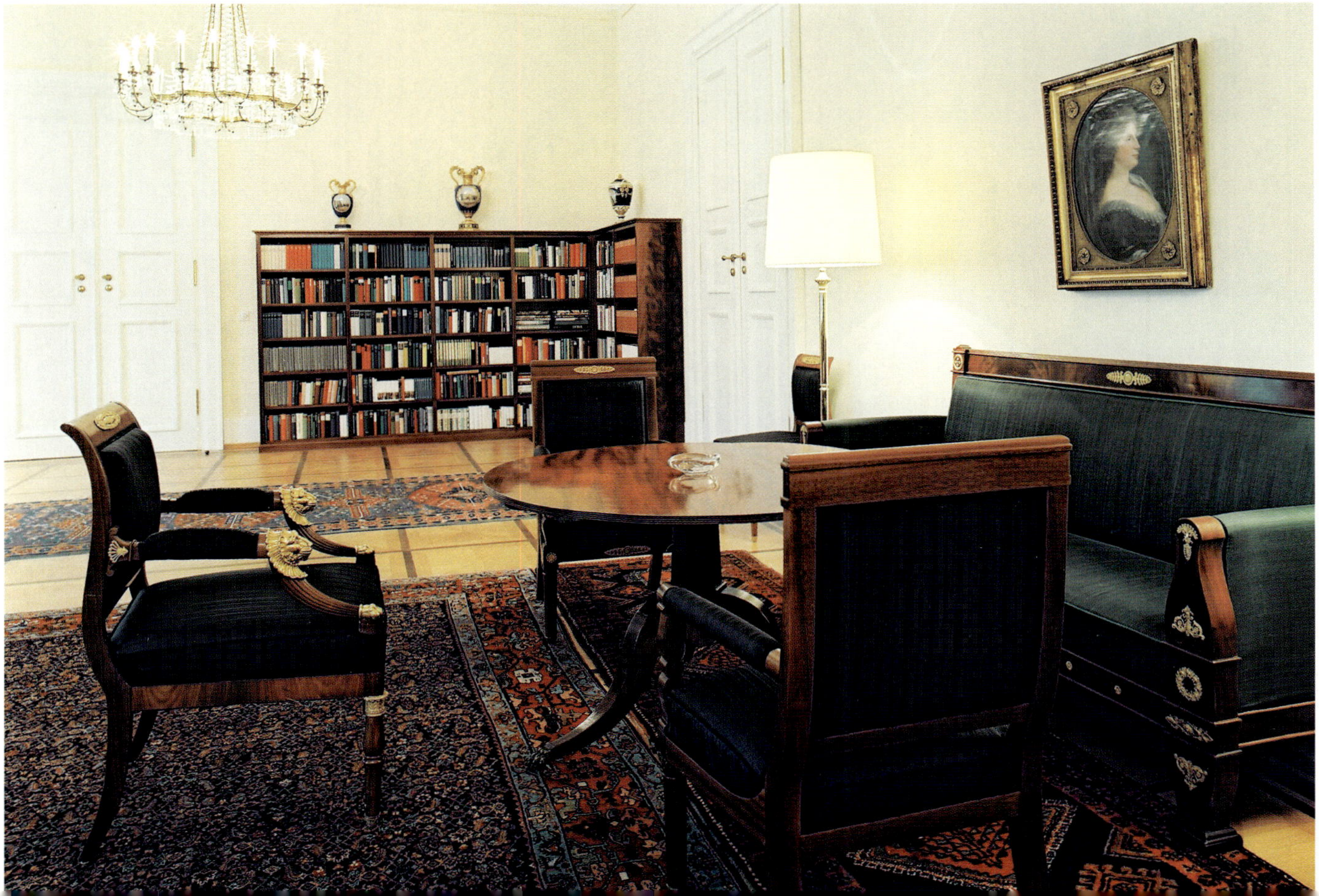

191 Galerie
für Empfänge und
Pressetermine

Charakter des Schlosses anknüpft. Die modulierte, sich kaum vordrängende Farbigkeit der Räume, die sich wiederum an den zurückhaltenden Farben des Langhans-Saales orientiert, hat daran einen nicht geringen Anteil. Nach der sehr entschiedenen Umgestaltung in den dreißiger Jahren und dem weitgehenden Bruch mit der Geschichte in den fünfziger Jahren ist diese unter dem weltläufigen und historisch versierten Richard von Weizsäcker – und seiner Gemahlin Marianne – generierte Stilstufe die vielleicht charmanteste Ausformung des Schlosses. Sie repräsentiert einen vorsichtigen Brückenschlag über den Abgrund der Nazi-Diktatur hinweg, zurück in eine Vergangenheit, die – auch in Preußen – zu den glücklicheren Epochen der deutschen Geschichte zählt. Vorsichtig genug ist dieser Brückenschlag allerdings. Die »klassizisierenden« Elemente sind so zurückhaltend eingesetzt, daß sie dem flüchtigen Besucher gar nicht weiter auffallen, niemand würde versuchen wollen, eine möglicherweise vorhandene besondere Eigenart, gar Schönheit etwa der Wand- oder Deckengestaltung zu erkunden – sie fällt einfach nicht weiter auf. Unter den gegebenen Um-

ständen ist das vielleicht das Beste, was man von dieser Neufassung sagen kann. Im übrigen erinnert nicht allein die beiden konservierten Stilräume mit ihren tachistisch-abstrakten Gemälden u.a. von Theodor Werner und Fritz Winter und dem von Schwennicke entworfenen Mobiliar an die fünfziger Jahre: Alle Versuche, den nierenförmigen kleinen Teich im Park durch Schilfanpflanzungen zu verdecken, schlagen fehl, und so repräsentiert er sehr selbstbewußt weiterhin den Stilwillen seiner Entstehungszeit.

Die von Walter Scheel eingerichtete Privatwohnung des Bundespräsidenten bleibt – trotz neuer Pläne[85] – unverändert, aber die darüberliegende große Küche wird erneuert, ebenso die veraltete Technik, die Heizung und Belüftung. Die Verlegung der Gästezimmer aus dem Süd- in den Spreeflügel macht Platz für ein Möbellager, das durch die vielfältige Nutzung des Großen Saals als Speise-, Konzert- und Empfangsraum notwendig wurde. Die Gesamtkosten der Umgestaltung und Erneuerung belaufen sich auf ca. 20 Millionen Mark, wovon allein die neue Treppe 2,5 Millionen verschlingt.

192 Treppenhaus
vom Obergeschoß
aus gesehen

193 Vorraum zum
Langhans-Saal
(Musikzimmer)

194 Langhans-Saal
in der Farbgestaltung
durch Meitinger

195 Salon Luise,
Mittelrisalit Gartenseite
(ehemaliges Balkon-
zimmer)

196 Salon Ferdinand,
Mittelrisalit Hofseite
(ehemals mit
»Hetrurischer Decke«)

197 Vestibül
zum Großen Saal
(Schinkel-Saal)
mit Gemälde von Karl
Friedrich Schinkel

198 Großer Saal, mit
Farbraumkörper von
Gotthard Graubner.
Blick nach Süden

199 Großer Saal, Blick nach Norden.
Festessen anläßlich des 80. Geburtstages von Altbundespräsident Walter Scheel, 1999

Ein neuer Anfang:
Erster Sitz des Bundespräsidenten

Mit der Wiedervereinigung geht auch für Bellevue eine lange Zeit des Provisoriums zu Ende. Nach der Entscheidung des Bundestages, Berlin wieder die angestammte Funktion der deutschen Hauptstadt zu übertragen, verlegt Bundespräsident Richard von Weizsäcker im März 1994 als erstes Verfassungsorgan des Bundes seinen ersten Wohn- und Amtssitz an die Spree. Angesichts der neuen, nun das gesamte Berliner Stadtgebiet umfassenden Möglichkeiten und in dem Wunsch, den Bürgern näher zu sein, verfolgt er vorübergehend den Plan, sich im Kronprinzenpalais Unter den Linden niederzulassen. Doch die sich andeutenden Raum- und Sicherheitsprobleme führen dazu, daß er im angestammten Schloß Bellevue bleibt, das ja bereits eine eigene, bundesrepublikanische präsidiale Tradition begründet hat. Für den etwa 150-köpfigen Mitarbeiterstab entsteht im Park ein Neubau der in Frankfurt am Main ansässigen Architekten Martin Gruber (geb. 1963) und Helmut Kleine-Kraneburg (geb. 1961). Die gemeinsame Arbeit im Büro von O. M. Ungers hat die rationalistische Architektursprache der beiden jungen Baumeister entscheidend geprägt. Das Haus wird im März 1996 begonnen und ist zwei Jahre später vollendet. Die Kosten belaufen sich auf 90 Millionen DM. – Der Bau entsteht unmittelbar nördlich des alten Abzugsgrabens aus dem Tiergarten, in jenem östlichen Bereich des Küchengartens, wo einst die Mistbeete lagen, und er reicht an die ehemalige

Rousseau-Insel und Gillys Meierei heran. Damit ragt das Haus in den bisher öffentlichen Tiergartenbereich hinein, was umfangreiche Grundstücksänderungen mit sich bringt. Der Nichtbaubereich des Parks muß in ein »Sondergebiet Bundespräsidialamt« umgewidmet werden, und da das Amt auf der Grenze zwischen Berliner Tiergarten und altem Reichs-Areal entsteht, wird ein weiterer Parkabschnitt vom Land Berlin auf den Bund übertragen.

Die weithin gelobte Architektur stellt einen markanten, zeitgenössischen Kontrapunkt zum historischen Schloß dar und setzt zugleich dessen klassizistisch-rationalistische Sprache fort. Das vierstöckige, flach gedeckte Haus mit drei Kellergeschossen (u.a. für 180 Autostellplätze) entsteht auf einer elliptischen Grundform, die aus zwei nebeneinanderliegenden Quadraten gebildet wurde. Der ursprüngliche Entwurf mit einer Fassade aus schwarzem Granit und betont kleinen Fenstern, die an Friedrich Gillys »Revolutionsarchitektur« gemahnt, stößt mit seiner Radikalität zunächst auf heftige Kritik, von einem »Mausoleum« ist die Rede.[86] So wählen die Architekten anstatt des tiefschwarzen »Nero Assoluto«-Granits den dunkelgrauen »Nero Impala«, und die Fensteröffnungen werden erheblich erweitert, so daß die fassadenbündigen, dreiflügeligen Kastenfenster nicht mehr ein, sondern zwei Drittel der Fassade einnehmen. Auf einer Grundfläche von 82 x 41 Metern errichtet und damit erheblich größer als das Schloßgebäude, verliert das Haus seine Monumentalität in einer sanft fließenden Rundung, die den Bau mehr verbirgt als daß sie ihn hervorhebt.

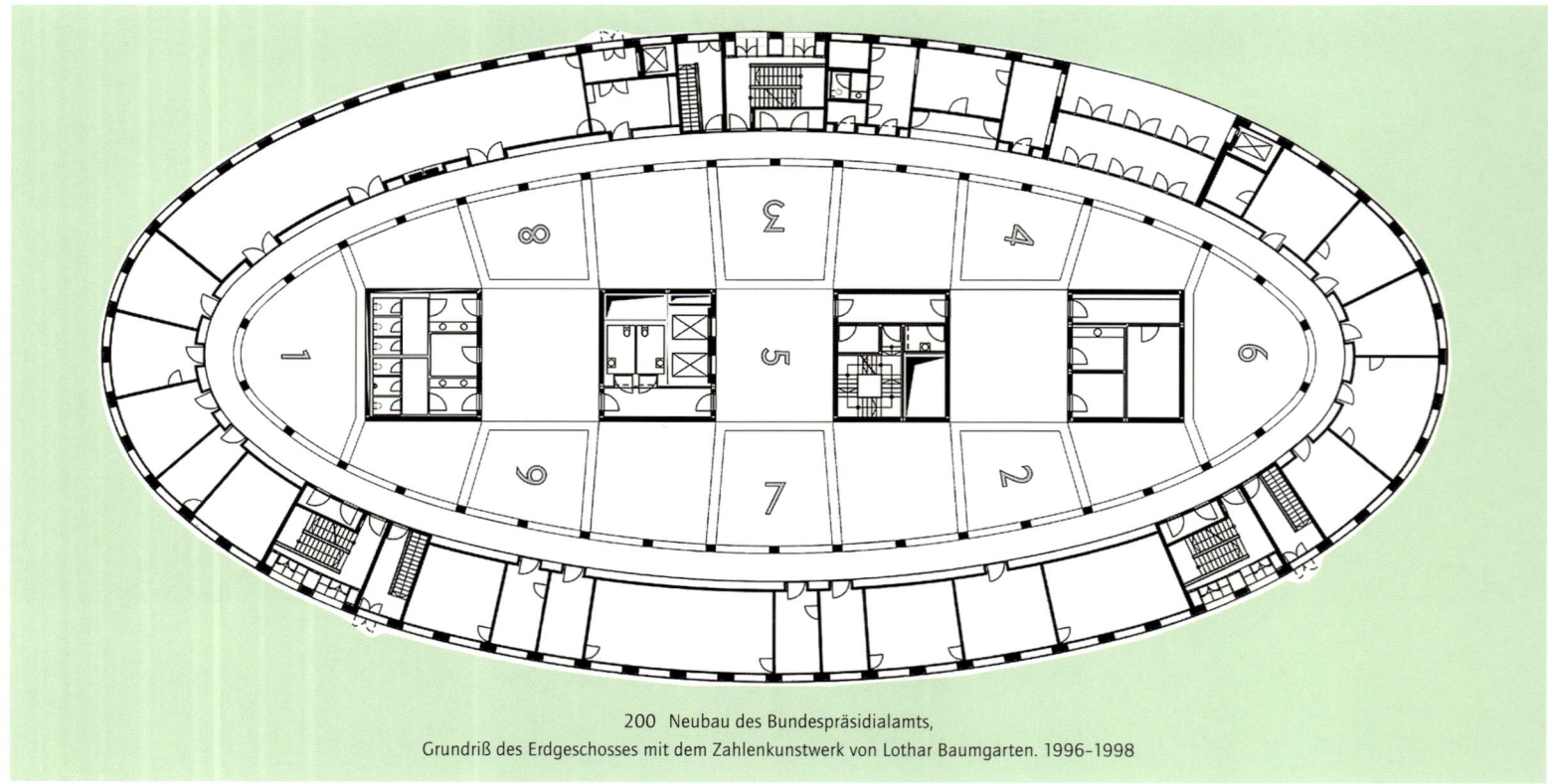

200 Neubau des Bundespräsidialamts,
Grundriß des Erdgeschosses mit dem Zahlenkunstwerk von Lothar Baumgarten. 1996–1998

201 Bundespräsidialamt, Neubau. 1996–1998

Die dunkle, gleichsam transparente Fassadenhaut schmiegt sich in die naturhafte Umgebung ein, das Licht und die sachte Bewegung der Bäume spiegeln sich und sorgen für ständig neue Bilder. Die aus Rationalität und Geometrie entwickelte »reine Form« und die gewachsene Natur gehen eine gelungene Symbiose ein.

Im Inneren erhebt sich in der Mitte der haushohen, glasüberdachten und lichten Halle, die ganz in Weiß gehalten ist, ein rechtwinkliger Block, in dem Besprechungsräume untergebracht sind; er ist durch Stege mit der Galerie vor den Büros verbunden – wenn man so will, eine schöne Erinnerung an die einst vielfältig im Park vorhandenen Brücken. Alle Büroräume haben – mit Ausnahme der Größe – dieselbe Grundform, und sie öffnen sich mit ihren Fenstern zum Park. – Das zweiteilige Kunst-Konzept von Lothar Baumgarten (geb. 1944) basiert auf Zahlenfolgen, die aus dem magischen Quadrat abgeleitet sind; die Zahlenfolgen sind in den Terrazzo-Fußboden des Erdgeschosses eingelassen. Die Wände der vier Etagen enthalten 90 Tafeln aus jeweils paarweise angeordneten, quadratischen Majolika-Platten, die den Ausgangspunkt des Gebäudegrundrisses wiederholen; ihre Farbigkeit wechselt von Tafel zu Tafel. Dieses konzeptuelle Kunstwerk, das dem romantischen Rationalismus des Gebäudes perfekt entspricht, ist wiederum ein gelungener Kontrapunkt zu den beiden großen, dem Tachismus der fünfziger Jahre verpflichteten Farbräumen Gotthard Graubners im historischen Altbau. – Der elliptische Grundriß assozi-

iert den ovalen Langhans-Saal ebenso wie die ovale Grundform von Gillys Meiereigelände. Doch diese Ähnlichkeiten sind den Architekten gar nicht bewußt[87], vielmehr ist die Ellipse eine Synthese aus dem Rund der Siegessäule und dem Rechteck der dreiflügeligen Schloßanlage. Diese formale Sicht der Siegessäule ist ein Hinweis darauf, daß sie heute sowohl die ursprüngliche als auch die von Hitler und Speer neu hinzugefügte politische Intention verloren hat. – Am Spreeweg setzt ein zweigeschossiger Annex das dort vorhandene »Beamtenwohnhaus« in Richtung Neubau fort. Dort sind die Wache, eine Monitoranlage und sonstige Technik, außerdem die Post und Umkleideräume untergebracht.

So gelungen der Neubau ist: Dem Park bekommt er gar nicht. Zusammen mit der endgültigen Abtrennung des präsidialen Bereichs sorgt er dafür, daß der alte Bellevue-Garten unwiederbringlich verloren ist. Knapp 6.000 Quadratmeter Vegetationsfläche verschwinden, und die überlieferte Gartenstruktur wird in einem großflächigen Bereich vernichtet. An die achtzig Bäume werden gefällt, darunter Rot- und Hainbuche, Spitz-, Silber- und Bergahorn, Eiche, Eibe, Robinie, Fichte, Vogelkirsche, Linde, Wald- und Schwarzkiefer, Eberesche, Pappel, Kastanie, Ulme …[88] Die Gartendenkmalpflege beklagt nicht nur den Vegetationsverlust, sondern auch die Störung traditioneller Strukturen und Sichtachsen. So wird die »englische Gartenpartie« zerstückelt und die Sicht vom Teehaus auf den »von Gehölzpartien gefaßten und von Baulichkeiten völlig ungestörten Wiesenraum« am Gro-

202 Neubau des Bundespräsidialamts,
Fassade. 1996–1998

Auch im präsidialen Park werden Sichtbezüge verstellt, sogar ganz aufgegeben. Am Weg entlang der Spree entsteht eine auf 2,5 Meter erhöhte Sicherheitsmauer aus gelben Klinkern; so ist ein prägendes Charakteristikum des Parks, die optische Verbindung zur Wasserfläche des ruhig dahinströmenden Flusses, verloren. Zum restlichen Tiergarten hin verhindern Büsche und Bäume jede Sichtbeziehung. Die einst kunstvoll angelegte Transparenz des alten Bellevue-Parks gehört damit endgültig der Vergangenheit an. Selbst der erneuerte Aha am Ehrenhof erhält einen niedrigen, 90 Zentimeter hohen Zaun. Auch die Zugangsmöglichkeit verändert sich: War der Park bisher bei Abwesenheit des Präsidenten geöffnet, so ist er nun für das allgemeine Publikum grundsätzlich gesperrt. – Der abgeschlossene Präsidentengarten umfaßt zusammen mit der Erweiterung für das Bundespräsidialamt nun 9,4 Hektar und hat damit knapp die Größe der ursprünglichen Plantage des Jean Bechier Fayé, ohne den dazugehörigen Küchengarten.

Die am häufigsten vorkommenden Bäume im Park sind Eichen, Buchen und Linden, dann folgen Spitzahorn, Robinien, Hainbuchen, Kastanien, Birken, Rotblühende Kastanien, Bergahorn, Kiefern, Silberahorn und Trompetenbäume, schließlich – mit jeweils weniger als zehn Exemplaren – Ulmen, Pappeln, Eschen, Lärchen und Gingkos. Die überwiegende Mehrzahl der Bäume, 70 Prozent, wurde erst nach 1950 angepflanzt, sechs stammen noch aus dem 19. Jahrhundert.[90] Seit 1994 ist – als Nachfolger der früheren Gärtner Weil, Werth und Brasch – Werner Nösler zusammen mit acht Gehilfen für den Garten zuständig, und er zeigt sich mit dessen Zustand ganz zufrieden, »sogar Jacques Chirac hat lobende Worte für den Schloßpark geäußert«, freut er sich. Bernhard Besserers Anlage aus den späten fünfziger Jahren wird weiter gepflegt und ist auch für die Zukunft der Maßstab. Veränderungen, die sich aufgrund von Überformungen sowie falscher Pflege ergeben haben, werden rückgängig gemacht. Die rührige Baumschule Bruns, ein Traditionsbetrieb im niedersächsischen Bad Zwischenahn, kreiert weiterhin für jedes Präsidenten-Ehepaar eigene Züchtungen, die im oder nahe am privaten Präsidentengarten ihren Platz finden. Die »Bavaria-Buche«, einst ein Geschenk des bayerischen Ministerpräsidenten an Johannes Rau, hat mit der »Stoiber-Buche« inzwischen einen Ableger erhalten. Die wenigen noch vorhandenen alten Skulpturen und Denkmäler bekommen Gesellschaft durch neue, aus Bonn transferierte Werke, so erheben sich im Park nun ein stählerner »Großer Turm« (Hans Uhlmann) und eine bronzene, abstrahierte »Flora« (Fritz Koenig).

Der kleine Eiskeller-Hügel, an dem sich die Achsen der Bellevue- und der Hofjägerallee treffen, soll wieder mit einem Pavillon verziert, die Sichtachse, die vom Schloß hierherführt, muß – wie jene zum großen Eiskeller – aus dem Parkgeflecht neu herausgeschnitten werden. Der hintere Parkbereich, in dem die beiden Eiskeller liegen, wird als »wilder Garten« gepflegt, er birgt manche verschwiegene Partie und lädt den jeweiligen Präsidenten zu ausgedehnten Erkundungen ein; zum Schloß hin wird der Rasen englisch-kurz gehalten. Ein weitgeschwungener Rundweg markiert die Grenze

ßen Stern grundsätzlich verändert; der Rosen- und Fuchsien-Garten ist nur noch über einen Stichweg zu erreichen. Der Substanzverlust, so der Gartendenkmalpfleger Klaus von Krosigk, ist quantitativ nicht ersetzbar und kann nur teilweise kompensiert werden durch umfangreiche Instandsetzungsmaßnahmen der desolaten Bereiche des Englischen Gartens, seiner Rasenflächen, Gewässer, Terrassierungsmauern und Brunnenanlagen. Die Kosten dafür belaufen sich auf knapp 1,5 Millionen DM.[89] Immerhin werden durch weitere Ausgleichsmaßnahmen am Ende mehr Flächen neu begrünt als versiegelt. Für den Zuwachs sorgt vor allem das dreieckförmige Gelände an der Paulstraße auf der anderen Spreeseite; das zuletzt als Parkplatz genutzte Areal wird aus dem Reichsvermögen an das Land Berlin übertragen und in eine öffentliche Grünanlage umgewandelt. Für insgesamt 700 neue Bäume werden 3,5 Millionen DM ausgegeben.

203 Neubau des Bundespräsidialamts,
Interieur, Durchblick. 1996–1998

204 Neubau des Bundespräsidialamts,
Interieur, Seitenwand mit Majolika-Platten. 1996–1998

zwischen beiden Bereichen. Die ausgedehnte Grasfläche vor dem Schloß, der traditionelle Pleasure Ground des Englischen Parks, dient als »Parkett« bei Empfängen und Begegnungen. Als Bühne für die großen, staatlich-repräsentativen Auftritte und die Zeremonie der militärischen Ehrenbezeugungen entsteht vor der Terrasse eine gepflasterte Aufstellfläche, die in den Bellevue-Garten einen ganz neuen Ton hineinbringt und im Kontext dieses bislang so friedlichen und zivilen Parks sogar symbolhaft wirkt: Es ist das Äquivalent zur gewachsenen nationalen Souveränität der »Berliner Republik«, die, wie es in der Politiker-Sprache heißt, international mehr Verantwortung übernimmt und ihre Soldaten auch zu Einsätzen ins Ausland schickt.

Um die Jahrtausendwende wird deutlich, daß Bellevue in seiner bisherigen Form für die gestiegenen Ansprüche und Verpflichtungen nicht gerü-

stet ist, schon die technische Ausstattung bedarf dringend der Erneuerung und Aktualisierung. Wärmedämmung und Feuersicherung müssen auf den neuesten Stand gebracht, die Heizung an die Fernwärme angeschlossen werden. Außerdem stellt die ständige Anwesenheit des Bundespräsidenten größere Anforderungen als ein vorübergehender Besuch, und schließlich hat der Neubau einige Funktionen aus dem Bau herausgenommen, während andere erst dauerhaft einzurichten sind. Auch das präsidiale Wort von der »Bruchbude« hat, wie sich erweist, einen wahren Kern: Beim früheren Wiederaufbau wurden die unterschiedlichsten Materialien verwandt, die zur Hand waren, darunter Bruchstücke der alten Mauern, und dieses Material zerbröselt mit der Zeit; zudem läßt sich die Quelle einer diesen Mauern entsteigenden Geruchsbelästigung trotz intensiver Suche nicht orten. Der Strom fällt gelegentlich aus, wie bei einem Besuch des norwegischen Kö-

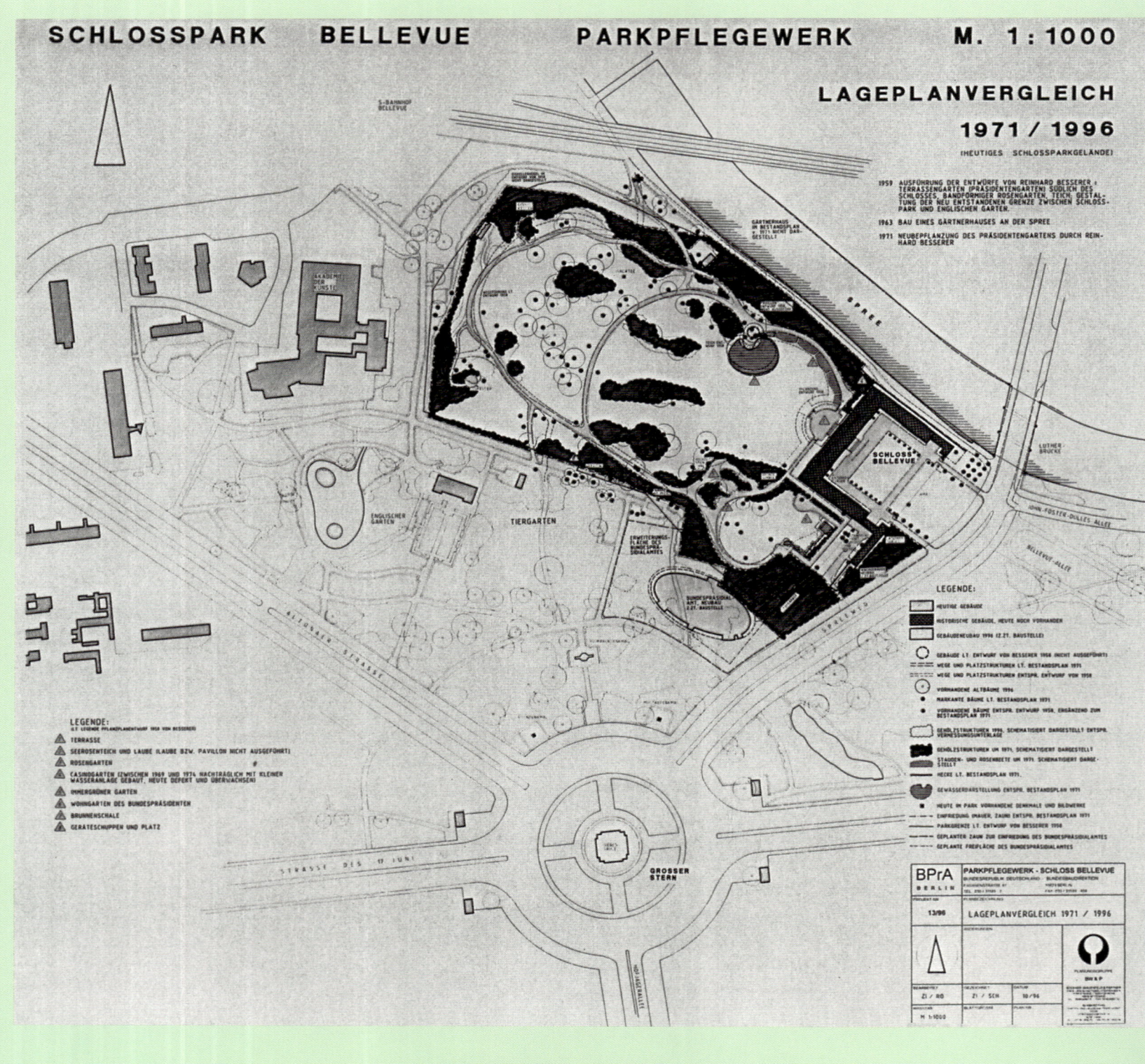

205 Park Bellevue, Lageplanvergleich 1971/1996.
Gartendenkmalpflegerische Untersuchung, 1999

nigs, oder die unregulierbare Heizung sorgt für tropische Temperaturen, wie beim Empfang der deutschen Nationalelf – von der klimatischen Bedrohung der Kunstwerke ganz zu schweigen. Eine Runderneuerung ist also wieder einmal dringend geboten. Die Aufgabe wird von der Berliner »Werkstatt für Architektur und Denkmalpflege« Helge Pitz und Christine Hoh übernommen, die Gesamtkosten belaufen sich auf 19 Millionen Euro.

Eine »kleinteilige Instandsetzung« findet 2000–2001 statt und betrifft die Optimierung der Organisationsabläufe, eine Verbesserung der Funktionalität durch Umnutzungen und kleinere Umbaumaßnahmen, die Sanierung des Erschließungssystems und der haustechnischen Infrastruktur, auch eine Verbesserung des Schallschutzes. Die im Jahr darauf beginnende Gesamtinstandsetzung startet mit dem Spreeflügel, der in seiner westlichen Hälfte für einen neuen Servicebereich bis auf die Außenmauern entkernt wird und Raum erhält für einige Büros, die Getränkeküche sowie Lagerräume für das Veranstaltungsmobiliar. Die Neueinrichtung der »Baumgarten-Ecke« wird auch nötig, um die Fluchtwege den geltenden Forderungen anzupassen. Eine »unsichtbare Baustelle« hält den Ehrenhof von jeder Baumaßnahme frei und ermöglicht es dem Bundespräsidenten, alle Veranstaltungen in gewohnter Repräsentation durchzuführen. Dafür wird das Containerdorf an der Spreeseite zwischen dem alten Baumbestand am Uferweg und der Uferböschung so eingepaßt, daß es vom Ehrenhof aus nicht eingesehen werden kann.[91]

2004–2005 folgt die umfassende Generalsanierung des Corps de logis und des Südflügels. In diesem Fall liegt die »Unsichtbarkeit« nicht bei der Baustelle, sondern bei den Maßnahmen: Es geht im wesentlichen um eine tiefgreifende technische Erneuerung, die dann gelungen ist, wenn sie sich nach außen hin nicht bemerkbar macht. Dabei ist das gesamte Haus betroffen, von den kilometerlangen Kabelsträngen, die sich in der Tiefe unter dem Kellerboden entlangwinden, bis zum Fahnenmast mit neuem Laufgang oben auf dem Dach. Neue Installations- und Lüftungsschächte durchziehen alle Etagen. Die gestiegenen Sicherheitsanforderungen verlangen schußsichere Verglasungen sowie eine »optimierte Rundum-Video-Überwachung mit Geräusch- und Bewegungsmeldern«. Auch die Medien kommen endlich zu ihrem Recht. Während bisher bei Fernsehübertragungen Leitungen durch das Küchenfenster am Südflügel gezogen wurden, gibt es nun einen Raum für Interviews und Kamera-Statements, und im Souterrain der linken Baumgarten-Ecke, am einstigen Übergang zum Meißner-Flügel, wird auf Wunsch des Präsidenten Horst Köhler ein Video-Raum für Schalt-

206 Schloß Bellevue während der Restaurierungsarbeiten im Oktober 2004

207 Der designierte Bundespräsident Horst Köhler und Ehefrau Eva Luise mit dem Amtsvorgänger
Johannes Rau und Ehefrau Christina vor Schloß Bellevue. 24. Mai 2004

konferenzen und kleinere Besprechungen eingerichtet. Das ganze Haus bekommt eine behindertengerechte Ausstattung; ein neuer, breiter Fahrstuhl im linken Gebäudeeck erschließt alle Etagen und Bereiche, und die Terrasse wird durch eine Rampe mit dem Corps de logis und dem Garten verbunden. Der in die Wand zwischen Präsidentenbüro und Gartenvestibül eingebaute, schmale Fahrstuhl wird vertieft, so daß nun nicht mehr nur der Präsident und sein Gast, sondern auch zwei Begleitpersonen, in der Regel die Ehefrauen, befördert werden können und oben im Großen Saal gemeinsam ihren Auftritt haben.

Der erneut diskutierte Plan, im Park ein Wohnhaus für den Bundespräsidenten zu errichten, verschwindet angesichts der Proteste gegen den Verwaltungsbau sehr schnell, und der Präsident bezieht eine Residenz im Grunewald. Die Wohnung im Südflügel wird aufgelöst und mit wenigen Veränderungen in eine intimere Räumlichkeit für Gespräche und Essen im kleinen Rahmen umgestaltet. Das Büro, das die ehrenamtliche Tätigkeit der Gattin des Bundespräsidenten unterstützt, liegt ebenfalls auf dieser Etage; Eva Luise Köhler ist die erste First Lady, die diese Räume nutzt. Im dritten Geschoß, gleich neben dem Festsaal, entsteht eine leistungsfähige

Küche. Schließlich wird das Pflaster im Ehrenhof erneuert, das unter dem Gewicht der schweren gepanzerten Staatslimousinen eingesunken ist. Durch Verfugung ist nun auch »das unfallfreie Laufen in Stöckelschuhen« garantiert, wie der Leiter der Sanierungsmaßnahmen, Dieter Kalthoff, versichert. Die Ausstattung des Corps de logis bleibt im großen und ganzen unverändert, kleinere Umgestaltungen betreffen etwa die Wände des Gartenvestibüls, dessen lindgrüner Anstrich durch einen hellen, mattglänzenden Stucco-lustro-Putz ersetzt wird, der bereits in den fünfziger Jahren vorhanden war. Und aus dem umfangreichen Inventar-Bestand im Museum Huis Doorn kommt ein Tafelaufsatz als ständige Leihgabe nach Bellevue zurück.

* * *

208 Das Wachbataillon probt vor dem Schloß Bellevue
die militärischen Ehren für Staatsgäste

In geordneter Vornehmheit und ein wenig entrückt dem lärmenden Großstadtverkehr liegt das Schloß vor uns, auf das sorgsamste gepflegt und erneuert in seiner präsidialen Würde, ein stimmiges Sinnbild für das Arkanum staatlicher Macht. Offen breitet sich der Ehrenhof vor uns aus, doch der tiefe Aha-Graben und die hundert dunklen Augen der Sicherheitskameras halten uns auf Distanz. Als bescheidener Landsitz für einen zwar fürstlichen, doch nachrangigen Besitzer erbaut, wandelte sich Bellevue zum Amtsgebäude für den ersten Repräsentanten der Republik. Das Prinzenpalais wurde zum »Königsschloß« und ist heute der angemessene Rahmen für das oberste Staatsorgan, das zwar nur geringe Möglichkeiten eigener politischer Gestaltung, aber größte Autorität besitzt. Wir kennen das Schloß vor allem als Kulisse höchststaatlicher Aufgaben: Die fernen Bilder von Staatsbesuchen und Neujahrsempfängen, vom Ernennen und Entlassen von Regierungen sind uns vertraut. Doch gelegentlich sind auch wir, der Souverän, das Volk, eingeladen, denn das Amt will die Distanz überbrücken: Man bittet uns zum Konzert in den Großen Saal oder zum heiteren Sommerfest in den Garten. Das freundliche Umfeld – eine Folge der wiederbelebten Hauptstadtwürde Berlins – wird heute durch den Park auf der Moabiter Spreeseite geprägt, der ein wenig die Zeit zurückholt, als der Fluß mit beiden Ufern an Gärten und Wiesen grenzte. Der desolate Lehrter Güterbahnhof wurde in eine breite, parkähnliche Flußpromenade verwandelt, ein gelungenes Gegenstück zum alten Treideldamm längs des Bellevue-Parks. Hier können die Berliner und ihre Gäste entlangspazieren, um die »kühle Wasserluft« und die »angenehme Aussicht dortiger Gegend«, wie es einst hieß, zu genießen. Die vergnügliche Gondelfahrt von den Zelten hinüber nach Moabit und weiter bis Charlottenburg und Spandau findet ihre zeitgemäße Entsprechung im rührigen Verkehr der Ausflugsschiffe.

Die Geschichte des Schlosses Bellevue, wir haben es ausführlich geschildert, ist über weite Strecken eine Geschichte des Verlustes, und was verlorengeht, wird sehr selten, falls jemals, durch Besseres ersetzt. Selbst der größte Gewinn seit Schinkels Garten-Salon bringt Einbußen mit sich: Der gelungene Neubau des Präsidialamtes bewirkt den Verlust elementarer Parkstrukturen. Das Innere des Schlosses, die Räume und Funktionen aus der Zeit vor 1945, dazu Knobelsdorffs Gartenhaus, Gillys Meierei, Schinkels Salon, selbst der große Meißner-Baumgarten-Flügel: Alles ist dahin. Die häufigsten Änderungen ergeben sich im Park, ist doch die Natur selbst eine große – produktive – Zerstörerin, und Bepflanzungen und leichte Gartenbauten lassen sich schneller ändern als festes Gemäuer. Aber selbst dort ist die Geschichte noch präsent, sei es in der Grundform der Plantage oder in dem für die Gesamtanlage so bedeutsamen Eiskeller-Hügel; sogar von den frühen Sichtschneisen ist noch einiges zu erkennen. Der südliche Abschluß des Präsidenten-Gartens verläuft entlang der alten Lindenallee und der Grenze des Küchengartens, an dessen westlichem Ende die Gründgens-Villa errichtet wurde, auf dessen Fundamenten und Terrassen wiederum das Teehaus entstand. Der Teich liegt ungefähr an derselben Stelle wie der um 1790 angelegte Vorgänger. Von den vielen Bauten, Denkmälern und Denksteinen des Parks haben die Galatea und das Denkmal für den Hofmarschall von Bredow als Kopie sowie der Hochzeitsstein – allerdings ohne seinen Sockel – die Zeitläufte überstanden. Der Spreeflügel trägt in sich noch die Fabrik von 1764 und mit dem Endrisalit die Idee des Ministers von der Horst, die Fabrik entlang der Spree zu einem schönen Landsitz auszubauen. Lage und Ausdehnung des Corps de logis erinnern an Knobelsdorffs Gartenhaus und die angrenzenden Wirtschaftsbauten, am Ort des neuen Wachgebäudes am Spreeweg lagen die Ställe der Prinzen Louis Ferdinand und Anton Radziwill. Spuren des Reichsgästehauses zeigen sich im zentralen Eingang, in der breiten Freitreppe und den »Baumgarten-Ecken«. Von der anfänglichen Binnenstruktur haben sich neben dem Langhans-Saal die beiden Salons im Obergeschoß des Mittelrisalits wenigstens in ihrer Grundgestalt erhalten.

Wenn wir ein wenig verweilen und aufmerksam genug hinhören, so erzählt uns das Schloß eine lange Geschichte, berichtet von Hoffnungen und Wünschen, von großen Ambitionen und vom Scheitern, von Versagen und Erfüllung. Die Erzählung beginnt mit einem ehrgeizigen König, der die Wirtschaft privilegiert, um den Wohlstand des Landes zu mehren, und mit einem Immigranten, der seines Glaubens wegen aus der Heimat fliehen muß. Er ist tüchtig und arbeitet härter als die Einheimischen, aber dennoch scheitert er – wie der König mit seinen Subventionen. Ein ideenreicher Architekt und Gartendesigner kommt ins Spiel, der Sehnsucht hat nach einem bescheidenen Rückzugsort auf dem Lande, dann ein smarter Unternehmer, der eine Fabrik erbaut und mit einer neuen Produktionslinie sein Glück versucht – und scheitert, schließlich ein königlicher Minister, der wiederum die landschaftliche Schönheit genießen will. Die Geschichte erzählt vom Wunsch eines königlichen Prinzen nach einem bequemen und ansprechenden, doch nicht zu kostspieligen Sommersitz, und von den faszinierenden Ideen seines Untergebenen und Rivalen, der »dritten Person in der Ehe«, der nach der Einrichtung des Garzauer Gartens seine verbesserten Gestaltungsideen zusammen mit dem Rivalen verwirklichen kann. Und wir hören von einem wenig profilierten, aber ehrgeizigen Architekten, der die Gelegenheit zu einem großen Wurf bekommt, jedoch mitansehen muß, wie sein mutiger Plan durch einen zögerlichen Bauherrn verwässert wird. Der Bauherr aber, so erzählt das Schloß weiter, ist durchaus interessiert an den architektonischen Entwicklungen der Zeit, wenigstens will er mit dem

König, seinem Neffen, gleichziehen, und er engagiert dessen Architekten für einen neuen, prächtigen Festsaal. Das geistige Format, den großen Wurf seines jungen Conducteurs zu erkennen, hat er wohl nicht, jedenfalls läßt er es zu, daß der Plan für eine Meierei, mit der er ausgerechnet seiner untreuen Frau eine Freude bereiten will, gänzlich entstellt wird.

Die Geschichte erzählt weiter von einem Heißsporn, der – vermutlich – noch mehr Frauen als Geschütze erobert, gleichzeitig aber auch ganz hausväterlich zwei Familien sein eigen nennt. Er ist sparsam bis zum Geiz und ermöglicht es seinem genialen Architekten in großzügiger Weise dennoch, ihm einen Salon von vollkommener Schönheit in den Park zu stellen. Die Kunstliebe und Sammelleidenschaft eines Königs, der tief im Herzen Künstler ist, führt zu einem großen Museum mit den schönsten Bildern, und der allmächtige und gestaltungsfreudige Kaiser schließlich bringt auch am Schloß einiges »in Ordnung«. Aber er verliert seinen Thron, und das Schloß steht nackt und bloß. Der Diktator will ein ganz neues Reich, und auch ein neues Schloß, und seine Gäste bewundern dessen Pracht und Größe. Eine Brücke zurück in die Kaiserzeit schlagen die Schätze eines reichen Sammlers, die dem Gewaltherrscher so gut gefallen, daß er sie in das neue Palais übernimmt. In diesem Kapitel hören wir auch von einem ehrgeizigen Museumsmann, der für den Einzug ins Schloß, für den beruflichen Erfolg, seine Seele verkauft, exakt wie sein Nachbar, der große Schauspieler im Gärtnerhaus. Dann erfahren wir von den Verwüstungen des Krieges und von der Unsicherheit des einst so selbstbewußten Landes, von einem Balanceakt zwischen Geschichtsorientierung und geschichtsloser Modernität. Zunächst – und nun geht es um uns selbst – wollen wir von der Vergangenheit so wenig wie nur möglich wissen, drei Jahrzehnte später blicken wir schon neugieriger in die Historie hinein. Mit der Wiedervereinigung schließlich, die dem lange bevormundeten Volk die Eigenverantwortung schenkt und auflädt, erfahren wir von einem bemerkenswerten Innehalten: Erstmals in der Geschichte des Schlosses bringt ein epochaler Einschnitt zwar eine funktionale Ertüchtigung, aber keine demonstrative Veränderung mit sich. Möglicherweise ist dieser Stillstand auch ein Zeichen unseres neuen staatlichen Erwachsenseins: Müssen wir nicht alle lernen, mit unseren – wie Graf Lehndorff sagen würde – »défauts« zu leben? Ja, doch, eine Änderung gibt es, einen Neubau, der vergangene Zeiten, Stile und Formen dezidiert nicht nachempfinden will, sondern sich – im doppelten Sinn – mit großem Selbstbewußsein neben sie stellt.

Ein letztes Wort soll den für Bellevue so typischen Kompromissen gelten. Zyniker – oder Realisten? – mögen sagen, damit ist Bellevue ein Gleichnis für das Leben. Unter politischen Gesichtspunkten ist die Bellevue-Anlage gewissermaßen ein Symbol für die Demokratie: Sie hat zwar ihre Fehler, aber sie ist durchaus ansehnlich und besitzt einen stabilen, unverwüstbaren Kern. Über eine lange Zeitspanne hinweg und in den unterschiedlichsten, auch widrigsten Umständen hat das Schloß seine Stabilität bewiesen, und es steht prächtig im Gebrauch.

209   In großer Abendrobe zum Staatsbankett:
Das offizielle Foto des Bundespräsidenten Horst Köhler und seiner Ehefrau Eva Luise Köhler

210 Großer Zapfenstreich

Anhang

Anmerkungen

Die Entstehung des Schlosses unter Prinz Ferdinand

1 Bogdan Krieger: Das königliche Schloß Bellevue bei Berlin und sein Erbauer Prinz Ferdinand von Preußen. Berlin 1906, S. 75f.

2 Zur Vorgeschichte bis zum Erwerb durch Prinz Ferdinand siehe Krieger, S. 7–29, woraus im folgenden wesentlich referiert wird. Ebenso Erich Schonert, Das Schloß Bellevue und sein Umbau zum Museum. In: Zentralblatt der Bauverwaltung 55, 1935, S. 843–851.

3 Martin Engel: ›Le Parc de Berlin‹ und die Knobelsdorffsche Meierei im Tiergarten. In: »Zum Maler und zum grossen Architekten geboren.« Georg Wenzeslaus von Knobelsdorff. Ausstellungskatalog Stiftung Preußische Schlösser und Gärten Berlin-Brandenburg, Berlin 1999, S. 90–98.

4 Friedrich Nicolai: Beschreibung der Königlichen Residenzstädte Berlin und Potsdam aller daselbst befindlicher Merkwürdigkeiten und der umliegenden Gegend. 2. Band. Neudruck der Originalausgabe der 3. Auflage Berlin 1786. Berlin 1968, S. 947.

5 Engel, S. 98.

6 A.a.O., S. 96.

7 A.a.O., S. 97.

8 Nicolai, S. 944.

9 GStAPK HA I, Rep. 133, Nr. 387, Bl. 15.

10 A.a.O., Bl. 18.

11 Alle Zitate des Grafen Lehndorff sind, soweit nicht anders vermerkt, der Publikation Bogdan Kriegers entnommen.

12 Krieger, S. 35f.

13 Die Notiz stammt aus dem Jahr 1797. Nachlaß Johannes Sievers, GStAPK HA Rep. 192, Nr. 1, Bl. 70.

14 Bereits in der Literatur des 18. Jahrhunderts werden die Boumanns vielfach miteinander verwechselt, und diese Mißverständnisse halten bis in die Gegenwart an. Hackmann, S. 12–16, hat die Personen und ihre Tätigkeiten eindeutig voneinander unterschieden, geht allerdings auf die weitere Bautätigkeit Michael Philipps kaum ein. Hans Hackmann: Das Schloß Bellevue und seine Stellung in der Architekturgeschichte Berlins. Dissertation Halle 1915.

15 Friedrich Wilhelm II. und die Künste. Ausstellungskatalog der Stiftung Schlösser und Gärten, Potsdam 1997.

16 Erwähnt seien nur das 1757 publizierte Werk von William Chambers, Designs of Chinese Buildings, Furniture, Dresses, Machines and Utensils, sowie C.C.L. Hirschfeld, Theorie der Gartenkunst, Leipzig 1780.

17 Aus den Tagebüchern des Grafen Lehndorff, hrsg. u. eingel. von Haug von Kuenheim. Berlin 1982, S. 173, Juni 1765.

18 GStAPK HA I, Rep. 133, Nr. 387, Bl. 30f.

19 Die ursprünglichen Namen dieser Allee wechseln, einer ist »Potsdamer Allee«. Der Einfachheit halber und um Verwechslungen vorzubeugen, nennen wir sie durchgehend »Bellevue-Allee«.

20 GStAPK HA I, Rep. 133, Nr. 387, Bl. 50. Der undatierte Plan ist in den Zeitraum von April-Mai 1785 eingelegt. Wimmer datiert den Plan auf das Jahr 1784, erläutert das Datum jedoch nicht. Die verso vorhandene Zeichnung einer Eisgrube oder eines »unbekannten Denkmals« (Wimmer) datiert er »um 1785«. Clemens Alexander Wimmer: Geschichte des Gartens zu Bellevue. Parkpflegewerk Schloßpark Bellevue, Bd. 1. Unveröffentlichtes Manuskript im Auftrag der Bundesbaudirektion Berlin, 1992.

21 Anläßlich seiner Umgestaltung des Parks in den späten 1950er Jahren spricht R. Besserer davon, daß der kleine Eisgrubenhügel eine prähistorische Grabstätte sei; allerdings ist dies der einzige Verweis in der Bellevue-Literatur auf einen solchen Sachverhalt. Sollte er zutreffen, würde das den Umstand erklären, daß die Achsen vom Potsdamer Tor und vom Großen Stern hierherführen, den Hügel aber nicht exakt treffen. Reinhard Besserer: Die Neugestaltung des Schlossparks Bellevue. In: Das Gartenamt 1960, Heft 9, S. 212–215, hier S. 214.

22 GStAPK HA I, Rep. 133, Nr. 387, Bl. 41.

23 Ibid.; auch Krieger, S. 99; Wimmer, S. 52f.

24 GStAPK HA I, Rep. 133, Nr. 386, Bl. 1; Nr. 387, Bl. 48.

25 Krieger, S. 71f.

26 GStAPK HA I, Rep. 133, Nr. 386, Bl. 7f. Krieger S. 72 gibt an, daß Boumann vom 1. Oktober 1784 an jährlich 400 Taler erhalte; das hieße, daß die Vergütung bereits vor dem Erwerb des Meiereigeländes einsetzte.

27 GStAPK HA I, Rep. 133, Nr. 386, Bl. 94.

28 GStAPK HA I, Rep. 133, Nr. 386, Bl. 6–8; Hackmann, S. 10.

29 GStAPK HA I, Rep. 133, Nr. 386, Bl. 6.

30 Daß Ferdinand dem Architekten Boumann geraten habe, die Bauten in Wörlitz und Dessau zu »studieren«, wie Wirth schreibt, ist aus dieser Anweisung gerade nicht abzulesen; Boumann kommt darin nicht vor. Irmgard Wirth: Bau- und Kunstdenkmäler von Berlin: Tiergarten. Berlin 1955, S. 114–139, hier S. 116.

31 »... sind an Mauer und Dachsteinen erforderlich als 310/mille große Form Mauersteine«. GStAPK HA I, Rep. 133, Nr. 386, Bl. 130. Ebenda, Bl. 167–172, ein ausführlicher »Kosten-Anschlag den Damen-Flügel aufzubauen ...«

32 GStAPK HA I, Rep. 133, Nr. 337, Bl. 25–26.

33 GStAPK HA I, Rep. 133, Nr. 387, Bl. 76–78.

34 Erich Schonert: Das Schloß Bellevue und sein Umbau zum Museum. In: Zentralblatt der Bauverwaltung, 55. Jg., Heft 43, 23. Oktober 1935, S. 843–851, hier S. 845.

35 Im Souterrain befinden sich an der Hofseite einige gedielte Zimmer für Dienstboten sowie die Küche für die Kammerfrauen; diese Räume liegen 70 cm unter Terrain. Die an der Gartenseite befindlichen Wirtschafts- und Kellerräume liegen 130 cm unter Terrain. Größtenteils sind im Keller Balkendecken vorhanden, drei Räume haben Tonnengewölbe.

36 Dittmar Machule: Das Schloß Bellevue in Berlin-Tiergarten. Bauhistorische Dokumentation im Auftrag der Bundesbaudirektion. Unveröffentlichtes Manuskript o.J. (ca.1986), S. 80, FN 8.

37 Ausführlich dazu: Machule, S. 87–89.

38 Gegen eine Durchfahrt sprechen auch die starken tragenden Mauern in der Mitte des Gebäudes, die quer zum Eingang stehen, dafür hingegen spricht das Niveau der hinter der Wand befindlichen Räume 42 und 43, die wie der Eingangsraum 22 auf Hof- und Gartenhöhe liegen. Es kann also sein, daß eine Einfahrt wenigstens angedacht und im Fußbodenniveau vorbereitet, dann jedoch nicht ausgeführt wurde.

39 Kontrakt vom 6. Januar 1790. GStAPK HA I, Rep. 133, Nr. 387, Bl. 155.

40 Krieger, S. 74f. Hackmann, S. 19, hingegen gibt an, daß »der Balkon ... gleich beim ersten Entwurf vorgesehen« war.

41 Diese ursprüngliche Anordnung, die von Hackmann S. 19 beschrieben wird, ist im vorhandenen Bildmaterial nicht mehr zu überprüfen und war vermutlich allein an Boumanns – verlorenem – Entwurf abzulesen.

42 Hackmann, S. 29, gibt an, daß Boumanns Entwurf der Gartenfassade »einen Ausgang in den Garten« enthält; die Verbindung zum Gartenniveau stellt eine Treppe mit zwei flankierenden Urnen her.

43 GStAPK HA I, Rep. 133, Nr. 386, Bl. 224f.

44 GStAPK HA I, Rep. 133, Nr. 389, Bl. 92.

45 Die Inventarverzeichnisse von 1835 und 1841, die uns wesentliche Hinweise geben könnten, sind verloren, allerdings reproduziert Hackmann S. 88–93 ausführliche Abschnitte der Listen von 1841. Das umfängliche Inventarverzeichnis vom Museum Huis Doorn ermöglicht es, einige Objekte für Bellevue zu bestimmen, das Verzeichnis ist jedoch nicht systematisch erschlossen.

46 Schonert 1935, S. 848.

47 Hackmann übertreibt die Trennung von Wand und Decke m.E. ein wenig, wenn er schreibt: »Die Räume unterliegen dem Prinzip der tektonischen Gliederung von tragender, stützender Wand und lastender abschließender Decke von horizontaler Bildung. Ganz klar und übersichtlich, fast schon streng in der Einfachheit, scheidet sich die Wand von der Decke, wie auch jene selbst von malerischer Abwechslung zu linearer Einteilung geklärt erscheint.« Hackmann, S. 71.

48 Hackmann, S. 88.

49 Schonert, S. 848.

50 Richard Borrmann: Inventar der Bau- und Kunstdenkmäler von Berlin. Berlin 1893, S. 308f., hier S. 308.

51 Hackmann, S. 89.

52 Schonert, S. 848; Borrmann S. 308; Hackmann S. 89.

53 Schonert, S. 848.

54 Hackmann, S. 73.

55 Hackmann, S. 22.

56 GStAPK HA I, Rep. 133, Nr. 751.

57 Die Flötenstanduhr befindet sich heute in der Sammlung von Schloß Karlsruhe/Bruchsal.

58 Krieger, S. 84.

59 GStAPK HA I, Rep. 133, Nr. 386, Bl. 247f.; Nr. 387, Bl. 107; Nr. 388, Bl. 40f.; Nr. 397, Bl. 66.

60 Krieger, S. 99.

61 Krieger, S. 97f.

62 Wimmer, S. 29.

63 Bogdan Krieger, Berlin im Wandel der Zeiten, Berlin 1923, S. 266f.

64 Folkwin Wendland: Der Große Tiergarten in Berlin. Seine Geschichte und Entwicklung in fünf Jahrzehnten, Berlin 1993, S. 58f.

65 Nicolai, S. 945, Fußnote.

66 GStAPK HA I, Rep. 133, Nr. 388, Bl. 49; Nr. 387, Bl. 127.

67 Der Kupferstich nach einem Gemälde von Allan Ramsay befindet sich heute im Museum Huis Doorn, Inv.Nr. 3198.

68 Hella Reelfs weist die Zeichnungen Friedrich Gilly zu. Hella Reelfs: Friedrich Gilly und der Schloßpark »Bellevue«. Mitteilungen der Pückler Gesellschaft, 6. Heft, Neue Folge, 1989, S. 41–62, hier S. 52. Neben Krieger haben sich insbesondere Wimmer und Wirth mit dem Park und seiner Ausstattung befaßt.

69 Zu den Brücken: Krieger, auch Wimmer, S. 39–41.

70 Krieger, S. 102. Wimmer, S. 36.

71 Bellevue, in sechs Gesängen. In: Denkwürdigkeiten und Tagesgeschichte der Mark Brandenburg und der Herzogthümer Magdeburg und Pommern, Berlin 1800, S. 1103–1120, 1161–1176, 1273–1288, S. 1278f. Der Verfasser ist möglicherweise der als französisch reformierter Pastor an der Friedrichstadtkirche tätige Frédéric Guillaume Hauchecorne (1753–1825).

72 J.D.F. Rumpf: Berlin und Potsdam. Berlin 1803, S. 541.

73 Krieger, S. 106.

74 Wirth, S. 128.

75 Bellevue, in sechs Gesängen, S. 1119.

76 GStAPK HA I, Rep. 133, Nr. 391, Bl. 96.

77 Krieger, S. 121. Das Gedicht stammt vermutlich von dem sentimentalen Dichter Friedrich von Matthisson.

78 GStAPK HA I, Rep. 133, Nr. 391, Bl. 147, 153, 156, 159, 161, 170.

79 GStAPK HA I, Rep. 133, Nr. 391, Bl. 157, 170; Nr. 402, Bl. 140; Nr. 754, Bl. 108; Nr. 788, Bl. 101.

80 An dieser Stelle verweist der Aha-Graben eher auf seine kriegerische Herkunft, nämlich auf den Ursprung in den Wassergräben des französischen Festungsbaus; eine Schloßanlage wie Louis Le Vaus Vaux-le-Vicomte läßt die einst fortifikatorische Aufgabe des Grabens noch erahnen. Der nachfolgende Schloßbesitzer, Prinz August, scheint die fortifikatorische Vergangenheit des Aha zu betonen, indem er unmittelbar am Graben eine erbeutete Kanone aufstellen läßt.

81 26. Januar 1787: Anschlag für Pfählung für Gräben (Grabenschalung) vor dem Schloß, 156 und 121 Fuß lang, und für einen Zaun, 1250 Fuß lang, 4 Fuß über der Erde hoch. GStAPK HA I, Rep. 133, Nr. 386, Bl. 213–15.

82 GStAPK HA I, Rep. 133, Nr. 389, Bl. 92.

83 So von Hackmann, S. 31f.

84 Werner Hartke: Garzau. Historisch-kritische Darstellung zur Berliner Aufklärung. Mitteilungen der Pückler Gesellschaft, 7. Heft – Neue Folge – 1991, S. 60–135. Christian Reimann: Der englische Garten Garzau. Freie Universität Berlin, Magisterarbeit, 1997.

85 Hartke, S. 107; Wimmer, S. 4.

86 Bellevue, in sechs Gesängen, S. 1165f.

87 Ibid.

88 Krieger, S. 99f.

89 A.a.O., S. 82.

90 S. H. Spiker: Berlin und seine Umgebungen. Berlin 1832, S. 104.

91 P. Wallé: Schloß und Park Bellevue. In: Der Bär 13, 1887, S. 554–558, hier S. 555.

92 Borrmann, S. 309.

93 Wallé, S. 555.

94 Krieger, S. 82.

95 GStAPK HA I, Rep. 133, Nr. 389, Bl. 1, 28f.

96 Es ist auch zu lesen, daß zunächst eine Langhanssche »Wolkenmalerei« die Decke ziert; wann in diesem Fall die Bema-

lung verändert worden wäre, ist unklar; Sievers spricht von 1790, was allerdings bedeutet, daß Langhans' Entwurf zeitlich kaum hätte ausgeführt werden können.

97 Krieger, S. 87; Wirth, S. 122.

98 Johannes Sievers: Bauten für die Prinzen August, Friedrich und Albrecht von Preussen. Paul Ortwin Rave, Karl Friedrich Schinkel Lebenswerk. Berlin 1954. Schloß und Park Bellevue, S. 60–83, S. 69.

99 Hackmann, S. 20.

100 GStAPK HA I, Rep. 133, Nr. 389, Bl. 28–30, 35.

101 Möglicherweise erfolgt die Veränderung 1929, als auch der Schinkel-Salon im Garten renoviert wird. Sievers, S. 81.

102 Inventar, Hackmann, S. 93.

103 Die als Kriegsverlust zu beklagende Publikation trug die Aufschrift: »Plan de la métairie Louisa, située sur le terrain de Bellevue, appartenant à S.A.R. la Princesse Ferdinand de Prusse, laquelle sera bâtie au commencement du printemps de l'année 1800, inventé, dessiné et executé par Gilly fils, inspecteur des bâtiments du Roy.« Weiterhin zum Bau: Alste Oncken: Friedrich Gilly, Berlin 1935, S. 85; ebenso: Hella Reelfs, a.a.O.

104 GStAPK HA I, Rep. 133, Nr. 391, Bl. 28.

105 Oncken, S. 85.

106 Reelfs, S. 50.

107 Krieger, S. 125.

108 Hackmann, S. 17. GStAPK HA I, Rep. 133, Nr. 391, Bl. 120ff: Anschlag zum Abputz der Bellevue-Fronten.

109 Am 18. März 1803 ergeht an den Maurermeister Piltz der Auftrag, »an den beiden Seitenflügeln des Schlosses zu Bellevue das Hauptgesims unter den Fenstern der 3. Etage, welches sehr schadhaft ist, gänzlich abzunehmen, an dessen Stelle ein Bandgesims anzufertigen, die Facade neu abzuputzen, und mit einer ihm anzugebenden Farbe haltbar und rein abzufärben, auch eine neue Dachrinne aufzubringen.« GStAPK HA I, Rep. 133, Nr. 391, Bl. 75.

110 Krieger, S. 84.

111 GStAPK HA I, Rep. 133, Nr. 389, Bl. 94; Nr. 390, Bl. 17, 19, 80, 89; Nr. 393, Bl. 85–89, 131, 147.

112 GStAPK HA I, Rep. 133, Nr. 397, Bl. 95.

113 Krieger, S. 131–135.

114 Lehndorff, Tagebücher, S. 47.

115 Krieger, S. 134f.

116 GStAPK HA I, Rep. 133, Nr. 397, Bl. 33, 47.

117 Henis, zit. bei Sievers, GStAPK, HA Rep. 192, Nr. 1, Bl. 71.

Von Prinz August bis zum Ende der Monarchie

1 Aus einer zeitgenössischen Publikation, zit. bei Sievers, GStAPK, HA Rep. 192, Nr. 1, Bl. 80.

2 Sievers, a.a.O., Bl. 277.

3 Siehe dazu die Erinnerungen von Augusts Schwester, der Prinzessin Luise Radziwill. Sievers, a.a.O., Bl. 3–4.

4 Sievers, a.a.O, Bl. 27.

5 Ibid.

6 Sievers, a.a.O., Bl. 36.

7 Zu den Aktivitäten von Prinz August in Bellevue insgesamt siehe Krieger, S. 146–155.

8 GStAPK HA I, Rep. 133, Nr. 753, Bl. 43ff.

9 A.a.O., Nr. 754, Bl. 83, 85, 99.

10 Beylage zu No. 178. des Berliner Intelligenz-Blatts, vom 25. July 1816. GStAPK HA I, Rep. 133, Nr. 758.

11 Wimmer, S. 12–14, 52.

12 GStAPK HA I, Rep. 133, Nr. 761, Bl. 14, 16, 19, 70–74.

13 A.a.O., Nr. 753, Bl. 74.

14 A.a.O., Nr. 795, Bl. 134.

15 A.a.O., Nr. 761, Bl. 20, 83, 104f.

16 Krieger, S. 149–152.

17 Sievers 1954, S. 61.

18 Ibid. S. 62f.

19 Ibid. S. 64.

20 Ibid. S. 65.

21 GStAPK HA I, Rep. 133, Nr. 761, Bl. 36f.

22 Sievers 1954, S. 71–73; Wimmer, S. 39, 49; Spiker, S. 103.

23 Sievers 1954, S. 75.

24 Ibid. S. 68f.

25 Hackmann, S. 91.

26 Sievers, GStAPK, HA Rep. 192, Nr. 1, Bl. 29.

27 GStAPK HA I, Rep. 133, Nr. 754, Bl. 94; Krieger, S. 153f.

28 Sievers 1954, S. 61.

29 Zu den ersten Jahren der Verwendung unter Friedrich Wilhelm IV. siehe Krieger, S. 158–164.

30 Krieger, S. 163f.

31 Krieger, S. 164.

32 Markus Jager: »... und bildet schon eine National-Gallerie«. Die Vaterländische Galerie in Schloß Bellevue 1844–1865. Jahrbuch der Berliner Museen, 2001, S. 235–259. Ebenso: Krieger, S. 161f.

33 Max Schasler: Berlins Kunstschätze, Zweite Abteilung: Die öffentlichen und Privat-Kunstsammlungen, Kunstinstitute und

Ateliers der Künstler und Kunstindustriellen von Berlin. Berlin 1856. Bellevue: S. 279-283.

34 Die von den dominierenden Raumfarben abgeleitete Bezeichnung der Zimmer wechselt häufig, feststehende Bezeichnungen scheint es mit wenigen Ausnahmen, die v.a. die Funktion betreffen, nicht zu geben.

35 Jager, S. 246.

36 Schasler, S. 431-433.

37 Wallé, S. 556.

38 Krieger, S. 177.

39 Wallé, S. 556.

40 Wallé, S. 554.

41 Ibid.

42 A.a.O, S. 558.

43 Wimmer, S. 25.

44 Wimmer, S. 5.

45 GStAPK 2.2.1 Nr. 20626-61.

46 D (Emil Dominik): Schloß Bellevue. In: Der Bär, 10. Jg, Nr. 16, 12. Jan. 1884, s. 228.

47 Wallé, S. 555.

48 Laut Krieger, S. 177f, steht es noch 1905.

49 Krieger, S. 180.

50 Krieger, S. 75.

51 Schonert 1935, S. 851: »vor etwa 20 Jahren«.

52 Siehe hierzu und zu den folgenden Ereignissen: Michael Balfour: Der Kaiser. Wilhelm II. und seine Zeit. Frankfurt am Main-Wien-Zürich 1967, S. 427ff. Tyler Whittle: Kaiser Wilhelm II., München 1979, S. 338ff.

53 Balfour, S. 434.

Seit 1918

1 Kaiserlicher Kunstbesitz aus dem Holländischen Exil Haus Doorn. Ausstellungskatalog Staatliche Schlösser und Gärten Berlin 1991, S. 13-17.

2 A.a.O., S. 13.

3 Landesarchiv Rep. A Pr.Br.Rep 042 Nr. 2360.

4 Vossische Zeitung, 30.1.1929.

5 Arbeiter-Jugend. Monatszeitschrift der Sozialistischen Arbeiterjugend, 19. Jg., Heft 3, 1. März 1927, S. 49.

6 Landesarchiv Rep. A Pr.Br.Rep 042 Nr. 2359.

7 A.a.O., Nr. 1846, Bl. 46ff.

8 A.a.O., Bl. 1.

9 A.a.O., Bl. 12, 19.

10 A.a.O., Bl. 59.

11 A.a.O., Bl. 133.

12 Bauakten Bezirksamt Tiergarten, Bd. 1, Bl. 51-60, Landesarchiv Rep. A Pr.Br.Rep 042 Nr. 2359.

13 Ansprache des Preussischen Staats- und Finanzministers Prof. Dr. Johannes Popitz bei der Übergabe des Schlosses Bellevue an das Museum für Deutsche Volkskunde am 1. Oktober 1935. Zentralblatt der Bauverwaltung, 55. Jg., Heft 43, 23.10.1935, S. 842.

14 Ich danke Prof. Konrad Vanja für diesen Hinweis.

15 Martin Roth: Heimatmuseum. Zur Geschichte einer deutschen Institution. Berlin 1990, S. 249.

16 Konrad Hahm: Der Neubau des Staatlichen Museums für deutsche Volkskunde im Schloss Bellevue. In: Zentralblatt der Bauverwaltung, 55. Jg., Heft 43, 23.10.1935, S. 851-54, hier S. 851.

17 Popitz, S. 842.

18 Hahm, a.a.O.

19 Hahm, S. 854.

20 Ibid.

21 Die Alkoven-Architektur ist im Grundriß eingezeichnet, die Bücherschränke der Bibliothek sind es jedoch nicht. Das kann zu der Ansicht führen, daß sie beseitigt wurden; jedoch weist Schonert in seinem Bericht über Schloß und Umbau so dezidiert auf diesen Raum hin, daß es sehr unwahrscheinlich ist, daß seine Ausstattung zu diesem Zeitpunkt nicht mehr vorhanden ist. Schonert 1935, S. 848.

22 Erich Schonert: Schloß Bellevue und seine Geschichte. Leipzig o.J. (1936), S. 11.

23 Brief Meißners an Speer vom 1. Februar 1938. Bundesarchiv R 4606/2362. Dort auch die Angaben zur frühen Planung des Reichsgästehauses.

24 Schreiben des Reichsministers der Finanzen vom 16.5.1938. Bundesarchiv R2/4456.

25 Mitteilung vom 23.3.1939. Bundesarchiv R2/4456, Bl. 36; Bezirksamt Tiergarten, Bauakten Bellevue, Bd. 1, Bl. 128.

26 Schreiben Meißners an Speer vom 27.6.1938. Bundesarchiv R 4606/2362; Bezirksamt Tiergarten, Bauakten Bellevue, Bd. 1, Bl. 96.

27 Mitteilungen vom 11.8.1938 und 31.8.1938. Bundesarchiv, R 4606/2362.

28 Baumgarten, so heißt es da, habe »immer für das deutsche Volk gearbeitet, niemals für die Partei ... immer der Kunst verpflichtet ... niemals faschistisches Gedankengut geäußert ...« etc. Landesarchiv E Rep. 200-38 Nr. 8, Entnazifizierungs-Unterlagen.

29 Der 1900 in Tilsit geborene Paul G. R. Baumgarten, der in den sechziger Jahren das Reichstagsgebäude wiederherrichtete, ist mit unserem Baumgarten nicht verwandt.

30 Kurt Luther: Das Gästehaus des Reiches, Schloß Bellevue zu Berlin. Baugilde 1941, Heft 5/6, S. 87-96, hier S. 93f.

31 Bezirksamt Tiergarten, Bauakten Bellevue, Bd. 1, Bl. 117f.

32 Bezirksamt Tiergarten, Be- und Entwässerungsakten Bellevue, Bd. 19, Bl. 11.

33 Luther, S. 87.

34 A.a.O., S. 96.

35 A.a.O., S. 94. Als dieser Bericht erscheint, sind die ersten Bomben bereits gefallen.

36 Protokoll der Besprechung Speers mit Baumgarten am 28.5.1938. Bundesarchiv R 4606/2362.

37 Von Marées: Das Gästehaus des Reiches. Zentralblatt der Bauverwaltung, 60. Jg., Heft 1, 3.1.1940, S. 1-14, hier S. 6.

38 A.a.O., S. 6.

39 Luther, S. 94-96.

40 Seit 1881 im Auswärtigen Dienst tätig, läßt sich v. Dirksen 1903 mit dem Titel und Rang eines Gesandten in den Ruhestand versetzen; er geht nun noch mehr als zuvor seiner Sammelleidenschaft nach und pflegt seine Besitzungen, zu denen das 1899 erworbene Schloß Gröditzberg in Schlesien gehört. Bis 1913 ist er Mitglied des Preußischen Abgeordnetenhauses, seit 1914 des Herrenhauses. Bode schreibt in seinen Erinnerungen zur Zusammenarbeit mit den Berliner Privatsammlern: »Die Berliner Herren hatten regelmäßig mit kleinen Erwerbungen auf eigene Faust im Auktionshaus von Rudolph Lepke, in Karlsbad oder sonstwo begonnen. Wenn sie dann schließlich zu der Überzeugung kamen oder gebracht wurden, daß sie dabei keine großen Schätze gewonnen hatten, kamen sie regelmäßig zu mir, um sich Rat zu holen, was sie abstoßen und wie sie weiter sammeln sollten. Selten nur haben sie mir [...] die Freiheit gelassen, für sie ganz nach meinem Ermessen in der Richtung, die ihnen sympathisch war, Erwerbungen zu machen.« Wilhelm von Bode: Mein Leben. Hrsg. von Thomas W. Gaehtgens und Barbara Paul. Berlin 1997, S. 206.

41 Schreiben an Bode vom 26.6.1912, Nachlaß Bode, Zentralarchiv der Staatlichen Museen Preußischer Kulturbesitz, Nr. 1478/3. Bode notiert dazu, daß er Dirksen wie auch mehreren anderen Sammlern geholfen habe, »ihre Wohnungen mit Gemälden und Kunstwerken aller Art auszustatten, meist bei Gelegenheit von Neubauten, die sie für sich errichten ließen.« Bode, a.a.O. Vermutlich hat diese Erfahrung Bodes eigene Präsentation der Kunstwerke in seinen Museen geprägt. Siehe dazu: Thomas W. Gaehtgens: Wilhelm von Bode und seine Sammler. In: Ekkehard Mai und Peter Paret: Sammler, Stifter und Museen. Köln-Weimar-Wien 1993, S. 153-172, hier S. 160f.

42 Bode berichtet, daß ihm von den Sammlern von Dirksen, Franz und Robert von Mendelssohn, Karl von der Heydt, Markus Kappel und Frau Oscar Hainauer »eine Anzahl interessanter, früher niederländischer und deutscher Bilder wie einige Bronzen« geschenkt wurden. Bode, a.a.O., S. 313.

43 Bundesarchiv N 2049/192, Bl. 256-278; N 2049/190, Bl. 142.

44 Bundesarchiv N 2049/197, Bl. 311.

45 Bericht der Firma Lepke vom 21.4.1931. Bundesarchiv N 2049, 195, p. 319.

46 Bundesarchiv N 2049/197, Bl. 309.

47 Ich danke Gerald Mund für diesen Hinweis.

48 Im sehr umfangreichen Dokumentenbestand Herbert von Dirksens im Bundesarchiv kommt die Transaktion nicht vor, allerdings sind aus dem Zeitraum von Januar bis September 1939 keine Archivalien vorhanden. Noch im Dezember 1938 will Viktoria wenigstens Teile aus ihrer Sammlung an ihren Stiefsohn Herbert von Dirksen veräußern. Ein Foto des Salons mit der »Mantegna-Decke« aus dem Nachlaß Paul Baumgartens trägt die Notiz »Sammlung Dirksen gekauft 1939«. – Bundesarchiv N 2049/193, Bl. 6. Kunstbibliothek SMB Inv. Nr. IV/D.7/51, Nr. 86.

49 Marées, S. 6; Luther, S. 94.

50 Otto Falke, Vorwort: Sammlung W. von Dirksen: Kunstwerke und Kunstgewerbe der Gotik und Renaissance. Rudolph Lepke's Kunst-Auktions-Haus. Berlin 1931, S. 9-12, hier S. 12. Eine zweite, identische Version des Gemäldes befindet sich im Museum des umbrischen Spello und wird der Tizian-Werkstatt zugeschrieben.

51 Auktionskatalog Lepke, Nummern 96, 109, 118, 119.

52 V. Marées, S. 6.

53 Erich Schonert: Der Ersatzbau für das Haus Knobelsdorffs im Bellevuepark zu Berlin. Zentralblatt der Bauverwaltung, 61. Jg., Heft 19, 7.5.1941, S. 345-362, hier S. 346. Von Schonert kommen im wesentlichen die weiteren Angaben zum Bau.

54 Erich Schonert, Ansprache beim Richtfest des Gründgens-Baus am 11.7.1939. Landesarchiv, Nachlaß Schonert, E Rep. 300-28 Nr. 9.

55 Bundesarchiv R 4606 / 2362.

56 Schonert 1941, S. 345.

57 Alle Angaben bei Schonert 1941, S. 346.

58 Erich Schonert, Ansprache beim Richtfest des Gründgens-Baus am 11.7.1939. Landesarchiv, Nachlaß Schonert, E Rep. 300-28 Nr. 9.

59 Heuser: Die Neugestaltung des Großen Sterns im Berliner Tiergarten. Zentralblatt der Bauverwaltung, 60. Jg., Heft 11, 13.3.1940, S. 157-166, hier S. 158.

60 Berliner Beobachter, Beilage zum Völkischen Beobachter, 6.9.1938, ohne Autor.

61 Bundesarchiv R 2/4456, Bl. 39, 42, 46ff.

62 Bezirksamt Tiergarten, Bauakten Bellevue, Bd. 3, Bl. 32-34: »... brannten im Langhanssaal Polstermöbel, Gardinen und Fenster, im Ballsaal Polstermöbel, Teppiche, 1 Fenster, der Fußboden und die darüberliegende Dachkonstruktion in geringer Ausdehnung. Über der Haupttreppe die Verschalung, die Zwischendecke, Bodenbretter und Balkenlagen in etwa 8 qm Ausdehung ...«

63 Bezirksamt Tiergarten, Bauakten Bellevue, Bd. 3, Bl. 36f: Bestandsaufnahme am 10.6.1949: Das Hauptgebäude, Meißner-Flügel und Garagenhaus sind »ausgebrannt«.

64 A.a.O., Bl. 36-49.

65 A.a.O., Bl. 118, 120.

66 Die Verabredung zum Wiederaufbau von Bellevue zwischen Bundesregierung und Senat wird im April 1954 getroffen, das Abgeordnetenhaus stimmt im Dezember 1954 zu; am 19.12.1954 erfolgt die Zustimmung der Baupolizei.

67 Bauakten Bezirksamt Tiergarten, Bd. 4, Bl. 1-4.

68 Plan von Georg Pinower. Wendland 1979, S. 156.

69 Plan von Fritz Witte. Wimmer, S. 28.

70 Bezirksamt Tiergarten, Bauakten Tee- oder Parkhaus, Englischer Garten.

71 Gabi Dolff-Bonekämper: Das Hansaviertel. Internationale Nachkriegsmoderne in Berlin. Berlin 1999, S. 38.

72 Plan vom 10.8.1955, Plankammer der Bundesbaudirektion.

73 Ulrich Conrads: »Mitte des deutschen Seins«? Bauwelt 29, 50. Jg. 20.7.1959, S. 859.

74 Ulrich Conrads: Schloß Bellevue zu Berlin. Der künftige Berliner Amtssitz des Bundespräsidenten. Bauwelt 29, 50. Jg. 20.7.1959, S. 860-867, hier S. 863.

75 Martin Sperlich: Anekdote aus der Bauwelt. In: Für Ulrich Conrads von Freunden. Braunschweig 1988, S. 204-206.

76 Conrads, Bellevue, S. 861.

77 Reinhard Besserer, Die Neugestaltung des Schlossparks Bellevue. Das Gartenamt Heft 9, 1960, S. 212-215, hier S. 215.

78 Plankammer der Bundesbauverwaltung, Projekt Nr. 10101, Bl. 44, 45.

79 Ulrich Conrads: »Mitte ...«, S. 859.

80 Landesarchiv E Rep. 200-38, 3102 Nr. 60.

81 Besserer, S. 212, 215.

82 A.a.O., S. 215.

83 Besserer, a.a.O., S. 214, spricht von der »Ausschachtung des Teiches«.

84 Bericht der Bundesbaudirektion über die vorgesehenen Baumaßnahmen. Broschüre 1985.

85 Pläne von Meitinger und Schröder, Februar bis Mai 1990. Plankammer der Bundesbaudirektion, Projekt Nr. 10102, Bl. 142-154.

86 Bezirksamt Tiergarten, Bauakten Bellevue, Bd. 9, Bl. 45.

87 Mündliche Mitteilung H. Kleine-Kraneburg am 22.9.2005.

88 Bezirksamt Tiergarten, Bauakten Bellevue, Bd. 9, Bl. 48f.

89 A.a.O., Bd. 8, Bl. 43.

90 Horst Wagenfeld und Achim Röthig: Parkpflegewerk Schloßpark Bellevue, Band 3, Gartendenkmalpflegerische Untersuchung im Auftrag des Bundesamtes für Bauwesen und Raumordnung, Berlin 1998. Nicht publiziertes Manuskript. S. 59-62.

91 Helge Pitz: Die unsichtbare Baustelle. Raum und Bau. Jahrbuch 2004, S. 26-31. Carsten Hegerfeld: Schloss Bellevue. A. a. O., S. 32-33.

Archivalien und Literatur

Die Akten zum Schloß Bellevue aus dem ehemals prinzlichen Hausarchiv sind, so scheint es, weitestgehend ungeschmälert durch die Zeiten gekommen und bieten heute im Geheimen Staatsarchiv Preußischer Kulturbesitz (GStAPK) eine sehr ausführliche Dokumentation zur Epoche der Prinzen Ferdinand und August. Sie liegen im wesentlichen in der Repositur 133, Nr. 245-814, und umfassen von den Briefen der Prinzen über Rechnungen, Inventare und Instruktionen bis hin zu Grundstücksangelegenheiten nahezu alle Bereiche des Baus und Unterhalts von Bellevue. Weitere Aufschlüsse gibt der Nachlaß von Johannes Sievers (Rep. 192), der sich – im Zusammenhang mit seiner Publikation zu den Schinkel-Bauten – ausführlicher mit Prinz August befaßt.

Nach dem Tod Augusts gibt es allerdings ein große Lücke bis 1927: Zu diesem Zeitpunkt setzen die im Berliner Landesarchiv vorhandenen Unterlagen der Preußischen Bau- und Finanzdirektion ein, die bis ca. 1935 führen (Pr.Br. Rep. 42 Nr. 2357-2362). Dort befinden sich auch die Nachlässe von Paul Baumgarten und Erich Schonert mit Unterlagen zu ihren Aktivitäten, u.a. mit ausführlichen Foto-Dokumentationen, die sich ebenso im Baumgarten-Nachlaß der Kunstbibliothek SMPK befinden. Die 30er Jahre sind auch im Bundesarchiv repräsentiert, allerdings nicht sehr ausführlich. Sehr umfangreich hingegen ist der Nachlaß Herbert von Dirksens im Bundesarchiv, in dem die Sammlung seines Vaters Willibald von Dirksen behandelt wird, nicht jedoch die Übertragung an das Reichsgästehaus bzw. an die Präsidialkanzlei. Im Nachlaß Wilhelm von Bodes im Zentralarchiv der Staatlichen Museen PK ist der Briefwechsel mit Willibald von Dirksen vorhanden.

Die Bauaktivitäten von 1927 bis in die Gegenwart sind im Bauarchiv des Bezirksamtes Tiergarten dokumentiert, die des Gartens im Gartenbauamt. Unterlagen der Bauvorhaben seit den 50er Jahren liegen auch im Archiv der Bundesbaudirektion (Bundesamt für Bauwesen und Raumordnung) in Berlin. Weitere, allerdings nicht umfängliche Materialien lagern in den Plankammern der Stiftung Schlösser und Gärten Berlin-Brandenburg in Potsdam und Charlottenburg. Im Museum Huis Doorn befinden sich Inventarien aus allen Bellevue-Epochen bis 1918, insbesondere aus der späten Kaiserzeit.

Wie stets bei Untersuchungen dieser Art finden sich Materialien, vor allem bildliche Darstellungen, in diesen Sammlungen: Stiftung Stadtmuseum, Bildarchiv PK, Karten- und Foto-Abteilung des Landesarchivs, Kartenabteilung der Staatsbibliothek, Kupferstichkabinett SMPK, Archive und Sammlungen der Denkmalpflege und Gartendenkmalpflege und schließlich das Brandenburgische Landesamt für Denkmalpflege in Wünsdorf mit seinem Meßbild-Archiv.

Für jede Beschäftigung mit der Geschichte des Schlosses Bellevue ist die Publikation von Bogdan Krieger weiterhin der Ausgangspunkt, gefolgt von der Dissertation von Hans Hackmann. Beiden standen Unterlagen zur Verfügung, die zu den schmerzlichen Kriegsverlusten zählen. Während Hackmann eine stilgeschichtliche Einordnung des Baus vornimmt, widmet Krieger sich ausführlich den Persönlichkeiten der Prinzen Ferdinand und August sowie dem höfischen Leben in Bellevue. Am intensivsten hat sich – nach Krieger – Clemens Alexander Wimmer mit den Archivalien zum Schloß befaßt; leider ist diese ausführliche Untersuchung, die insbesondere dem Bellevue-Park gilt, nicht publiziert. Eine gute Übersicht gibt Irmgard Wirth, insbesondere geht sie – wie Krieger und Wimmer – auch auf die Bauten und Denkmäler im Park ein.

Alverdes, Willy: Der Englische Garten in Berlin. In: Mitteilungen des Landesverbands Gartenbau und Landwirtschaft in Berlin, 2 (1952), S. 133-136

Balfour, Michael: Der Kaiser. Wilhelm II. und seine Zeit, Frankfurt a. M.-Wien-Zürich 1967

Bellevue, in sechs Gesängen. In: Denkwürdigkeiten und Tagesgeschichte der Mark Brandenburg und der Herzogthümer Magdeburg und Pommern, Berlin 1800, S. 1103-1120, 1161-1176, 1273-1288

Besserer, Reinhard: Die Neugestaltung des Schlossparks Bellevue. In: Das Gartenamt 1960, Heft 9, S. 212-215

Bode, Wilhelm von: Mein Leben. Hrsg. von Thomas W. Gaehtgens und Barbara Paul, Berlin 1997

Borrmann, Richard: Inventar der Bau- und Kunstdenkmäler von Berlin, Berlin 1893, S. 308f.

Chambers, William: Designs of Chinese Buildings, Furniture, Dresses, Machines and Utensils, London 1757

Conrads, Ulrich: »Mitte des deutschen Seins«? In: Bauwelt 29, 50. Jg., 20.7.1959, S. 859

Ders.: Schloß Bellevue zu Berlin. Der künftige Berliner Amtssitz des Bundespräsidenten. In: Bauwelt 29, 50. Jg., 20.7.1959, S. 860-867

Sammlung W. von Dirksen: Kunstwerke und Kunstgewerbe der Gotik und Renaissance. Rudolph Lepke's Kunst-Auktions-Haus, Berlin 1931

Dolff-Bonekämper, Gabi: Das Hansaviertel. Internationale Nachkriegsmoderne in Berlin, Berlin 1999

Dominik, Emil: Schloß Bellevue. In: Der Bär, 10. Jg., Nr. 16, 12.1.1884, S. 228

Engel, Martin: ›Le Parc de Berlin‹ und die Knobelsdorffsche Meierei im Tiergarten. In: »Zum Maler und zum grossen Architektn geboren.« Georg Wenzeslaus von Knobelsdorff. Ausstellungskatalog Stiftung Preußische Schlösser und Gärten Berlin-Brandenburg, Berlin 1999, S. 90–98

Falke, Otto: Vorwort. Sammlung W. von Dirksen: Kunstwerke und Kunstgewerbe der Gotik und Renaissance. Rudolph Lepke's Kunst-Auktions-Haus, Berlin 1931, S. 9–12

Friedrich Wilhelm II. und die Künste. Ausstellungskatalog Stiftung Schlösser und Gärten, Potsdam 1997

Gaehtgens, Thomas W.: Wilhelm von Bode und seine Sammler. In: Ekkehard Mai und Peter Paret: Sammler, Stifter und Museen. Köln-Weimar-Wien 1993, S. 153–172

Hackmann, Hans: Das Schloß Bellevue und seine Stellung in der Architekturgeschichte Berlins. Dissertation, Halle 1915

Hahm, Konrad: Der Neubau des Staatlichen Museums für deutsche Volkskunde im Schloss Bellevue. In: Zentralblatt der Bauverwaltung, 55. Jg., Heft 43, 23.10.1935, S. 851–854

Hartke, Werner: Garzau. Historisch-kritische Darstellung zur Berliner Aufklärung. In: Mitteilungen der Pückler Gesellschaft, 7. Heft, Neue Folge, 1991, S. 60–135

Hegerfeld, Carsten: Schloss Bellevue. In: Raum und Bau. Jahrbuch 2004, S. 32–33

Heuser, Hans: Die Neugestaltung des Großen Sterns im Berliner Tiergarten. In: Zentralblatt der Bauverwaltung, 60. Jg., Heft 11, 13.3.1940, S. 157–166

Hirschfeld, C. C. L.: Theorie der Gartenkunst, Leipzig 1780

Jager, Markus: »... und bildet schon eine National-Gallerie.« Die Vaterländische Galerie in Schloß Bellevue 1844–1865. In: Jahrbuch der Berliner Museen, 2001, S. 235–259

Kaiserlicher Kunstbesitz aus dem Holländischen Exil Haus Doorn. Ausstellungskatalog Staatliche Schlösser und Gärten, Berlin 1991

Krieger, Bogdan: Das königliche Schloß Bellevue bei Berlin und sein Erbauer Prinz Ferdinand von Preußen, Berlin 1906

Ders.: Berlin im Wandel der Zeiten. Berlin 1923

Lehndorff, Ernst Graf von: Aus den Tagebüchern des Grafen Lehndorff. Hrsg. u. eingel. von Haug von Kuenheim, Berlin 1982

Luther, Kurt: Das Gästehaus des Reiches, Schloß Bellevue zu Berlin. In: Baugilde 1941, Heft 5/6, S. 87–96

Machule, Dittmar: Das Schloß Bellevue in Berlin-Tiergarten. Bauhistorische Dokumentation im Auftrag der Bundesbaudirektion. Unveröffentlichtes Manuskript, o. J. (1977)

Marées, von: Das Gästehaus des Reiches. In: Zentralblatt der Bauverwaltung, 60. Jg., Heft 1, 3.1.1940, S. 1–14

Nicolai, Friedrich: Beschreibung der Königlichen Residenzstädte Berlin und Potsdam aller daselbst befindlicher Merkwürdigkeiten und der umliegenden Gegend. 2. Bd., Berlin 1786

Oncken, Alste: Friedrich Gilly, 1772–1800, Berlin 1935

Pitz, Helge: Die unsichtbare Baustelle. In: Raum und Bau, Jahrbuch 2004, S. 26–31

Popitz, Johannes: Ansprache des Preußischen Staats- und Finanzministers Professor Dr. Popitz bei der Übergabe des Schlosses Bellevue an das Museum für Deutsche Volkskunde am 1. Oktober 1935. In: Zentralblatt der Bauverwaltung, 55. Jg., Heft 43, 23.10.1935, S. 841f.

Reelfs, Hella: Friedrich Gilly und der Schloßpark »Bellevue«. In: Mitteilungen der Pückler Gesellschaft, 6. Heft, Neue Folge, 1989, S. 41–62

Reimann, Christian: Der englische Garten Garzau. Freie Universität Berlin, Magisterarbeit, 1997

Roth, Martin: Heimatmuseum. Zur Geschichte einer deutschen Institution. Berlin 1990

Rumpf, J. D. F.: Berlin und Potsdam, Berlin 1803

Schasler, Max: Berlins Kunstschätze, Zweite Abteilung: Die öffentlichen und Privat-Kunstsammlungen, Kunstinstitute und Ateliers der Künstler und Kunstindustriellen von Berlin, Berlin 1856

Schonert, Erich: Das Schloß Bellevue und sein Umbau zum Museum. In: Zentralblatt der Bauverwaltung, 55. Jg., Heft 43, 23.10.1935, S. 843–851

Ders.: Schloß Bellevue und seine Geschichte, Leipzig o.J. (1936)

Ders.: Der Ersatzbau für das Haus Knobelsdorffs im Bellevuepark zu Berlin. In: Zentralblatt der Bauverwaltung, 61. Jg., Heft 19, 7.5.1941, S. 345–362

Sievers, Johannes: Bauten für die Prinzen August, Friedrich und Albrecht von Preussen. In der Reihe: Paul Ortwin Rave, Karl Friedrich Schinkel Lebenswerk, Berlin 1954

Sperlich, Martin: Anekdote aus der Bauwelt. In: Für Ulrich Conrads von Freunden, Braunschweig 1988, S. 204–206

Spiker, S. H.: Berlin und seine Umgebungen, Berlin 1832

Wagenfeld, Horst, und Röthig, Achim: Parkpflegewerk Schloßpark Bellevue, Bd. 3, Gartendenkmalpflegerische Untersuchung im Auftrag des Bundesamtes für Bauwesen und Raumordnung, Berlin 1998, unveröffentlichtes Manuskript

Wallé, P.: Schloß und Park Bellevue. In: Der Bär 13, 1887, S. 554–558

Wendland, Folkwin: Berlins Gärten und Parke, Berlin 1979

Ders.: Der Große Tiergarten in Berlin. Seine Geschichte und Entwicklung in fünf Jahrzehnten, Berlin 1993

Whittle, Tyler: Kaiser Wilhelm II., München 1979

Wimmer, Clemens Alexander: Geschichte des Gartens zu Bellevue. Parkpflegewerk Schloßpark Bellevue, Bd. 1. Unveröffentlichtes Manuskript im Auftrag der Bundesbaudirektion, Berlin 1992

Wirth, Irmgard: Bau- und Kunstdenkmäler von Berlin: Tiergarten, Berlin 1955, S. 114–139

Bild- und Rechtenachweis

Badisches Landesmuseum Karlsruhe: 39

Bauaktenarchiv Tiergarten, Berlin: 118, 167

Bildarchiv Preußischer Kulturbesitz, Berlin 2005:

© bpk, Berlin: 42, 43 (Fotos: Rudolf Albert Schwartz), 135 (Foto: Julius Wilcke), 44

© bpk/Nationalgalerie, Staatliche Museen zu Berlin: 79, 108 (Jörg. P. Anders), 105 (Walter Klein), 106

© bpk/Geheimes Staatsarchiv, Stiftung Preußischer Kulturbesitz: 9 (GStA PK, XI. HA Karten, Plankammer der Regierung zu Potsdam, E 862), 17, 19, 47, 83, 91, 92, 94–96, 98

© bpk/Kunstbibliothek, Staatliche Museen zu Berlin: 128–134, 136–138 (Fotos: Emil Leitner), 27–30

© bpk/Kupferstichkabinett, Staatliche Museen zu Berlin: 102

© bpk/Staatsbibliothek zu Berlin – Preußischer Kulturbesitz: 64, 65

Brandenburgisches Landesamt für Denkmalpflege und Archäologisches Landesmuseum, Messbildarchiv: 20, 21, 23, 31–38, 40, 61, 68, 69, 72, 73, 78, 93, 97, 117

Bundespräsidialamt, Berlin: Doppelseite 4 und 5, 174, 175, 188, 191–198, 201–204 (Fotos: Stefan Müller), 170, 171, 184, 186, 187, 200, 209

Deutsches Technikmuseum Berlin: 113

Kunst-Auktionshaus Martin Wendl, Rudolstadt: 80

Landesarchiv Berlin: 3, 7, 8, 10, 18, 99, 109, 116, 124, 139–154 (Fotos: Emil Leitner), 172, 173 (Fotos: Horst Siegmann) 161, 163–165, 176, 177–180

Landesdenkmalamt Berlin, Archiv: 70

Presse- und Informationsamt der Bundesregierung, Bundesbildstelle, Berlin: 169, 208, 210 (Fotos: Bernd Kühler) 181 (Foto: Klaus Schütz), 185, 189 (Foto: Klaus Lehnartz), 190 (Foto: Arne Schambeck), 199 (Foto: Julia Fassbender), 206 (Foto: Brigitte Hiss), 207 (Foto: Jürgen Gebhardt), Seite 7, Doppelseite 8 und 9, 166, 168

Privatbesitz: 15 (Foto: © Dietrich Richter Reiswitz, Potsdam), 2

Stiftung Stadtmuseum Berlin: 1, 41, 66, 71, 84–86, 100, 103, 104, 114 (Fotos: Hans Joachim Bartsch), 4, 11, 89 (Fotos: Stadtmuseum Berlin), 14 (Foto: Christel Lehmann)

Stiftung Preußische Schlösser und Gärten Berlin-Brandenburg: 5, 6, 12, 46, 63, 74–77, 81, 82, 101, 107, 115

Weitere Abbildungen stammen aus folgenden Quellen:

Das Gartenamt, Nr. 9 / 1960, S. 213: 183

Krieger, Bogdan: Das Königliche Schloß Bellevue bei Berlin und sein Erbauer Prinz Ferdinand von Preußen. Berlin, Frensdorff, 1916: 13, 16, 48–60, 62, 110, 111

Schlosspark Bellevue, Parkpflegewerk. Gartendenkmalpflegerische Untersuchung, 1999: 205

Zentralblatt der Bauverwaltung:

55. Jg., Heft 43, 23.10.1935, S. 844, 845, 852, 853: 22, 24, 25, 67, 119–123

60. Jg., Heft 1, 3.1.1940, S. 2, 3, 13: 125–127

61. Jg., Heft 19, 7.5.1941, S. 346, 348, 350, 352, 353: 155–160

Die Bildvorlagen zu den Abbildungen 26, 90, 112, 162 stammen aus dem Archiv des Autors.

Die Innenansichten des Schlosses Bellevue auf den Seiten 152–159 wurden vor der 2004-2005 durchgeführten Restaurierung aufgenommen.

Dank

Dieses Buch hätte nicht entstehen können ohne mannigfaltige Hilfestellung und Unterstützung von vielen Seiten.
Sehr herzlich danke ich den Leitern und Mitarbeitern der Berliner und Potsdamer Sammlungen, Archive und Bibliotheken,
auch des Museums Huis Doorn und der Schlösser in Karlsruhe-Bruchsal und Hechingen.
Das Bundespräsidialamt, das Bundesamt für Bauwesen und Raumordnung sowie das Bundespresseamt ebneten manchen Weg.
Mein Dank gebührt außerdem Helmut Kleine-Kraneburg, Dr. Gerald Mund, Helge Pitz,
Prof. Dr. Konrad Vanja und insbesondere Prof. Dr. Winfried Baer.

E.A.B.

Bibliographische Information Der Deutschen Bibliothek
Die Deutsche Bibliothek verzeichnet diese Publikation in der Deutschen Nationalbibliographie;
detaillierte bibliographische Daten sind im Internet über http://dnb.ddb.de abrufbar.

ISBN-10: 3-7338-0340-X
ISBN-13: 978-3-7338-0340-7

© 2005 by Koehler & Amelang GmbH, Leipzig
www.koehler-amelang.de
www.seemann-henschel.de

Bildnachweis
Umschlag Vorderseite:
© Presse- und Informationsamt der Bundesregierung, Bundesbildstelle, Berlin
Umschlag Rückseite:
© Bildarchiv Preußischer Kulturbesitz, Berlin 2005 (Kupferstichkabinett);
Bundespräsidialamt (Foto: Stefan Müller);
Presse- und Informationsamt der Bundesregierung,
Bundesbildstelle, Berlin (Foto: Bernd Kühler)

Gedruckt auf alterungsbeständigem Papier mit chlorfrei gebleichtem Zellstoff.

Umschlaggestaltung: Günter Hennersdorf, Berlin
Gestaltung und Satz: Ingeburg Zoschke, Berlin
Druck und buchbinderische Verarbeitung: Jütte-Messedruck Leipzig GmbH

Printed in Germany